"四川师范大学学术著作出版基金资助";

四川师范大学校级项目"风险感知视域下投资者信息共享策略的两阶段合作博弈研究"（项目编号：22XW052）资助。

OUT OF "HERD"

ANALYSIS OF HERD BEHAVIOR OF

INDIVIDUAL INVESTORS

走出『羊群』

个体投资者羊群行为分析

谢晶晶 / 著

社会科学文献出版社

SOCIAL SCIENCES ACADEMIC PRESS (CHINA)

摘　要

建设中国特色现代资本市场是推动我国经济高质量发展的必然要求。我国资本市场呈现高度散户化的基本特征，且此情况将长期持续存在。截至2023 年 8 月，我国 A 股市场个体投资者数量已超 2.2 亿，占比近 99.8%。利用个体投资者羊群行为割"韭菜"的违法犯罪事件，如唐某博诱导同向交易而反向获利案，荐股"伪"专家朱炜明案等屡禁不止。夯实中国特色现代资本市场发展根基在于守护好这一全球规模最大、交易最活跃的投资者群体。保护好个体投资者权益，关系亿万家庭的切身利益与证券市场的健康持续发展。

《走出"羊群"：个体投资者羊群行为分析》提出了一个全新的以个体投资者羊群行为作为主要研究对象的理论框架和实证分析思路，运用 Mplus 和 Matlab 等方法构建两个嵌套的数据层和跨层次回归模型，系统分析参考群体驱动个体投资者羊群行为的内部机理及市场影响。

本研究在介绍我国资本市场去散户化历程和现状，羊群行为产生机理及其对股市作用的现有研究基础上，基于参考群体的理论整合视角，首次发现个体投资者的自信和特质焦虑在参考群体驱动羊群行为过程中具有跨层次调节中介效应，且他人评价导致该模型不再显著。

研究发现，相对于参考群体与个体投资者股价预测一致情境，在股价预测不一致情境中，无论是否存在他评效应，在参考群体驱动买入（卖出）羊群行为过程中，自信和特质焦虑的跨层次调节中介效应不再显著。且个体投资者卖出股票时更倾向于追随参考群体，卖出股票时不同参考群体类型引致羊群行为程度的差异更大。

研究发现，在市场压力期间个体投资者羊群行为更明显，且其间集中买入和卖出股票的收益延续两到三周后出现逆转。个体投资者羊群行为并非源于信息而是基于行为因素表现为个体投资者追随参考群体，这会破坏证券市场稳定。

本研究提出个体投资者正确处理参考群体信息的策略及深化投资者服务的对策。

研究结果有助于维护个体投资者的合法权益，夯实中国特色现代资本市场发展根基，推动我国经济高质量发展。

关键词：个体投资者；羊群行为；特质焦虑；参考群体

目　录

第三篇　个体投资者羊群行为背后的"黑箱"
及市场影响

第四篇　个体投资者如何走出"羊群"

导　论

自 1990 年上海、深圳证券交易所成立以来，我国资本市场在 30 余年间取得了举世瞩目的成就。随着我国资本市场改革不断深化，去散户化和提高市场开放性成效显著，市场风险总体处于可控范围之内，我国资本市场服务实体经济高质量发展的能力和水平大幅度提升。

目前，我国资本市场投资者结构得到了一定的优化。然而在相当长的一段时间内，个体投资者无论是从体量上还是从影响力上都是我国资本市场不可忽视的构成部分。研究个体投资者典型市场行为和采取相应的投资者权益保护措施是十分必要的。

个体投资者对股票市场的熟悉程度、信息获取和处理能力、经验等因素的弱势必然会加深其在投资决策过程中的非理性程度，导致他们无法正确处理市场信息，频繁地盲目跟风，并且，与他人行为保持一致能够使个体获得心理上的支持感、价值感和归属感，提高在不确定情境中的决策信心。因此，我国股票市场羊群行为普遍存在。相关理论研究亦表明，我国证券市场由于具有新兴性和投资结构特征，羊群行为非常普遍，并且显著高于其他成熟的市场（宋军和吴冲锋，2001；汤长安和彭耿，2014；Bekiros et al.，2018）。陆剑清（2009）亦指出在各类投资者表现出的羊群行为中，个体投资者更具有普遍性。进一步地，研究发现羊群行为偏差会冲击股价，致使市场波动及无效，诱发金融危机（Avery and Zemsky，1998；Jegadeesh and Kim，2010；Li，2015；Humayun Kabir and Shakur，2018；Li，Diao，and Wu，2022）。并且，个体投资者羊群行为对市场稳定性的威胁和破坏比机构投资者的更大（Venezia，Nashikkar，and Shapira，2011）。

当前，个体投资者羊群行为等非理性决策偏差已经得到实践界的重视。2016 年底，上海证券交易所投资者教育网站等 13 家教育基地首获国家级投资者教育基地授牌。2017 年底，平安证券投资者教育基地等 16 家基地成为第二批国家级证券期货投资者教育基地。2019 年和 2021 年陆续授牌的第三批和第四批国家级投资者教育基地，分别有 24 家、18 家。国家级投资者教育基地建设，为投资者教育工作的开展奠定了基石（中国证监会，2016；2017；2019；2021）。要寻找契合异质性投资者教育对象的行之有效的投教手段和培育理性投资者队伍，就必须厘清投资者非理性行为背后的"黑箱"。个体羊群行为作为证券市场中普遍、典型且突出的非理性行为，探索该行为的动机以及从微观层面揭示该行为背后的内部心理机制是十分有必要的。只有了解羊群行为形成机制和发生条件的内部驱动机理，才能从根源上找到防治该行为偏差的针对性政策和建议。

在现有的羊群行为相关理论文献中，机构投资者的羊群效应受到了学术界的关注和重视。自 Kraus 和 Stoll（1972）提出了机构投资者平行交易概念以来，大量文献通过分析机构投资者羊群行为与股价的关联，探讨羊群行为的存在性、驱动源和影响因子（Lakonishok，Shleifer，and Vishny，1992；Wermers，1994，1999；Hsieh，2013；Li，2015；Fang，Shen，and Lee，2017；Li，Rhee，and Wang，2017；Frijns and Huynh，2018；尹海员和朱旭，2022）。现有关于个体投资者羊群行为的研究比较滞后，研究者们集中探讨了个体投资者羊群行为的存在性（谢晔、文凤华、杨晓光，2008；Schmeling，2009；Hsieh，2013；王翠翠，2014；Li，Rhee，and Wang，2017）。

我国证券市场中股评专家、证券分析师等专业人士"抢帽子"案例屡禁不止、一再得逞，其根本原因在于广大个体投资者的信息甄别能力有限，容易盲目追随专家，被人当作了"韭菜"。并且，相关研究发现个体进行投资决策时常常受到专业人士、亲友、邻居或同事等参考群体成员同期行为以及特征的影响，从参考群体成员处获得的信息（无论对错）是形成个体投资决策的重要依据（李涛，2006；杨晓兰、高媚、朱淋，2016）。可见，我国证券市场中个体投资者追随参考群体行动的现象十分普遍，对于专家、亲友、其他人等参考群体诱发羊群行为的内部机理进行研究是非常有必要的。然而在现有文献中，对于在金融决策过程中不同类型参考群体的态度和行为对个体行为决策进行影响的机理尚不明晰。

此外，研究者分析了经验、性别、焦虑、自信等个体异质性因素对羊群行为的直接影响（如 Arndt et al.，2002；Yu and Sun，2013；Frijns and Huynh，2018）。在影响羊群行为的众多个体异质性因素中，焦虑是个体投资者身处证券市场这一高风险的投资环境中不可避免地会经历的情绪体验，个体投资者特质焦虑水平的差异导致个体投资者对自身投资决策的信心和态度不相同（Hartley and Phelps，2012），对自身接纳和响应参考群体建议这一选择的信心亦随之存在差异。个体自信水平这一与其特质焦虑水平密切相关的特质，决定了其对内化（自己）的观念和决策的信心程度并构成其决策过程中积极和冒险程度的重要影响因素。这表明，特质焦虑和自信水平可能构成参考群体影响羊群行为的边界条件。然而，目前关于我国个体投资者自信、特质焦虑对其羊群行为形成机制的干扰作用的研究有所欠缺。关于系统性地理论探讨与实证分析个体投资者在追随参考群体过程中，其自信、特质焦虑等异质性因素联合作用机理的研究亦尚未见到。

当参考群体提供反馈性评价时，个体间的异质性使个体对他人评价的敏感和响应程度不同（Brown and Dutton，1995；Jussim，Yen，and Aiello，1995；Gino，2008）。那么，他人评价如何影响自信、特质焦虑在个体投资者羊群行为形成过程中的干扰作用，以及在做出买入和卖出决策中，自信、特质焦虑和他评效应的影响机制是否及如何发生改变尚不清楚。

在采用真实交易数据研究羊群行为如何发生的相关文献中，虽有少量学者指出我国个体投资者羊群行为的非理性因素不容忽视（如陈国进和陶可，2010；谢晔和周军，2013），即该行为是个体投资者基于行为因素而表现为追随参考群体，而非基于信息，但上述结论是通过分析压力情境中羊群行为特征得到的，缺乏在羊群行为后观察到的价格逆转这一更为实质的证据（Hsieh，2013）。故我国个体投资者并非只关注基本面而是倾向于追随参考群体，进而对市场造成冲击的这一结论仍需要进一步验证。

基于该研究背景，本书在梳理我国资本市场去散户化历程和现状，以及羊群行为概念、动因和市场影响现有研究的基础上，重点分析参考群体与个体投资者羊群行为的关系及作用机制，以及不同决策情境（买入和卖出决策中股价预测一致和不一致；他人评价效应）时个体异质性（特质焦虑、自信）在参考群体驱动个体投资者羊群行为过程中的干扰机制。进一步地，为了检验依据问卷调查手段得出的结论，验证我国个体投资者确实倾向于追随参考群体的态度、观点和行动而破坏市场稳定性，本研究通过某营业部账户日交易的每笔交易成交数据集分析了我国个体投资者羊群行为的决定因素及其与累积异常收益的关联。本书提出了个体投资者正确处理参考群体信息、克服非理性羊群行为的策略。研究结果为证监会、各投教基地等寻找契合异质性投教对象的教育手段提供理论依据，有助于维护中小投资者的合法权益，从而促进市场稳定、健康发展。

具体地，第一篇阐述了我国资本市场去散户化的历程和现状。

第一章介绍了我国资本市场的改革与发展情况。自资本市场注册制改革以来，我国资本市场结构产生了深刻的变化。股债两市规模不断扩大，已跃至第一梯队，位列全球第2。截至2022年6月，债券市场规模增长十分显著，增长系数已达444.3%。股票市场规模同期增长幅度明显，达238.9%。同时，经过多年努力，我国资本市场投资者结构逐步优化。然而，我国投资者结构仍呈现散户占主导地位的特征，结构性矛盾是未来较长一段时间内需要面临和解决的重要问题。

截至2022年10月，我国A股市场个体投资者数量已增至2.1亿，个体投资者数量占比99.8%，交易占比虽有所下降，但仍达61.35%。之后，我国A股市场个体投资者数量仍在快速增长，于2023年8月已超2.2亿。为了探寻资本市场结构性矛盾的症结所在，第二章进一步探讨了我国个体投资者的教育现状和行为特征。2014年以来，个体投资者加速涌入资本市场，并且市场交易活跃。我国在将投资者教育纳入国民教育体系、鼓励和引导建设投教基地、开展投资者教育主题活动等方面加速布局，取得了显著成绩。随着基础教育单位的投教参与度增加和投教基地使用率的提升，个体投资者参与投教活动的频率和深度亦不断增加，其金融素养也得到了一定程度的提升。然而不可避免地，投资者教育存在一些不足之处。结合我国个体投资者画像，不难发现他们在选股能力、把握买卖点等方面有所欠缺，常常受到家人和朋友建议，以及媒体推荐的影响，而不愿意持续长期地参与投教活动。原因在于施教者投教目标与个体投资者投教需求并不十分契合，投资者教育的精细化、个性化程度有待提升。可见，要帮助个体投资者提升金融素养，进而减少过度交易、盲目跟风等非理性投资行为，就必须厘清羊群行为背后的"黑箱"，以针对不同类型投教对象开展匹配的投资者教育活动。如此，才能切实有效地开展投资者教育活动，提升资本市场的效率，促使市场稳定运行和长期健康发展。

第二篇主要介绍参考群体和羊群行为相关概念和理论。

第三章以羊群行为的产生机理及其对股市的作用为视角，梳理了羊群行为的概念、驱动源、影响因子等相关研究。

第四章梳理和总结参考群体与个体投资者羊群行为相关研究，阐释参考群体引致羊群行为的过程，以及该过程是否受到个体异质性和所处决策情境的影响。并且本章据相关理论研究，提出可通过羊群行为后股价走势的市场数据，验证个体投资者羊群行为是基于基本面还是追随参考群体的结果。

第三篇实证研究我国资本市场中参考群体驱动个体投资者羊群行为的内部机理以及市场影响，包含四个方面内容：（1）参考群体与个体投资者羊群行为的关系及作用机制；（2）个体投资者自信和特质焦虑及他评效应在参考群体驱动羊群行为过程中的作用机理；（3）股票买入和卖出时个体投资者自信和特质焦虑以及他评效应在参考群体驱动羊群行为过程中的作用机制；（4）个体投资者羊群行为驱动源和市场影响的交易数据验证。具体安排如下。

（1）参考群体与个体投资者羊群行为的关系及作用机制

第五章通过问卷调查方式引入参考群体这一理论整合的新视角，发现个体投资者倾向于盲目追随参考群体。本章的研究从理论上填补了微观层面上参考群体类型如何影响个体投资者羊群行为这一研究空白，丰富和发展羊群行为驱动机制的现有研究成果。同时，个体投资者羊群行为的心理机制研究契合了我国资本市场投资结构高度散户化且不稳定的现实特征。

具体地，其他人、亲友与专家导致的个体投资者羊群行为程度依次递增。个体投资者通过内化参考群体，与参考群体的心理、态度和行为发生联结，进而形成羊群行为。专家、亲友、其他人等参考群体是影响股票交易决策的重要外部线索，相较于亲友和其他人，专家群体的能力和技能更受认可，且个体投资者的与专家同质、类似的心理联系满足感（支持感、肯定感以及安全感）最为强烈。专家群体由于最易被内化且被内化后个体投资者体验到的满足感最强烈从而诱发羊群行为程度最高。同时，相较于其他人群体成员，个体投资者和亲友群体成员之间的相似度、心理距离更高、更近（Liberman，Trope，and Stephan，2007），从而个体投资者对亲友的依赖度比其他人更强，亲友群体诱发的羊群行为程度比其他同龄人更加显著。

这一结果支持并进一步深化和扩展了陆剑清（2009）、Pérez-Asenjo（2011）等的观点：个体和个体、群体和个体之间均会有意识或无意识地产生相互作用，参考群体的被信任程度及其提供的线索构成个体行为决策的重要依据，能够诱发跟从行为。

（2）个体投资者自信和特质焦虑及他评效应在参考群体驱动羊群行为过程中的作用机理

第六章在第五章基础上，首次理论分析和实证检验了在有/无他评效应时，个体投资者自信和特质焦虑在参考群体驱动羊群行为过程中的跨层次调节中介效应。首先，他评效应导致自信不再正向影响参考群体类型与羊群行为间的关系。其次，他评效应使得特质焦虑不再负向影响参考群体类型与羊群行为间的关系。最后，存在他评效应时，个体投资者特质焦虑和自信对参考群体类型与羊群行为间关系的跨层次调节中介效应模型不再成立。这表明，在个体投资者自身特质焦虑和自信对其追随参考群体交易股票过程的单独和联合间接效应中，他评效应的作用不容忽视。个体投资者追随参考群体行为的过程及其对股价的作用会受到特质焦虑和自信以及他评效应的影响，不同身份参考群体对异质性个体投资者影响程度间的差异随他评效应的存在而消失。减少和避免个体投资者羊群行为须以一个内部异质性和外部决策环境相整合的视角来考虑各因素间的相互促进或抵消的直接及间接效应。

（3）股票买入和卖出时个体投资者自信和特质焦虑以及他评效应在参考群体驱动羊群行为过程中的作用机制

第七章将第六章的羊群行为区分为买入羊群和卖出羊群。首次发现，无论是买入股票还是卖出股票，个体投资者自信和特质焦虑对参考群体与羊群行为间关系的跨层次调节中介效应都是一致的。包括以下几点。

在参考群体与个体投资者股价预测一致情境中，首先，他人评价效应会导致个体投资者关注是否被支持而忽视建议者身份，他评效应减弱或模糊不同参考群体类型对个体投资者买入（卖出）羊群行为影响程度间的差异。其次，存在他评效应时，自信和特质焦虑不再影响参考群体类型与买入（卖出）羊群行为间的关系。最后，存在他评效应时，参考群体在驱动买入（卖出）羊群行为过程中，自信和特质焦虑跨层次的调节中介效应不再显著。

在参考群体与个体投资者股价预测不一致情境中，一方面，在无他评效应时个体投资者对自身决策的确信，导致自信和特质焦虑对参考群体和买入（卖出）羊群行为间关系的跨层次调节中介效应不显著。另一方面，他评效应减弱或模糊不同参考群体类型对个体投资者买入（卖出）羊群行为影响程度间的差异，并缩小或模糊不同自信和特质焦虑水平个体投资者最终买入（卖出）决策信心和投资意愿的差异。有他评效应时个体投资者自信和特质焦虑对参考群体和其买入（卖出）羊群行为的跨层次调节中介效应不显著。

第七章还首次发现，在买入和卖出决策中参考群体对个体投资者羊群行为的影响亦存在不同之处。具体地，卖出股票时个体投资者更倾向于依赖参考群体，卖出羊群行为比买入羊群行为更明显，这与 Hsieh（2013）等的结论一致：个体投资者卖出羊群行为比买入羊群行为更加普遍，且在动荡时期变得更加强烈。与这些研究不同，本研究基于参考群体视角来研究我国个体投资者买入和卖出羊群行为，发现卖出羊群行为更明显是源于追随参考群体，个体投资者卖出股票比买入股票更多受到行为因素的驱动而追随他人。该结论拓展了 Lin 等（2013）得出的投资者卖出股票时更倾向于追随专家建议这一研究成果。并且本研究还进一步发现，由于个体投资者卖出股票时十分依赖参考群体进而重视参考群体的身份，不同参考群体类型引致卖出股票时羊群行为程度间的差异较买入时更大。

研究结果提示，在探讨个体投资者买入和卖出风险资产决策过程是否相同这一问题以及应对不同交易方向上的羊群行为时，需要结合个体内部异质性和所处特定外部决策情境进行专门、系统的分析，二者决策机制可能相同或存在差异。

（4）个体投资者羊群行为驱动源和市场影响的交易数据验证

为了验证本研究前一部分（第五至第七章）通过问卷调查方式得出的个

体投资者追随参考群体发生羊群行为的结论，第八章运用市场指标分析个体投资者羊群行为驱动源和市场影响。采用市场指标测度的个体投资者羊群行为与采用问卷调查方式测量的个体投资者羊群行为具有高度正相关。具体地，个体投资者羊群行为并非基于信息（只关注基本面）而是基于行为（表现为追随参考群体），会造成股价异常波动。本章的研究发现如下。

在市场压力期间我国个体投资者羊群行为更强烈，且在此期间集中买入和卖出的股票其收益延续两到三周后出现逆转。由此，我国个体投资者羊群行为并非基于信息而是基于行为因素，这种盲目追随参考群体的行为会破坏资本市场稳定。该结论支持了陈国进和陶可（2010）以及谢晔和周军（2013）的观点。与这些研究不同，本研究通过某营业部账户日交易的每笔交易成交数据集实证分析了我国个体投资者羊群行为决定因素及其与股价的关联，为确定羊群行为驱动源提供了更为实质和充分的证据，验证和支持了问卷调查的结论。

此外，个体投资者倾向于在市场压力下跟随他人买入和卖出股票，且卖出时这种跟随行为更加普遍。交易量越大，个体投资者羊群行为越强烈。这些结论与陈国进和陶可（2010）以及 Hsieh（2013）的观点一致。研究还发现，不同于台湾个体投资者倾向于买入过去收益为负的股票而卖出过去收益为正的股票（Hsieh，2013），沪深市场个体投资者偏好买入过去收益为正而卖出过去收益为负的股票。

综上所述，本篇通过问卷调查方式以参考群体这一新视角将羊群行为形成过程的相关概念与观点进行整合，解释了个体投资者羊群行为的驱动过程和边界条件。研究结果充实与完善了羊群行为形成机理和边界条件相关理论，在一定程度上解决了金融市场中羊群行为偏差微观机理探索过程具有复杂性和较高难度的问题，更加完整和清晰地呈现了羊群行为驱动过程的内部机理。同时，本篇运用 Mplus 和 Matlab 方法分析个体异质性和决策情境对羊群行为驱动过程的作用机理，扩展了以往关于羊群行为的相关研究工具的使用。此外，本篇采用股市真实交易记录，通过压力期间个体投资者羊群行为更明显且导致股价逆转这一更为实质和充分的证据，验证和支持了问卷调查得出的结论。研究结果为证券监管部门管控金融市场信息传播以及投资者教育机构开展投资者教育工作、培育理性投资者队伍提供理论支撑。

第四篇聚焦于个体投资者如何处理参考群体信息，以克服非理性羊群行为。

第九章拓展性地研究了参考群体与个体投资者的独立决策和反羊群行为，发现独立决策和反羊群行为亦不容忽视。

第十章构造了一个两阶段合作博弈模型，模拟个体投资者如何处理参考群体信息以获得有效信息和获取收益。研究发现精明的个体投资者可以通过理性羊群行为节约信息成本并获得收益。

第十一章给出了深化投资者服务的相关对策。

本研究的理论意义在于以下三点。第一，在研究对象上，本研究针对我国资本市场投资结构呈现高度散户化的特有现状，分析个体投资者羊群行为的内部驱动机理，有助于弥补现有羊群行为相关文献中以个体投资者为对象的理论研究相对滞后的不足。第二，在研究视角上，基于参考群体这一视角的个体投资者羊群行为内在机理研究将参考群体和羊群行为联系起来，并探讨了在具体决策情境中个体异质性的边界作用，从微观层面为资本市场中的羊群行为研究注入了新的元素，充实和完善了羊群行为形成机制和边界条件研究。第三，在研究方法上，运用 Mplus 和 Matlab 方法分析在不同决策情境时个体投资者异质性对其追随参考群体过程的干扰机制，扩展了以往关于羊群行为的相关研究工具的使用。此外，本研究采用某营业部真实交易记录，通过压力期间羊群行为特征以及在羊群行为后观察到的股价动态这一确定羊群行为驱动源的更为实质和充分证据，验证个体投资者确实会追随参考群体，造成股价异常波动。

本书的实践意义在于：我国由于投资结构特征、市场新兴性、权力渗透市场等，个体投资者羊群行为表现尤为突出。本研究先采用问卷调查手段分析和探讨特定现实决策情境中参考群体驱动个体投资者羊群行为的过程及边界条件，并采用真实交易数据验证我国个体投资者确实倾向于追随参考群体发生羊群行为，破坏市场稳定性。研究结果有助于提高投教活动的个性化和有效性，减少盲从性等明显的市场交易风格，提高市场效率，进一步提升我国资本市场服务实体经济高质量发展的能力和水平。

本书的创新之处在于以下四点。

（1）基于参考群体的理论整合新视角分析个体投资者羊群行为驱动过程，发现个体投资者通过内化参考群体，与群体心理、态度和行为形成联结，发生羊群行为，且其他人、亲友、专家群体导致的羊群行为程度依次递增。以金融学、社会学、认知心理学等多学科视角，能够更加完整和深入地呈现个体投资者羊群行为的驱动机制。

（2）以内部特质和外部情境相整合为切入点，提出并实证检验了在不同外部决策情境（买入和卖出决策、股价预测一致与否、参考群体评价效应）时个体投资者异质性（自信、特质焦虑）在参考群体驱动羊群行为过程中的跨层次调节中介效应模型。研究发现一般情境下他评效应导致跨层次调节中介效应模型不再成立，且该模型在买入决策和卖出决策中是一致的，在参考群体与个体投资者股价预测一致时，他评效应导致跨层次的调节中介效应不再显著；在股价预测不一致时，跨层次调节中介效应都不显著。但个体投资者卖出股票时更倾向于依赖参考群体，不同参考群体类型引致卖出羊群行为程度间的差异更明显。

（3）通过理论与实证分析羊群行为的决定因素及其对股票价格的影响进一步验证个体投资者羊群行为驱动源，发现市场压力期间个体投资者羊群行为更明显，且此期间集中买入和卖出股票的收益延续两到三周后出现逆转，故该行为偏差是由行为因素所驱动而表现为追随参考群体，会破坏市场稳定。本书采用真实交易记录，通过压力期间羊群行为特征以及在羊群行为后观察到的股价动态这一确定羊群行为驱动源的更为实质和充分证据，验证和支持了我国个体投资者倾向于追随参考群体的结论。

（4）基于两阶段合作博弈模型从微观层面探索精明个体投资者信息共享的内部机理，首次回答和模拟了他们如何共享私有信息来规避信息不对称进而降低信息获取成本，并获得投资收益。该两阶段合作博弈模型由基于 ANP 法的信息共享联盟成员选择和基于 Shapley 值法的个体投资者信息共享博弈机制构成，为个体投资者拒绝盲从、合理应对甚至使用参考群体信息提供了有效策略。

第一篇
我国资本市场去散户化历程和现状

本篇介绍我国资本市场去散户化历程和现状。我国资本市场在成立以来的 30 多年间，特别是自党的十八大深化改革以来，取得了举世瞩目的成就。

第一章介绍了我国资本市场的改革与发展情况。本章重点梳理了从党的十八届三中全会明确提出推进股票发行注册制改革，到 2019 年 7 月注册制试点正式落地，到十三届全国人大常委会通过新修订《证券法》并明确要全面推行注册制，再到 2023 年 2 月全面实行股票发行注册制改革的历程。在此基础上，本章进一步总结了我国资本市场在股债两市规模扩大和投资者结构优化方面的深刻变化。我国资本市场持续优化，在去散户化和提高市场开放性方面取得的成就有目共睹。

第二章先介绍了我国个体投资者加速涌入市场且交易活跃的现实状况。接着，本章总结了我国个体投资者教育的措施、成效和不足之处。投资者教育活动的开展在一定程度上提升了国民金融素养，对投资者权益保护工作产生了积极作用。然而，我国个体投资者的综合金融素养有待提升，他们却不愿意长期参与投教活动。最后，本章描述了 2022 年我国个体投资者行为画像，发现他们选股能力较弱，难以把握买卖点，偏好追涨杀跌，且投资过程中常常受到家人和朋友建议，以及媒体推荐的影响。

第一章 我国资本市场改革与发展情况

（一）我国资本市场注册制改革历程

自 1990 年上海、深圳证券交易所成立以来，我国资本市场经历了从建立运行到不断发展壮大的重要历程，取得了举世瞩目的成就。30 多年间，我国资本市场在促进直接融资及市场化资源配置的同时，为居民财富配置提供了多样化的渠道。

党的十八大以来，注册制改革这一刀刃向内的全局性变革，加快了中国特色现代资本市场的建设。2017 年 7 月，习近平总书记在第五次全国金融工作会议上指出"要把发展直接融资放在重要位置，形成融资功能完备、基础制度扎实、市场监管有效、投资者合法权益得到有效保护的多层次资本市场体系"。[①] 2019 年 2 月，习近平总书记在主持中央政治局第十三次集体学习时指出中国特色现代资本市场在新阶段的建设任务，强调"要建设一个规范、透明、开放、有活力、有韧性的资本市场，完善资本市场基础性制度，把好市场入口和市场出口两道关，加强对交易的全程监管"。[②] 为了实现上述目标，股票发行注册制改革经过 4 年的试点，已正式在全市场推开。伴随资本市场改革不断深化，我国资本市场服务实体经济高质量发展的能力和水平大幅度提升。

具体地，我国资本市场注册制改革历程如表 1-1 所示。

[①] 新华社：《全国金融工作会议在京召开》，中国政府网，2017 年 7 月 15 日，https://www.gov.cn/xinwen/2017-07/15/content_5210774.htm。

[②] 新华社：《习近平主持中共中央政治局第十三次集体学习并讲话》，中国政府网，2019 年 2 月 23 日，https://www.gov.cn/xinwen/2019-02/23/content_5367953.htm。

表 1-1　我国资本市场注册制改革时间、主体和内容

日期	主体	改革措施和内容
2013 年 11 月	党的十八届三中全会	明确提出推进股票发行注册制改革
2015 年 4 月	全国人大常委会	首次审议《证券法》修订草案，重点关注股票发行注册制
2015 年 12 月	全国人大	授权国务院进行注册制改革
2018 年 2 月	全国人大常委会	延长股票发行注册制授权期限至 2020 年
2018 年 11 月	国家主席习近平指示	将在上海证券交易所设立科创板并试点注册制
2019 年 1 月	中央全面深化改革委员会	《在上海证券交易所设立科创板并试点注册制总体实施方案》《关于在上海证券交易所设立科创板并试点注册制的实施意见》
2019 年 7 月	上海证券交易所	首批科创板 25 家公司上市交易，设立科创板并试点注册制这一重大改革任务落地
2019 年 12 月	十三届全国人大常委会	通过新修订《证券法》，明确要全面推行注册制
2020 年 3 月	新《证券法》	全面推行证券发行注册制
2020 年 4 月	中央全面深化改革委员会第十三次会议	《创业板改革并试点注册制总体实施方案》
2020 年 8 月	深圳证券交易所	创业板注册制首批企业上市交易
2020 年 10 月	中国证监会、国务院金融稳定发展委员会等	向全国人大常委会报告了注册制改革有关情况，稳步在全市场推行注册制，研究制定全市场推广注册制的实施方案；全面实行股票发行注册制
2021 年 11 月	北京证券交易所	同步试点注册制
2023 年 2 月	中国证监会官网	全面实行股票发行注册制改革正式启动

资料来源：作者根据中国证监会网站、中国投资者网基础资料统计整理。

在注册制改革提出和落地过程中，A 股也迎来了最强退市风暴。我国 A 股市场 2001 年到 2022 年退市公司数量见图 1-1。2022 年，强制退市公司达到 46 家，总计退市公司达到 50 家。随着全面注册制改革的推行，退市通道越来越畅通，退市新规落地并得到严格执行。这种常规化的退市机制有助于国内资本市场形成有进有出、优胜劣汰的新生态。

2019 年注册制改革落地深刻影响了我国资本市场竞争力。2018 年，我国资本市场竞争力综合排名位列第 8。2020 年 6 月的调查结果显示，我国资本市场竞争力指数在 2019 年大幅提升，排名上升到第 5 位（见图 1-2），实现从第二梯队末尾到首位的飞跃。

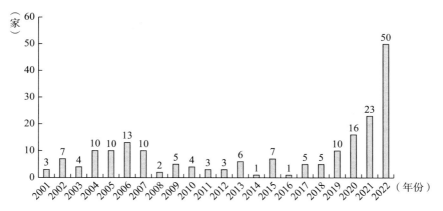

图 1-1　我国 A 股市场 2001~2022 年退市公司数量

资料来源：作者根据中国结算网、Wind 资讯基础数据统计整理。

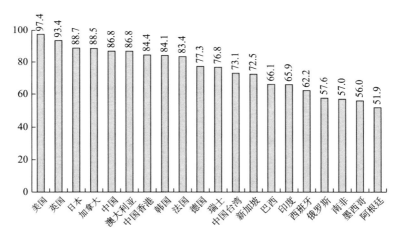

图 1-2　2019 年全球资本市场竞争力指数

资料来源：上海交通大学上海高级金融学院、上海证券交易所资本市场研究所
联合发布的《全球资本市场竞争力报告（2020）》。

图 1-2 中的 20 个国家和地区总市值占全球市值的比重超过 90%，样本
国家和地区分布在六大洲，GDP 总值在全球 GDP 总额中的占比约为 77%，
总成交额占比达 94%。

2019 年我国资本市场竞争力全球综合排名取得如此大的提升，离不开
资本市场全面深化改革的持续推进。其中，市场质量、制度环境排名变化
不明显，较为稳定。全球综合排名的提升主要源于功能指标排名的显著提

升。具体而言，科创板试点注册制的执行大幅度提升了我国资本市场的功能指标如 IPO 数量、融资额等的排名。

（二）我国资本市场结构的深刻变化

1. 股债两市规模不断扩大

随着资本市场改革的深化，我国资本市场正发生深刻的结构性变化，股债两市规模不断扩大。具体而言，股债两个市场规模跃居第一梯队，已然位列全球第 2。截至 2022 年 6 月，债券市场规模增长十分显著，增长系数已达 444%。在股票市场中，同期增长幅度明显，约为 239%。

（1）债券市场规模

2012 年到 2022 年，我国企业债券、金融债券、公司债券等发行主体的总体数量情况如图 1-3 所示。

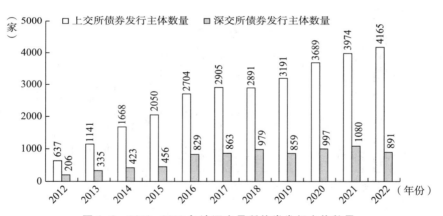

图 1-3　2012~2022 年沪深交易所债券发行主体数量

资料来源：作者根据中国结算网、Wind 资讯基础数据统计整理。

由图 1-3 可知，上交所 2012 年债券发行主体数量为 637 家，之后整体上稳步增长，到 2022 年达到 4165 家。深交所 2012 年债券发行主体数量为 206 家，到 2021 年增加到 1080 家，2022 年有所下降，为 891 家。截至 2022 年 12 月，我国企业债券、金融债券、公司债券等发行主体的总体数量为 5056 家。

2021 年和 2022 年，我国债券市场在不断推出创新品种方面成绩显著。表 1-2 显示，2021 年和 2022 年，我国债券市场推出的创新品种包括碳中和债、乡村振兴债、科创票据、可持续发展挂钩债券、高成长债等。2021
年碳中和债发行规模最大，达 1675.19 亿元，其次是乡村振兴债，发行规
模为 1017.20 亿元。2022 年，科创票据发行期数和发行规模取得较大突
破，发行规模由 2021 年的 166.60 亿元增至 2022 年的 1510.30 亿元。

表 1-2　2021 年和 2022 年新品种债券发行情况

券种类别	2021 年		2022 年	
	发行期数（期）	发行规模（亿元）	发行期数（期）	发行规模（亿元）
碳中和债	152	1675.19	75	768.48
乡村振兴债	125	1017.20	90	789.09
科创票据	23	166.60	183	1510.30
可持续发展挂钩债券	25	351.50	33	389.00
高成长债	18	145.50	4	22.00
低碳转型挂钩债券			5	49.00
科技创新公司债券			58	574.50

资料来源：作者根据 Wind 资讯基础数据统计整理。

　　2014 年到 2022 年，我国债券发行规模及同比增速见图 1-4。2022 年我
国债券市场共发行各类债券 61.90 万亿元，其中银行间债券市场发行债券 56
万亿元，占比超 90%。截至 2022 年底，内地债券市场总存量达 141.31 万
亿元。

图 1-4　2014～2022 年我国各类债总发行量与同比增速

资料来源：作者根据中国结算网、Wind 资讯基础数据统计整理。

2022 年债券具体发行情况见图 1-5。由国债、地方政府债和政策银行债构成的利率债共发行 3224 只，发行额共达到 22.92 万亿元，同比增幅达 15%。信用债共发行 18471 只，发行额共达到 18.04 万亿元，同比下降 10%。同业存单共发行 25765 只，发行额共达到 20.49 万亿元，同比下降 5%。

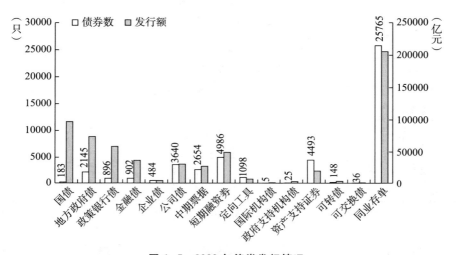

图 1-5 2022 年债券发行情况

资料来源：作者根据 Wind 资讯基础数据统计整理。

随着经济的发展，我国债券市场发展十分迅猛，发行体量逐步增大，债券市场规模持续稳健增长，我国债券发行规模已经跨入全球前列。

（2）股票市场规模

2014 年到 2022 年，A 股市场 IPO 数量和募集资金规模见图 1-6。在我国股票发行市场中，A 股市场 2022 年共有 425 家企业首发上市，相比 2021 年减少 98 家。虽首发上市企业数与 2022 年相比有所下降，但募资规模仍然达到正增长。

从交易所来看，2022 年，上交所、深交所和北交所 IPO 数量分别为 154 家、188 家和 83 家。上交所募资金额最多，达到 3510.97 亿元，其中科创板 IPO123 家，募资金额 2517.48 亿元。深交所募资金额次之，为 2115.18 亿元，其中创业板 IPO148 家，募资金额 1796.36 亿元。北交所 IPO83 家，募资金额 159.06 亿元。2022 年三大交易所 IPO 数据对比见图 1-7。

图 1-6　2014～2022 年 A 股市场 IPO 数量和募集资金规模

资料来源：作者根据 Choice 资讯基础数据统计整理。

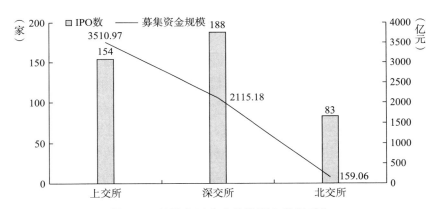

图 1-7　2022 年三大交易所 IPO 数据对比

资料来源：作者根据 Choice 资讯基础数据统计整理。

2014 年到 2022 年，我国股市股票成交额及变化见图 1-8。在股票交易市场中，2015 年牛市过后的三年内我国股市成交额呈现下降趋势，于 2019 年成交额开始回升。2022 年，在美联储加息、俄乌冲突等因素影响下，我国股市成交额较 2021 年同比下降 13.0%。

总体而言，近十年来，我国资本市场的国际吸引力和影响力大幅提高，股债期产品结构也在持续优化。

2. 投资者结构逐步优化

A 股市场各类投资者由个体投资者、一般法人、境内专业机构投资者、境外机构四大类构成。按照管理机构类型划分，A 股投资者结构总览见图 1-9。

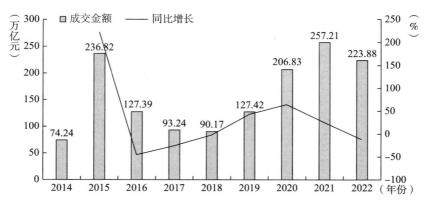

图 1-8　2014～2022 年我国股市股票成交额及变化

资料来源：作者根据 Choice 资讯基础数据统计整理。

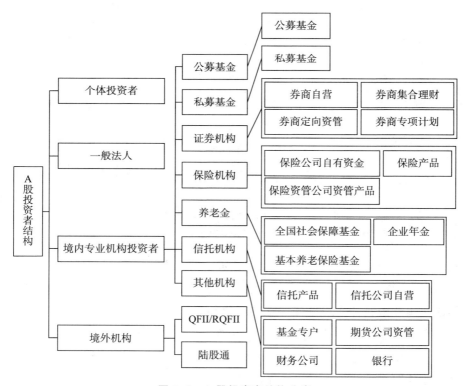

图 1-9　A 股投资者结构分类

（1）A 股投资者结构分析

在我国资本市场中，A 股投资者持股规模变化情况见图 1-10。由图

1-10 可知，公募基金持有的 A 股总市值自 2022 年 Q4 呈现增长趋势，2023 年 Q1 公募基金持有 A 股总市值 5.74 万亿元，环比增速为 3.59%。通过 QFII、RQFII 和陆股通等渠道实现 A 股市场外资持股的境外机构及个体投资者，持有的境内人民币金融资产自 2022 年 Q4 呈现增长趋势，2023 年 Q1 外资持有 A 股总市值 3.49 万亿元，环比增速为 9.22%。保险资金持股由两个部分构成，一是通过基金间接持股，二是保险资金直接投向股票，两部分市值加总即险资持股总市值。保险机构持有 A 股总市值自 2022 年 Q4 呈增长趋势，2023 年 Q1 保险资金持有 A 股股票和证券投资基金共 3.32 万亿元，占总市值的 4.60%，持有股票市值为 2.00 万亿元，占 A 股总市值的 2.11%。2022 年 Q4 资金信托持股总市值环比增长 3.08%。

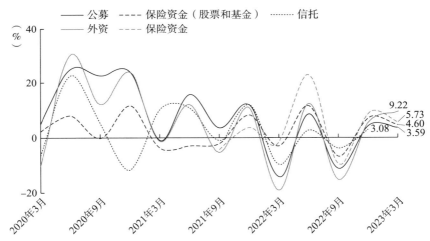

图 1-10　2020 年 3 月至 2023 年 3 月 A 股投资者持股总市值环比增速

资料来源：华西证券研究所。

（2）专业机构投资者持股规模

参照中国证券投资基金业协会的分类方法，将 A 股专业机构投资者划分为八大类：公募基金、私募基金、保险机构、养老金、证券机构、信托机构、其他境内机构、境外机构及个人。

基于 2023 年 Q1 流通市值进行测算，得出机构投资者流通股持股规模排名（见图 1-11）。

由图 1-11 可知，持股规模排名前三的机构投资者分别是公募基金、境外机构及个人、私募基金，对应存量依次为 5.74 万亿元、3.49 万亿元、

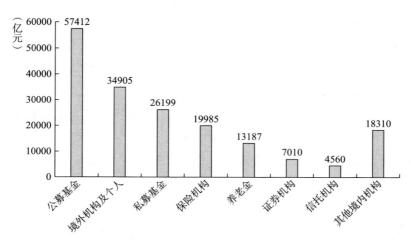

图 1-11　2023 年 Q1 境内外主要投资者流通股持股市值

资料来源：作者根据中国银保监会、公募基金季报、Wind 资讯等基础数据统计整理。

2.62 万亿元。各存量相对于 2022 年 Q4 有所增加，排名情况与 2022 年 Q4 相比保持不变。

接着，通过测算发现，2023 年 Q1 持股市值环比增速排名依次为私募基金、境外机构及个人、保险机构、养老金等，相较于 2022 年 Q4，增速分别是 9.89%、9.22%、5.73%、4.67%等。具体参见图 1-12。

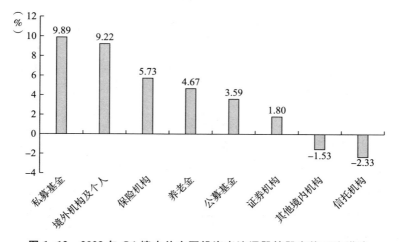

图 1-12　2023 年 Q1 境内外主要投资者流通股持股市值环比增速

资料来源：作者根据中国银保监会、公募基金季报、Wind 资讯等基础数据统计整理。

2023 年 Q1 主要机构投资者流通股持股占比环比变化见图 1-13。

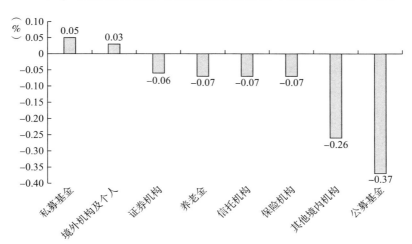

图 1-13 2023 年 Q1 境内外主要机构投资者流通股持股占比环比变化
资料来源：作者根据中国银保监会、公募基金季报、Wind 资讯等基础数据统计整理。

由图 1-13 可知 2023 年 Q1 主要机构投资者流通股持股占比环比变化情况。私募基金、境外机构及个人流通股持股占比环比上升，增长率分别为 0.05% 和 0.03%。证券机构、养老金、信托机构、保险机构、其他境内机构、公募基金流通股持股占比环比下降，下降幅度依次为 0.06%、0.07%、0.07%、0.07%、0.26%、0.37%。显然，公募基金流通股持股占比环比下降幅度最为明显。

2014 年到 2023 年 Q1，主要机构投资者流通股持股占比见图 1-14。具体而言，公募基金持有流通股占比最高，自 2016 年末到 2021 年末呈上升趋势，2023 年 Q1 相比 2022 年 Q4 下降了 0.37%。私募基金持有流通股占比自 2022 年 Q4 有所增加，2023 年 Q1 占比为 3.64%。境外机构及个人持有流通股占比自 2016 年末到 2021 年 Q2 总体呈现较为稳定的增长趋势，后期有所下降，2022 年 Q2 到 2023 年 Q1 则变化不明显。保险机构和养老金持有流通股占比自 2022 年 Q1 到 2023 年 Q1 整体上呈现增加的趋势。

（3）四大类投资者持有 A 股市值及占比

2015 年到 2023 年 Q1，A 股市场一般法人、个体投资者、境内专业机构投资者、境外机构四大类投资者流通股持股市值见图 1-15。

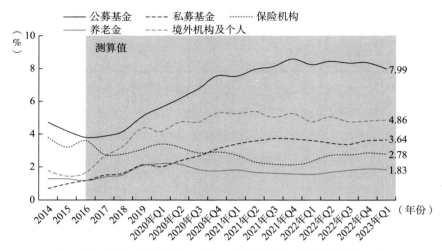

图 1-14　2014 年至 2023 年 Q1 主要机构投资者流通股持股占比

资料来源：华西证券研究所。

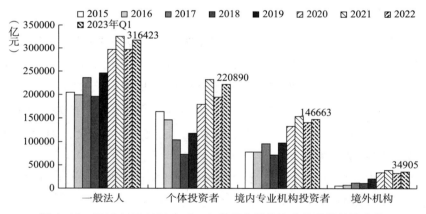

图 1-15　2015 年至 2023 年 Q1 A 股四大类投资者流通股持股市值

资料来源：华西证券研究所。

　　由图 1-15 可知，截至 2023 年 Q1，在持有流通股市值方面，A 股市场一般法人持股规模最大，为 31.64 万亿元。个体投资者持股规模次之，达到 22.09 万亿元。境内专业机构投资者和境外机构持有量分别为 14.67 万亿元和 3.49 万亿元。

　　在投资者持股占比方面，由图 1-16 可知，一般法人持有的流通股占比从 2015 年到 2017 年不断攀升，自 2017 年到 2023 年 Q1 不断下降，2023

年 Q1 一般法人持有的流通股占比为 44.02%，较 2022 年 Q4 下降了 0.67
个百分点。个体投资者持有流通股自 2018 年到 2023 年 Q1 整体上呈现不断
上升的趋势，2023 年 Q1 占比为 30.73%，比 2022 年 Q4 增加了 1.49 个百
分点。境内专业机构投资者流通股占比增加趋势并不明显，于 2023 年 Q1 占
比 20.40%。境外机构持有流通股占比较小，在 2023 年 Q1 占比为 4.86%。

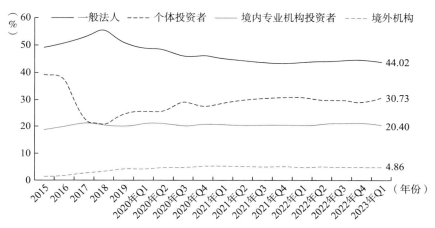

图 1-16　2015 年至 2023 年 Q1 A 股四大类投资者流通股持股占比

资料来源：华西证券研究所。

　　剔除一般法人持股后，A 股投资者流通股持股占比情况如图 1-17 所
示。在该情形下，个体投资者持有流通股占比较高，虽在 2015 年到 2017
年有明显的下降，但从 2017 年至 2023 年 Q1 整体上呈现缓慢上升的趋势。
在 2023 年 Q1，个体投资者持有流通股占比达到 54.89%，仍然是我国资本
市场中最大的投资主体。

（三）本章小结

　　总体而言，经过多年努力，A 股上市公司和投资者结构逐步优化。十
年来，我国资本市场在去散户化和提高市场开放性方面取得了显著的成
绩。目前，我国资本市场风险总体上处于可控范围之内。

　　但是，我国投资者结构仍然是散户及法人占主导地位。相较于西方成
熟的资本市场，我国股市机构与外资仍具有较大提升空间。对我国资本市
场而言，结构性矛盾将在未来较长一段时间内持续存在。

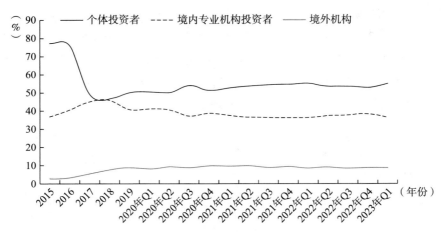

图1-17 2015年至2023年Q1 A股投资者流通股持股占比（剔除一般法人持股）

资料来源：华西证券研究所。

　　我国投资者结构散户化是市场各类问题的上游资金根源。该结构化矛盾对市场稳定性产生了一定的冲击，换手率、波动率较大，股市稳定性较成熟市场要差，股价波动更为明显。并且，市场具有明显的交易风格，个体投资者对小盘股的热衷以及其信息获取能力的有限性，导致了优质企业与业绩较差企业之间无法形成较为明显的分化。进一步地，我国投资者结构散户化特征还造成了市场定价效率低下，原因在于机构投资者占比过低使得其价格发现效用无法得到有效发挥。

　　综上所述，未来我国资本市场需要进一步优化投资者结构。同时，在该过程中保护好这些个体投资者的权益关系到亿万家庭的切身利益与证券市场的健康持续发展，保护个体投资者的权益是现阶段重要且迫切的任务。

第二章　我国个体投资者教育现状和行为特征

（一）我国个体投资者数量及活跃程度

1. 个体投资者加速涌入

2016 年底，上交所投资者股票开户总数是 1.93 亿户，个体投资者账户占比达 99.48%（中国证监会，2017）。2022 年 3 月，我国个体投资者数量首次突破 2 亿大关。截至 2023 年 8 月，我国个体投资者数量达到 2.21 亿（中国结算网，2023）。

近 10 年来我国个体投资者数量不断增加，从 2014 年的 7294 万人到 2023 年 6 月的 21897 万人。其间，我国个体投资者数量共增加了 1.46 亿人，增长率达 200%。具体可见图 2-1。

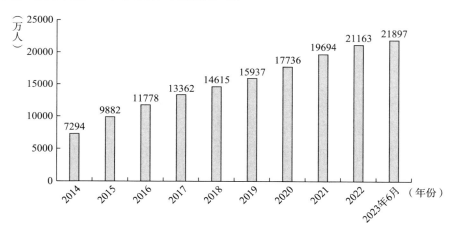

图 2-1　2014 年至 2023 年 6 月我国个体投资者数量

资料来源：作者根据中国结算网基础数据统计整理。

2015 年到 2022 年，我国资本市场新增个体投资者数量与增速可见图 2-2。

图 2-2 表明，2015 年到 2018 年，我国个体投资者数量增加速度呈现放缓趋势，2015 年新增个体投资者数量为 2588 万人，增长率为 35.48%。2018 年，新增个体投资者数量为 1253 万人，增长率为 9.38%。2019 年到 2021 年，我国个体投资者增加数量持续增长，直到 2022 年有所放缓。其中，2019 年新增个体投资者数量为 1322 万人，2020 年新增个体投资者数量为 1799 万人，2021 年新增个体投资者数量为 1958 万人。到 2022 年，新增个体投资者数量降为 1469 万人，增长率为 7.46%。

从图 2-2 不难看出，2022 年我国个体投资者新增规模仍高于 2018 年和 2019 年新增规模。

图 2-2 2015～2022 年我国资本市场新增个体投资者数量与增速

资料来源：作者根据中国结算网基础数据统计整理。

2022 年 6 月至 2023 年 6 月，我国资本市场月新增个体投资者数量见图 2-3。在此期间，2023 年 3 月个体投资者数量增加最为明显，为 189 万人，其次是 2023 年 2 月和 2022 年 6 月，新增数量分别为 167 万人和 133 万人。

具体地，通过对比 2015 年 6 月和 2023 年 6 月投资者情况（见表 2-1），我们可以发现，我国资本市场 2015 年 6 月相对于上月新增投资者数量为 98.13 万人，其中新增个体投资者数量为 97.86 万人。到 2023 年 6 月，当月新增 464.22 万名投资者，其中新增个体投资者数量为 463.53 万人。

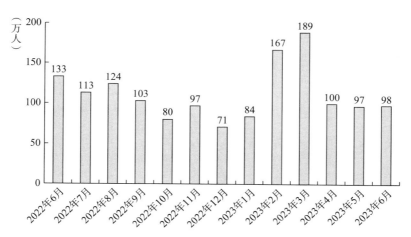

图 2-3　2022 年 6 月至 2023 年 6 月我国资本市场新增个体投资者数量

资料来源：作者根据中国结算网基础数据统计整理。

表 2-1　2015 年 6 月和 2023 年 6 月投资者情况

项目	投资者数量（万人）	
	2015 年 8 月	2023 年 8 月
一、新增投资者数量	136.85	99.59
1. 自然人（个体）	136.52	99.30
2. 非自然人	0.33	0.29
二、期末投资者数量	9406.60	22141.58
1. 自然人（个体）	9379.58	22088.03
其中：		
已开立 A 股账户投资者	9306.67	22030.71
已开立 B 股账户投资者	237.04	236.74
2. 非自然人	27.02	53.55
其中：		
已开立 A 股账户投资者	24.63	51.52
已开立 B 股账户投资者	2.39	2.07

注：①期末投资者数量指持有未注销、未休眠的 A 股、B 股账户的一码通账户数量；②新增投资者数量＝本月期末投资者数量－上月期末投资者数量。

资料来源：作者根据中国结算网基础数据统计整理。

2. 个体投资者市场交易活跃

随着个体投资者的不断入场,我国资本市场交易活跃度亦受到影响。

在注册制改革全面推行之前的 2016 年到 2019 年,不同类型账户日交易量占交易所每天总成交量的比例见图 2-4。

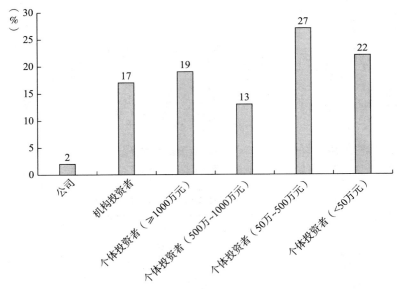

图 2-4 2016～2019 年不同类型账户日交易量占比
资料来源:作者根据中国结算网、Wind 资讯基础数据统计整理。

在图 2-4 中,个体投资者账户按照其规模大小被分成小微账户、中账户、大账户和超大账户。小微账户为余额小于 50 万元的个体投资者账户,中账户的余额是 50 万~500 万元、大账户的余额在 500 万~1000 万元,超大账户则指大于等于 1000 万元的个体投资者账户。我国个体投资者于 2016 年到 2019 年的交易量占比达 80%,然而在一个成熟的资本市场里,该比例一般应该小于 10%。

其实,在 2017 年及之前的数年内,我国个体投资者的持股占比不到 30%。但从个体投资者对证券市场的影响力而言,A 股市场中 80% 的成交量来自个体投资者,个体投资者是市场定价中最主要的力量(刘欣,2016)。

在 2021 年全年的 243 个交易日中,交易金额破万亿元的交易日超过了一半,并且交易金额超过 1.5 万亿元的交易日有 7 个。从 2021 年全年平均值来看，A 股的日均交易金额达 1.06 万亿元，相对于 2018 年其增长十分显著，提升比例达到 186%。2018 年 A 股市场日均换手率为 0.90%，该值在之后三年不断增加，于 2021 年升至 1.54%。

自注册制改革全面推行以来，我国资本市场散户化特征有所减弱。如图 2-5 所示，个体投资者交易量占比自 2019 年逐步下降，并于 2022 年第一季度创新低。此外，2022 年，A 股市场日均换手率亦有所下降，略高于 2020 年水平。

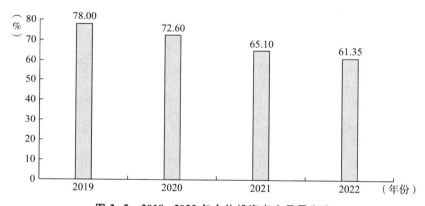

图 2-5　2019~2022 年个体投资者交易量占比
资料来源：作者根据中国结算网和 Wind 资讯基础数据统计整理。

从整体来看，我国个体投资者加速进场并未逆转 A 股机构化趋势。

但是，在我国资本市场中，在超过 2 亿人的个体投资者庞大群体中，持股市值在 50 万元以下的投资者占比达 97%。

可见，我国证券市场呈现高度散户化的基本特征，并且此情况将长期持续存在。这一尚不成熟的市场发展状态意味着股市中存在大量不成熟、风险承受能力低且交易活跃的个体投资者。虽然我国个体投资者加速进场并未逆转 A 股机构化趋势，但保护个体投资者权益迫在眉睫且势在必行。

（二）我国个体投资者教育措施、成效和不足

1. 投资者教育措施

截至 2022 年 10 月，我国 A 股市场个体投资者数量已增至 2.1 亿人，个体投资者数量占比 99.8%，交易占比虽有所下降，但仍达 61.35%，该数量仍持续增多，已于 2023 年 8 月超 2.2 亿人。同时，我国个体投资者资产规模越小，亏损越严重（Bui et al.，2022）。

个体投资者中的绝大部分用户为中小投资者，他们接受证券期货教育服务的途径有限，因此有必要不断推广和加深投资者教育工作。保护好个体投资者权益，关系到亿万家庭的切身利益与证券市场的健康持续发展。

（1）投教被纳入国民教育体系

将投教纳入国民教育体系意义重大且深远，是落实党中央、国务院战略部署的重要举措。投教被纳入国民教育体系具体情况见表 2-2。

表 2-2　投教被纳入国民教育体系

教育阶段	教学大纲	教材（读本）	典型课程	教学活动案例
小学	华福证券小学生金融素养研学课程"探秘金融岛"	《我的财富魔法书》《"漫话金融"财商小课堂——财商启蒙教育》《财商启蒙教育》	财商小故事系列；探秘金融岛；小课堂，"钱"途无量；揭开金钱的面纱；压岁钱如何理财等	寓教于乐，东吴证券打造系列暑期青少年财商教育活动；华安证券少儿财商系列主题活动等
初中		书籍：《睿睿的财商小故事》；绘本：《一碗热干面的坚持》《屈原穿越记——畅游深交所》等	太棒了金融；财智青年扬帆起；中学生财经素养系列课程等	"投教进乡村 筑梦公益行"——财商进校园之走进新化县青山中学等
高中（中职）	易方达投教基地——华南师范大学附中"格物"校本精品课程系列"基金理财入门知识"教育大纲等	《金融知识普及》《提升风险意识》；绘本：《资本市场三十年回忆录》《神农股草经》等	诈骗手法日益新，你我务必要小心；用卡安全；识别防范反洗钱；如何识别假币等	智富大讲堂走进洞口县第三中学；投资者教育走进武冈蓝深职业技术学校等
本科（高职）	湖南师范大学与财信证券共建"证券投资学"课程合作教学大纲等	读本：新《证券法》；教材：《衍生金融工具（第二版）》，"校园财商素养丛书"《创富人生》等	什么是无形资产、固定资产，如何理解利润表，如何分析净利润，等等	创新形式，东吴证券持续开展校园金融知识竞答活动等
研究生	大连商品交易所高校期货人才培育项目课程大纲	《期货基础知识》《股指期货基础知识》《上财学分课程等》	微课堂；注册制改革短片《古玩寻宝记》；注册制改革动画《股海如沙场，三国来登场》等	"young"帆期海——大商所大学生衍生品实践大赛案例报告暨风险管理方案等

资料来源：作者根据中国证监会网站、中国投资者网基础数据统计整理。

可见，在中国证监会的推动下，各省、自治区、直辖市试点越来越重视投资者教育保护工作。

截至 2023 年 3 月，试点区域在将投资者教育纳入国民教育体系过程中不断探索和努力，已有 500 多所院校设置投教课程，该举措惠及上百万名学生。

将投教纳入国民教育体系有助于提高公民金融素养，能够引导个体投资者进行价值投资，并帮助个体投资者树立维权意识，保护其合法权益。

（2）投资者教育基地建设

2016 年，中国证监会公开了首批实体国家级证券期货投资者教育基地名单（见表 2-3）和首批互联网国家级证券期货投资者教育基地名单（见表 2-4）。首批实体国家级证券期货投资者教育基地共有 7 家，包含东北证券投资者教育基地、深圳证券交易所投资者教育基地等。首批互联网国家级证券期货投资者教育基地共有 6 家，包括广发证券投资者教育基地、中国证券业协会"投资者之家"等。

表 2-3　首批实体国家级证券期货投资者教育基地名单

基地名称	基地地址	咨询电话	申报单位	省市
东北证券投资者教育基地	吉林省长春市解放大路 1907 号	0431-82006299	东北证券股份有限公司	吉林
华福证券投资者教育基地	福建省福州市杨桥路 11 号中闽大厦 B 座 8 层	0591-87876192	华福证券有限责任公司	福建
华泰证券投资者教育基地	江苏省南京市中山东路 90 号华泰证券大厦 27 楼	025-83387010	华泰证券股份有限公司	江苏
历道证券博物馆	上海市浦东新区陆家嘴环路 958 号华能联合大厦 13 楼	021-38784580	湘财证券股份有限公司	上海
全国股转公司北京证券交易所投资者教育基地	北京市西城区金融大街丁 26 号金阳大厦	010-63889551	全国股转公司北京证券交易所	北京
深圳证券交易所投资者教育基地	广东省深圳市福田区深南大道 2012 号深圳证券交易所 8 楼	400-808-9999	深圳证券交易所	广东
万科投资者教育基地	广东省深圳市盐田区大梅沙环梅路 33 号万科中心	0755-25606666	万科企业股份有限公司	广东

资料来源：作者根据中国证监会网站、中国投资者网基础数据统计整理。

表2-4 首批互联网国家级证券期货投资者教育基地名单

基地名称	基地网址	申报单位	省市
广发证券投资者教育基地	http://edu.gf.com.cn/	广发证券股份有限公司	广东
上海证券交易所投资者教育网站	http://edu.sse.com.cn/	上海证券交易所	上海
新华网投资者教育服务基地	http://www.xinhuanet.com/finance/tzzjyfwjd/index.htm	新华网	北京
中国期货业协会"期货投教网"	http://edu.cfachina.org/	中国期货业协会	北京
中国证券业协会"投资者之家"	http://tzz.sac.net.cn/	中国证券业协会	北京
中金所期货期权学院	http://www.e-cffex.com.cn/#/home	中国金融期货交易所	上海

资料来源：作者根据中国证监会网站、中国投资者网基础数据统计整理。

首批全国证券期货投资者教育基地的具体情况见表2-5。各投资者教育基地在建设过程中明确了自身应具备的功能，并基于自身特色明确未来发展方向，以更好地服务投资者。

表2-5 首批全国证券期货投资者教育基地介绍

基地名称	功能	特色、优势
东北证券投资者教育基地	投教讲堂、接待、风险警示、投放匹配、产品展示、教育观影、投教咨询、活动风采和互动体验	依托先进设备进行平台化运营，线上线下结合发挥投教品牌优势
广发证券互联网投资者教育基地	知识中心、视频与专家教学中心、专项活动区、双向互动答疑和模拟体验	兼具知识性、专业性、实用性和趣味性的公益互联网证券学习平台
华福证券实体投资者教育基地	设有宣传厅、展示厅和专家讲坛厅三个功能厅，开辟包括台湾资本市场区、触屏互动区、客户体验区等10个特色区域	注重闽台交流，凸显地方特色，独辟"台湾资本市场区"；充分体现"互联网+"思维；建立了开放式参观预约机制
华泰证券投资者教育基地	历史回顾、风险警示、投资必知、互动体验和培训交流	立足于突破物理网点的空间，通过线上线下的各类活动，实现与社会公众基于投教主题的有效结合
全国股转公司投资者教育基地	市场博览中心、挂牌企业展示中心，以及培训交流区域	历史资料丰富，内容翔实生动；运用科技手段，注重教育体验；使用大量案例，重视场景教育
上海证券交易所投资者教育网站	结合证券市场发展形势，主动采纳广大中小投资者与市场经营机构的建议，创新网站服务模式	"三位一体"的平台定位；"七加七式"的网站格局；"四个一百"的运营成果

续表

基地名称	功能	特色、优势
深圳证券交易所投资者教育基地	开展公益性教育活动、完善投资者教育网站、建设"投资者之家"	借助"互联网+"理念，打造数字化、科技化、体验式的证券主题展馆
万科投资者教育基地	展示上市公司情况和深圳资本市场发展历程，进行互动式教育、专项介绍和展览	借助各界力量，把万科投资者教育基地办成深圳资本市场在盐田区的一个集中展示窗口
历道证券博物馆	提升历道证券博物馆的社会影响力、丰富投资者保护教育系列活动	为公益性民办非企业单位，充分利用其特殊的实体教育平台和影响力
新华网投资者教育服务基地	权威发布、投资学堂、特色产品、模拟体验、互动沟通和意见征集	依托新华社平台以及大数据、新媒体传播手段将互联网投教基地做大做强
中国证券业协会"投资者之家"	传递市场重要资讯、普及投资知识、提供维权途径、模拟交易体验途径、提供互动交流渠道	具有行业凝聚性、发布权威性、培训网络化的特点
中金所期货期权学院	知识普及、产品推广、市场培育、舆论宣传，以及展示交易所形象	设计新颖、紧随潮流、内容丰富、管理高效
中国期货业协会"期货投教网"	投教资讯、维权保护、期货学苑、投教展播	为在 PC 端和移动端搭建的互联网投资者教育平台，提供专业、全面、长效、便捷的维权保护和教育服务体验

资料来源：作者根据中国证监会网站、中国投资者网基础数据统计整理。

2017 年，中国证监会公布的第二批国家级证券期货投资者教育基地名单见表 2-6。本批投教基地共 16 家，其中实体国家级证券期货投资者教育基地有 7 家，互联网国家级证券期货投资者教育基地有 9 家。

表 2-6　第二批国家级证券期货投资者教育基地名单

实体		互联网	
基地名称	申报单位	基地名称	申报单位
长江证券投资者教育基地	长江证券股份有限公司	东海证券投资者教育基地	东海证券股份有限公司
国联证券投资者教育基地	国联证券股份有限公司	中证报价投资者教育基地	中证机构间报价系统股份有限公司
国融证券投资者教育基地	国融证券股份有限公司	江海证券投资者教育基地	江海证券有限公司

续表

实体		互联网	
基地名称	申报单位	基地名称	申报单位
国泰君安证券投资者教育基地	国泰君安证券股份有限公司	平安证券投资者教育基地	平安证券股份有限公司
兴业证券投资者教育基地	兴业证券股份有限公司	深圳证券交易所投资者教育网站	深圳证券交易所
中泰证券投资者教育基地	中泰证券股份有限公司	天风证券投资者教育基地	天风证券股份有限公司
中信建投证券投资者教育基地	中信建投证券股份有限公司	西南证券投资者教育基地	西南证券股份有限公司
		中国结算投资者教育基地	中国证券登记结算有限公司
		中国银河证券投资者教育基地	中国银河证券股份有限公司

资料来源：作者根据中国证监会网站、中国投资者网基础数据统计整理。

2019 年，中国证监会公示了第三批国家级证券期货投资者教育基地名单。其中实体国家级证券期货投资者教育基地包括安信证券投资者教育基地、海通证券投资者教育基地、国信证券投资者教育基地、招商证券投资者教育基地、渤海证券投资者教育基地、海南橡胶投资者教育基地等。互联网国家级证券期货投资者教育基地则包括上海期货交易所投资者教育基地、东方证券投资者教育基地、工银瑞信投资者教育基地等。

2021 年，中国证监会公示了第四批国家级证券期货投资者教育基地名单。其中实体国家级证券期货投资者教育基地共计 13 家，包括北京基金小镇投资者教育基地、东吴证券投资者教育基地、华林证券投资者教育基地、中国证券博物馆投资者教育基地、财通证券投资者教育基地等。本批次互联网国家级证券期货投资者教育基地共计 5 家，包括鲁证期货投资者教育基地、中国证券投资基金业协会"投资者之家"、易方达投资者教育基地等。

截至 2023 年 9 月，中国证监会共进行了四次投资者教育基地申报工作，命名的国家级投资者教育基地 71 家，省级投资者教育基地 128 家，共计 199 家。在此过程中，投资者教育基地内容不断丰富，投教基地功能亦不断拓展。

综合来看，前四批国家级投教基地命名情况见表 2-7。半数以上为证券公司等证券经营机构投教基地，占比为 66%。具体地，证券公司实体投教基地共计 33 家，在全部实体国家级投教基地中占比为 79%。证券公司互联网投教基地共计 14 家，在全部互联网投教基地中占比为 48%。

表 2-7　前四批国家级投教基地命名情况

单位：家

批次	基地类型	沪深交易所等 会管单位	证券公司等 证券经营机构	其他机构	小计	合计
第一批 2016 年	实体	2	4	1	7	13
	互联网	4	1	1	6	
第二批 2017 年	实体	0	7	0	7	16
	互联网	3	6	0	9	
第三批 2019 年	实体	1	12	2	15	24
	互联网	1	5	3	9	
第四批 2021 年	实体	1	10	2	13	18
	互联网	2	2	1	5	
合计		14	47	10	71	71

资料来源：作者根据中国证监会网站、中国投资者网基础数据统计整理。

目前，国家级投资者教育基地建设主体越来越趋向多元化。一方面，联合申报基地的数量在不断增多。另一方面，其他类机构范围不断扩大，从最开始的 2 家增长至 10 家，包含了银行、媒体、其他金融机构等。

此外，在第四批命名的国家级投资者教育基地中，互联网投教基地已降至 5 家，而第二批和第三批命名的国家级投资者教育基地均包含 9 家互联网投教基地。

截至 2023 年 5 月，中国证监会共进行了 5 次投教基地年度考核。国家级投教基地考核情况见表 2-8。

表 2-8　前四批国家级投教基地考核情况

考核期	参与数量 （家）	考核 结果	全体基地 （家）	考核结果占比 （%）	证券公司基地 （家）	考核结果占比 （%）
2017~2018 年	13	优秀	3	23	1	20
		良好	4	31	2	40
		合格	6	46	2	40

续表

考核期	参与数量（家）	考核结果	全体基地（家）	考核结果占比（%）	证券公司基地（家）	考核结果占比（%）
2018～2019年	29	优秀	15	52	9	50
		良好	6	21	5	28
		合格	8	28	4	22
2019～2020年	29	优秀	16	55	11	61
		良好	7	24	3	17
		合格	6	21	4	22
2020～2021年	53	优秀	27	51	18	53
		良好	18	34	13	38
		合格	8	15	3	9
2021～2022年	53	优秀	31	59	26	68
		良好	15	28	9	24
		合格	7	13	3	8

资料来源：作者根据中国证监会网站、中国投资者网基础数据统计整理。

由表2-8可知，在第一次考核中仅23%的投资者教育基地考核结果为优秀，在后四次考核中，则均有超过一半的投资者教育基地考核结果为优秀。

表2-8还表明，互联网投资者教育基地在考核时更难被评定为优秀。在2021～2022年考核中，证券公司基地考核结果为优秀者大幅度增加，占比达到68%。此外，沪深交易所等连续获评优秀。

证券公司作为资本市场重要的中介机构，对投资者教育基地的发展做出了巨大的贡献。它们往往更加积极主动建设和申报、持续运行维护，并取得了更为突出的成绩。这是它们履行社会责任的必然选择，它们能够落实其投资者教育与保护职责。针对投资者教育基地开展的年度考核能够激励证券公司等努力完善投教基地建设。

（3）投教主题活动

2021年到2023年6月，中证中小投资者服务中心、上海证监局、上交所、深交所、上期所、中金所、投服中心、中国证券登记结算有限责任公司等开展的典型投资者教育主题活动情况见表2-9。

表 2-9　2021 年至 2023 年 6 月典型投资者教育主题活动开展情况

时间	活动名称	开展方式
2021 年 3 月 15 日	3·15 投资者保护系列活动	进行直播讲座、投教知识线上竞答等，现场设台开展投保宣传和咨询活动
2021 年 5 月 15 日	全国投资者保护宣传日暨防范非法证券期货宣传月系列活动	与会管单位、市场机构、高等院校合作
2021 年 10 月	"2021 年世界投资者周"系列活动	开展投资者服务北京、长春、苏州、重庆行等活动
2022 年 3 月 15 日	3·15 投资者保护活动——"理性认识市场 投资量力而行"	联合交易所及市场机构在线举办活动、在京沪深三地柜台开展现场宣传
2022 年 4 月 9 日	上市公司高质量发展	易会满主席在上市公司协会第三届会员代表大会上讲话
2022 年 5 月 15 日	"5·15 全国投资者保护宣传日"活动：筑牢注册制改革基础，保护投资者合法权益	中国证监会副主席李超、最高人民法院副部级专职委员刘贵祥出席并讲话
2022 年 10 月	"2022 年世界投资者周"系列活动	开展走进校园、走进券商、走进发行人和投资者等形式多样的投资者教育活动
2023 年 3 月 15 日	3·15 投资者保护主题教育系列活动	赴成都、银川、福州，走进高校、走进证券公司、开展注册制健康宣传跑等活动
2023 年 5 月 15 日	第五届"5·15 全国投资者保护宣传日"系列活动	赴重庆、哈尔滨、长春、武汉、广州，开展走进高校、走进社区等系列"走进"活动

资料来源：作者根据中国证监会网站、中国投资者网基础数据统计整理。

投资者主题教育活动的内容形式不断丰富，覆盖范围也越来越广，这些活动普及了投资者保护理念，让风险管理理念根植于心。因此，投资者主题教育活动的开展有助于实现中小投资者保护工作常态化、规范化和制度化，对我国资本市场稳定和顺利运行起到了不可替代的作用。

从投教主题活动开展形式来看，2023 年 3 月中国社会科学院等对中国财富管理行业投资者教育状况调查的结果显示，各种活动采取了多种方式来展开。其中，通过线下线上相结合来展开投资者教育活动的形式占比最高，达到 38.33%，以线上为主和以线下为主来展开投资者教育活动的形式占比分别为 23.48% 和 38.19%，以线上为主形式占比低于其他形式。

具体地，2022 年，投资者教育活动的开展主要采用了朋友圈、微信

"一对一"、线下服务"一对一"、线下沙龙、社群、视频号等形式。

由图2-6可知，在各种投资者教育活动形式中，施教者最倾向于采用朋友圈方式进行投教活动，占比达到73.81%；其次，采用微信"一对一"和线下服务"一对一"方式的施教者占比分别为72.01%和59.45%；施教者对社群和视频号的使用程度相对较低，占比分别为32.04%和21.59%。

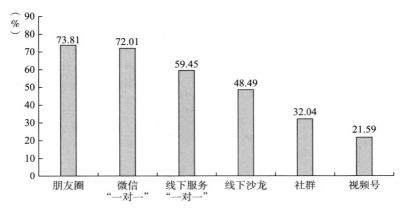

图 2-6　2022 年开展投资者教育活动主要采用的具体方式

资料来源：中国社会科学院金融研究所、贝塔数据研究院。

同时，进行投资者教育活动的施教者素养不断提升。如图2-7所示，施教者中拥有本科及以上学历者占比，从2018年的82.48%上升到了2020年的94.21%。2018年时施教者中受过专项培训占比、参与投教工作5年及以上占比、开展了投教人员绩效考核评估占比分别为76.65%、39.81%、47.19%，到2020年时相应比例则分别提升至78.19%、58.42%、51.51%。

可见，我国投资者教育模式越来越成熟，金融机构的投资者教育管理亦越来越规范。无论是施教者的学历、参与投教工作年限、接受培训情况还是人员绩效考核，都得到了明显提升和改进。投教队伍中的优质投资者教育工作者越来越多，这进一步提升了投资者教育活动的质量。

（4）投资者保护典型案例

党的十八大以来，中国证监会为落实党中央、国务院关于加强资本市场中小投资者合法权益保护的重大战略部署，不断提升投诉处理水平，建立纠纷多元化解机制，创新先行赔付等多种举措，以保护中小投资者合法权益。

2019年5月，中国证监会投资者保护局整理和公布了2019年及之前

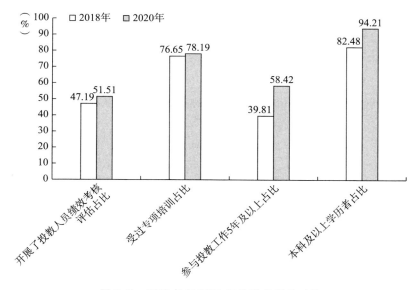

图 2-7　2018 年和 2020 年施教者素养对比

资料来源：作者根据中国证券报·中证网基础数据统计整理。

数年的 50 篇投资者保护领域的典型案例（见表 2-10）。这些案例主要集中在纠纷调解、投诉处理、违法警示和依法行权板块，该四个板块的案例总计在所有入选案例中占比达 84%。其他板块入选案例相对较少，特别是股东诉讼板块仅纳入了一个案例。

表 2-10　2019 年及之前数年的 50 篇投资者保护领域的典型案例

板块	数量（个）	提供者	样例
依法行权	8	中证中小投资者服务中心	中小股东应积极参加股东大会
投诉处理	11	上海、深圳等证监局，中国期货业协会	投资者误入克隆网站被骗
纠纷调解	13	深圳、福建证监局，中国证券业协会等	上市公司控制权之争纠纷案例
先行赔付	3	中国证券投资者保护基金有限责任公司等	万福生科案：试水先行赔付 投资者主动维权
支持诉讼	4	中证中小投资者服务中心	刘某等诉鲜言等证券虚假陈述责任纠纷案

板块	数量（个）	提供者	样例
违法警示	10	深圳证券交易所	题材概念有风险 杀跌追涨易套牢
股东诉讼	1	中证中小投资者服务中心	投服中心诉上海海利生物技术股份有限公司决议效力确认纠纷案

资料来源：作者根据中国证券监督管理委员会官网基础数据统计整理。

2021 年，河南证监局公布了 10 起投资者保护典型案例，包括融资融券业务纠纷、银证转账纠纷、挂牌公司股份代持被采取自律监管措施、期权产品超限减仓纠纷、股票交易所得税纠纷、融券业务展期纠纷、期货交易强制平仓纠纷、交易软件查询功能纠纷、可转债强赎纠纷等。在每个案例中，专家都结合现有法规针对案例进行了深入解析和评述。

2022 年，中国证监会在该年度的全国投资者保护宣传日和活动中，发布了投资者保护 8 个典型案例。这 8 个案例包括全国首例证券纠纷特别代表人诉讼案——康美药业案、全国首例公司债券纠纷普通代表人诉讼案——五洋债案、代表人诉讼司法解释实施后全国首例证券纠纷普通代表人诉讼案——飞乐音响案、首例操纵市场民事赔偿胜诉案——恒康医疗案等。

2023 年 5 月 5 日，中国证监会发布了 10 个投资者保护典型案例，包括鲜言操纵证券市场民事侵权赔偿案、破产重整上市公司虚假陈述责任纠纷调解案、退市公司虚假陈述责任纠纷调解案、投保机构股东代位诉讼大智慧董监高损害公司利益案、堂堂会计师事务所未勤勉尽责行政处罚案、紫光集团司法重整案等。这些案例具有里程碑的意义。比如，在鲜言操纵证券市场民事侵权赔偿案中，投资者损失 470 余万元得到了补偿，这是全国首例落实民事赔偿责任优先的证券侵权案件。

2. 个体投资者教育成效

（1）基础教育单位投教参与度增加

自 2019 年 3 月《关于加强证券期货知识普及教育的合作备忘录》发布后，基础教育单位在个体投资者教育活动中扮演着越来越重要的角色。2018 年的个体投资者调查报告显示，社会对基础教育单位开展投教活动的知悉度为 48.15%。该比例在后续三年不断攀升，根据 2022 年 10 月底发布的 2021 年度的投资者教育问卷调查报告，该比例已达到 72.95%（见图 2-8）。

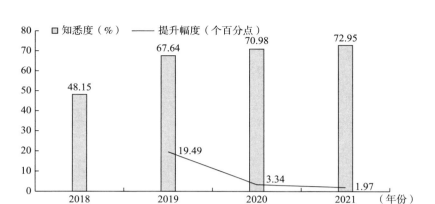

图 2-8　2018~2021 年基础教育单位开展投教活动的知悉度和提升幅度

资料来源：作者根据中国证券报·中证网基础数据统计整理。

图 2-8 显示，基础教育单位知悉度于 2019 年提升幅度最为明显，达到了 19.49 个百分点。可见，投资者教育被纳入国民教育体系效果开始凸显。

由图 2-9 可知，基础教育单位在投资者教育活动中发挥的作用越来越明显，于 2021 年已经超过其他第三方机构，在所有主体中排名第四，基础教育单位的重要地位不断彰显。

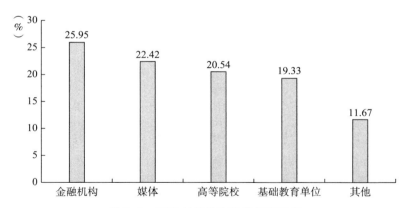

图 2-9　2021 年投教主体参与度排名

资料来源：作者根据中国证券报·中证网基础数据统计整理。

由此可见，将投资者教育纳入国民教育体系是开展投资者教育活动的有效途径。与此同时，我国在将投资者教育纳入国民教育体系方面的探索和努力取得了显著成效。

（2）投教基地使用率提升

2019 年到 2020 年的中国投资者教育现状调查报告显示，投教基地的使用率得到了提升（见图 2-10）。

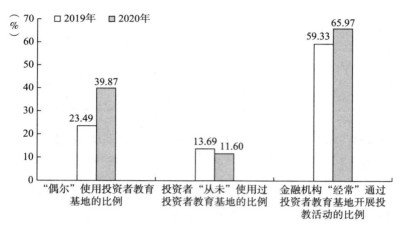

图 2-10　2019 年和 2020 年投教基地的使用情况

资料来源：作者根据中国证券报·中证网基础数据统计整理。

图 2-10 显示，投教基地在投资者教育上发挥越来越重要的作用，金融机构"经常"基于投教基地进行投教活动占比于 2020 年提升了 6.64 个百分点。在个体投资者中，不通过投教基地参与投资者教育活动的比例有所下降，该比例于 2020 年降至 11.60%，相比 2019 年下降了 2.09 个百分点。2020 年，"偶尔"使用投资者教育基地的比例为 39.87%，相比 2019 年度提升了 16.38 个百分点。

2019 年到 2021 年，投资者对证券公司等各类金融机构知悉度和参与度情况见图 2-11。证券公司等各类金融机构作为首要投教主体发挥着不可替代的功能。在该期间的三次中国投资者教育现状调查中，个体投资者对各类金融机构知悉度都达到了 80% 以上，是所有渠道中知悉度最高的投教机构。同时，2021 年个体投资者对各类金融机构参与度为 25.95%，且个体投资者对各类金融机构参与度连续位列榜首。

（3）投教活动参与度加深

2018 年，我国个体投资者整体上愿意参与投资者教育活动，并愿意花费一定的时间和资金。个体投资者期望通过参与投资者教育活动来学习相

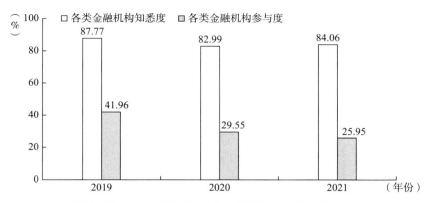

图 2-11 2019~2021 年各类金融机构知悉度和参与度

资料来源：作者根据中国证券报·中证网基础数据统计整理。

关金融知识，这意味着他们越来越重视自身的金融素养，并希望通过参与投资者教育活动获得素养提升。

从花费资金方面来看，2018 年有 90% 的个体投资者愿意为参与投资者教育活动花费一定的金钱。大部分个体投资者愿意为参与投资者教育活动而花费的资金占其收入的 15% 及以下。其中，愿意花费 5%~15% 的收入来参与相关学习活动的个体投资者占比达 45.74%。愿意在金融知识学习上花费 5% 以内收入的个体投资者占比为 42.65%，有 11.61% 的个体投资者愿意花费超 15% 的收入。

从花费时间上看，2018 年有 92% 的被试倾向于投入一定的时间参与投资者教育活动。愿意每周参与投资者教育活动在 2 个小时以内的个体投资者已过半数，占比为 53.35%。并且，每周参与投资者教育活动在 5 个小时以上的个体投资者占比达 12.65%。

2018 年到 2021 年，个体投资者在参与投资者教育活动上保持了较高的积极性，具体情况见图 2-12。总体来看，连续 4 年，愿意在参与学习相关金融知识活动上花费资金和投入时间的个体投资者占比较高，这离不开投资者教育氛围的推动作用。

具体来看，个体投资者最倾向于每周投入 1~3 个小时参与投资者教育活动，且每周投入 1~3 个小时的个体投资者占比在 2018 年到 2021 年 4 次调查中呈现不断增长的趋势。2018 年每周投入 1~3 个小时参与投资者教育

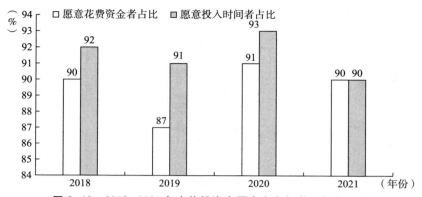

**图 2-12   2018~2021 年个体投资者愿意在参与学习相关金融
知识活动上投入资金和时间占比**

资料来源：作者根据中国证券报·中证网基础数据统计整理。

活动的个体投资者占比达 65.60%。之后该占比每年持续增长，到 2021 年，每周投入 1~3 个小时的参与者占比达 72.93%。

2018 年到 2021 年，个体投资者越来越意识到有必要花费资金以接受金融教育。调查结果显示，愿意花费 5% 以上的收入来参与金融知识学习相关活动的个体投资者占比不断增加。2021 年，愿意花费 5%~15% 的收入进行金融知识学习的个体投资者占比超过一半，达到 54.21%。

此外，"初次进行金融投资时"投资者教育活动的边际效率较高。如图 2-13 所示，个体投资者在开户时最倾向于参与投资者教育活动，此时金融机构开展投教频率亦是最高的。我国个体投资者最愿意在"初次进行金融投资时"接受投资者教育的特征，与金融机构开展投资者教育活动的频率相匹配。可见，金融机构十分重视对新手的教育，在很大程度上帮助新手树立正确投资理念，提升了新手的金融素养，获得了较大的边际效率。具体地，相较于未在新进入市场时接受投资者教育活动的个体投资者，进入市场时便接受投教活动的个体投资者的基础金融素养均值要高0.69 分（总计 5 分），其专业金融素养均值要高 1.09 分（总计 5 分）。

（4）国民金融素养提高

投资者教育活动的开展提升了国民金融素养。从 2018 年到 2021 年，个体投资者的金融素养水平整体上呈现不断上升的趋势。

2018 年国民基础金融素养为 60.90 分，到 2021 年国民基础金融素养达

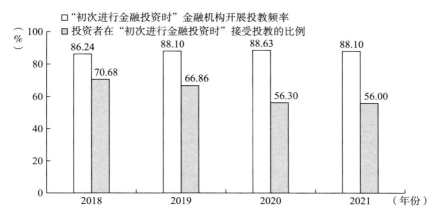

图 2-13 2018~2021 年 "初次进行金融投资时" 投教活动开展和接受情况
资料来源：作者根据中国证券报·中证网基础数据统计整理。

到了 64.68 分。2021 年，不到 40% 的受访者专业金融素养未达到及格水平。但国民整体金融素养平均分为 53.74 分，有一半以上的受访者整体金融素养不及格。对于个体投资者而言，加强专业金融知识的学习仍然十分有必要。

整体而言，投资者接受投资者教育的频率越高、时间越长，其金融素养水平越高。并且，长期参与投资者教育活动的个体投资者往往具有更高的金融素养，新入市的个体投资者金融素养较低。

同时，根据施教者的评估，在参与相关投资者教育活动后，个体投资者在金融知识与技能、行为理性、维权意识变化方面的能力得到提升。其中，2021 年施教者对个体投资者金融知识与技能、行为理性、维权意识等评估占比分别为 80.39%、76.26% 和 64.54%。可见，占比最高者为金融知识与技能变化，80% 以上的施教者认为个体投资者金融知识与技能得到提升。

综上所述，我国投资者教育活动的开展提升了国民金融素养，且对投资者权益保护工作产生了积极作用。

3. 个体投资者教育不足之处

目前，在进行投资者教育过程中我国的投教活动不具备长期吸引力，无法吸引个体投资者持续、长期地进行参与。

2018 年，我国个体投资者中有一半以上不具备长期接受投教的意识。从截至 2022 年底公布的近四次个体投资者长期接受教育情况调查结果对比来看，2018 年到 2021 年长期接受投资者教育者占比逐年下降，具体见

图 2-14。

图 2-14 显示，2018 年长期接受投资者教育者比例为 40.27%，2021 年该比例下降到了 18.42%，不足 2018 年的一半。从下降速度来看，2019 年长期接受投资者教育者占比同比下降 9.63%，2020 年则同比下降 43.97%，2021 年同比下降 9.66%。

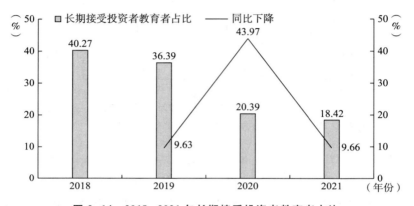

图 2-14 2018~2021 年长期接受投资者教育者占比

资料来源：作者根据中国证券报·中证网基础数据统计整理。

由此可见，我国证券市场中个体投资者不具备长期接受金融教育的意识。虽然过半数金融机构自 2018 年到 2021 年皆在持续开展投教活动，但个体投资者不太注重金融学习的渐进性与持续性。

2018 年，每周参与投资者教育 5 个小时以上的个体投资者占比为 12.65%。然而，上述比例在之后几年内持续下降，共下降了 5.66 个百分点。到 2021 年，每周参与投资者教育 5 个小时以上的个体投资者占比仅为 6.99%。

就综合金融素养而言，我国证券市场中个体投资者整体金融素养不高，2021 年该项平均得分为 53.74 分，约 50% 的个体投资者尚未达到及格标准。

究其原因，接近 70% 的受访者认为开展投教工作最主要的难点在于"投资者水平参差不齐，人员分散，难以对他们进行有针对性的教育工作"。受访者中有 62.66% 认为"投资者对投教活动不感兴趣，配合度不高"，造成了投资者教育活动不能对症下药。

中国社会科学院金融研究所和贝塔数据研究院于 2023 年 3 月发布的客户投教接受情况（见图 2-15）显示，持有"不想学习太专业的内容，简单了解一些投资要点即可"想法的个体投资者占比最高，达34.37%。同时，"希望得到产品投资或购买建议，直接抄作业"的个体投资者占比为32.12%。仅33.51%的个体投资者希望"深入、体系化地学习专业理财方法、产品知识"。这意味着我国个体投资者尚未树立正确投资理念，有"搭便车"倾向。

图2-15显示，目前，投教机构开展投资者教育活动的主要方式与个体投资者希望接受的投教服务类型存在一定的偏离。40.28%的施教者认为投教活动的开展应与销售策略配合，以契合在售产品，能一定程度辅助销售转化。认为投教活动的开展应"简单、明了，将基础的投资理念及知识讲清楚即可"的施教者占比仅为26.39%。

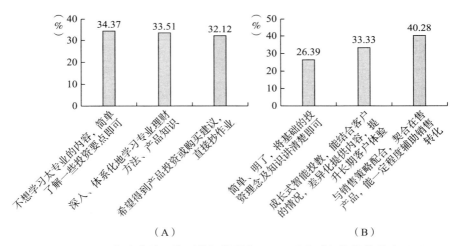

图2-15 2022年客户希望接受的投教服务（A）及金融机构投教策略（B）

资料来源：中国社会科学院金融研究所、贝塔数据研究院。

综上所述，投资者教育还须进一步精细化、个性化，发掘针对不同类型投教对象的投资者教育活动是接下来各投教机构努力的方向。

（三）我国个体投资者行为画像

1. 投资认知、目的及原因

随着我国经济社会发展，越来越多的个体投资者认识到投资的重要性，甚至不少个体投资者认为投资是人生必不可少的一环。

个体投资者对投资重要性的认知分为必不可少、比较重要、无所谓三种情形。2022年，超过50%的个体投资者认为投资是日常经济生活中不可或缺的部分，43%的个体投资者则认为投资比较重要，是需要掌握的理财技能，仅4%的个体投资者认为投资是无关紧要的，不确定是否应该具备相关理财技能。

具体地，个体投资者家庭净资产越高、学历越高、城市等级越高，越会将投资视为生活中必不可少的构成部分（见表2-11）。在拥有本科及以上学历的个体投资者中，有57%的人认为投资越来越重要，是人生规划必备的一环，仅2%的人认为投资可有可无。在高中及以下学历的个体投资者中，认为投资越来越重要，是人生规划必备的一环的人占比为49%，认为投资可有可无者占比为8%。

表2-11　2022年不同个体投资者的投资认知

单位：%

投资认知	家庭净资产					学历			城市等级		
	30万元以下	30万~50万元	50万~100万元	100万~500万元	500万元及以上	高中及以下	专科	本科及以上	三线及以下	二线	一线
必不可少	46	52	55	59	69	49	51	57	42	55	57
比较重要	48	45	43	39	27	43	45	41	44	42	40
无所谓	6	3	3	2	3	8	4	2	4	3	3

资料来源：作者根据《2022中国个人投资者投资行为分析报告》基础数据统计整理。

此外，表2-11还表明，个体投资者所处的城市等级越高，其越倾向于投资。57%的一线城市个体投资者认为投资是人生规划必备的一环，持有这一看法的二线、三线及以下城市个体投资者占比分别为55%、42%。一线城市中40%的个体投资者认为投资比较重要，持有相同看法的二线、三线及以下城市个体投资者占比分别为42%、44%。仅3%的一线城市个体投资者认为投资是无关紧要的事情，持有这一看法的二线、三线及以下城市个体投资者占比分别为3%、4%。

越来越多的人将投资视为日常生活中不可或缺的组成部分，超过80%的个体投资者希望通过投资来提升物质生活水平。由图2-16可知，2022年，我国个体投资者的投资目的中排名前三的分别是提升物质生活水平、实现财富/人生/职场自由、抵抗未知风险，它们的占比分别为81%、68%和65%。

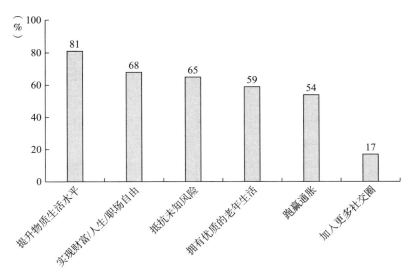

图 2-16　2022 年个体投资者的投资目的

资料来源：作者根据《2022 中国个人投资者投资行为分析报告》基础数据统计整理。

当然，上述看法会受到个体投资者自身年龄的影响。表 2-12 显示了不同年龄段个体投资者接受 2022 年调查时的投资目的情况。从整体上而言，不同年龄段的个体投资者都希望能够通过投资来提升物质生活水平。55 岁及以下的个体投资者更倾向于借由投资实现财富自由，并抵抗未知风险。55 岁以上的个体投资者更注重以投资来减少财富缩水，拥有更好的老年生活。

表 2-12　2022 年个体投资者的年龄与投资目的

单位：%

项目	18~25 岁	26~35 岁	36~45 岁	46~55 岁	56~65 岁	65 岁以上
提升物质生活水平	82	84	81	79	78	57
实现财富/人生/职场自由	69	73	69	64	57	49
抵抗未知风险	58	69	66	63	63	62
拥有优质的老年生活	35	55	59	68	82	78
跑赢通胀	39	49	55	60	68	84
加入更多社交圈	13	19	18	16	15	8

资料来源：作者根据《2022 中国个人投资者投资行为分析报告》基础数据统计整理。

2022 年，我国个体投资者进行投资的动力主要源于亲友和媒体的影响等（见图 2-17）。因为朋友推荐而进行投资的人占比为 67%，受到父母长辈鼓励而进行投资的人占比为 21%。个体投资者中分别有 32% 和 20% 的人因受到社交媒体火爆和媒体/广告推荐的影响而进行投资。

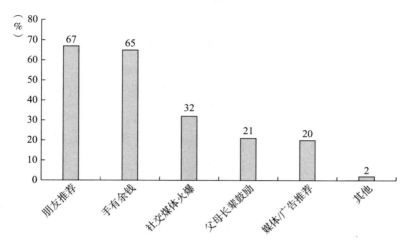

图 2-17 2022 年个体投资者首次投资原因

资料来源：作者根据《2022 中国个人投资者投资行为分析报告》基础数据统计整理。

并且，年轻人更容易受到家庭影响进入资本市场，年龄位于越高区间的群体越少因为家庭影响而进入市场。年龄位于 18~25 岁区间的用户中，受到家庭影响而首次投资者占比达 30%，年龄位于 26~35 岁区间的用户中，受到家庭影响而首次投资者占比 28%。此外，年龄区间位于 36~45 岁、46~55 岁、56~65 岁、65 岁以上的用户，因为家庭影响而首次投资的比例分别为 19%、15%、8%、5%，这整体呈现不断下降的趋势。这种变化趋势表明，新入市场者和投资经历较浅者往往更倾向于追随其他人。

2. 群体特征与行为

按照中国财富管理研究中心的做法，本书将个体投资者按照投资风格分为灵活多变的年轻人、不敢冒险的佛系青年、理性稳健的中产、自信的资深股民、保守求稳的中老年五大类别。

2022 年，上述五大类别个体投资者群体特征与行为见表 2-13。可见，灵活多变的年轻人和不敢冒险的佛系青年进行投资决策时会更多受到亲友、专家以及身边其他人的影响。虽然理性稳健的中产更多地进行价值投资，

表 2-13 2022 年五大类别个体投资者群体特征与行为

投资者类型	基础特征	投资目的	投资起源	投资风格	投资策略	信息渠道
灵活多变的年轻人	18~30 岁为主，流动资金和投入金额少	实现财务自由	身边人获得高投资收益	灵活多变、长短交替	依据专家/大 V 等人的判断	B 站、小红书、知乎、投资垂类 App
不敢冒险的佛系青年	25~40 岁为主，年收入 30 万元到 30 万元，投资经验约 3 年	跑赢通货膨胀	各平台利润金融产品推荐	谨慎、偏好货币、债券基金、银行理财等	依赖于他人的成功经验	身边的朋友、同事、家人等
理性稳健的中产	30~45 岁，本科以上学历，年收入超 30 万元	资产的稳健增值	身边人投资获得了可观收益	稳健、偏好组合投资	坚信价值投资，适当调整	财经媒体、投资理财机构、专业垂直社区
自信的资深股民	40 岁以上，投资经验超 15 年	资产安全且快速增值	获得企业原始股、身边人推荐等	积极投资金额更高	宏观分析和技术分析相结合	股票论坛、付费课程、权威财经媒体
保守求稳的中老年	50 岁及以上，女性为主，受投资回报影响	更优质的老年生活，帮助后代	身边人投资获得了可观收益	保守、担心亏损且希望获取用灵活	偏好稳健型产品，金额一般在 10 万元以下	身边人、视频平台、搜索引擎

资料来源：作者根据《2022 中国个人投资者投资行为分析报告》基础数据统计整理。

信息获取方式往往依赖于金融财务类课程和行业前沿资讯，但是他们亦认为向在相关行业工作的朋友了解赛道的趋势变化是十分有必要的。自信的资深股民投资经验较为丰富，超过15年，他们追求资产安全和快速增值，股票论坛是其重要的信息获取渠道。此外，保守求稳的中老年非常在乎投资回报情况，他们对投资收益的看重导致在投资过程中经常受到心理和情绪状态的影响。对于中老年而言，从身边人获取投资相关的资讯和知识是较为容易的做法。

整体上而言，我国股市个体投资者选股能力较弱且有追涨杀跌的倾向，该倾向受到账户规模的影响，具体见表2-14。机构和公司较少产生追涨杀跌行为，个体投资者中的小微和中等级别的投资者们则倾向于采用追涨杀跌策略。表2-14还提示，在选股能力方面，机构、公司以及账户余额在1000万元及以上的个体投资者才具备选股能力，个体投资者账户余额在1000万元以下者往往不具备良好的选股能力。

表 2-14 账户规模与追涨杀跌和选股能力

	个体投资者账户余额					机构	公司
	30万以下	30万~100万元	100万~500万元	500万~1000万元	1000万元及以上		
追涨杀跌	√	√	√				
提供流动性				√	√	√	√
有选股能力					√	√	√
无选股能力	√	√	√	√			

资料来源：作者根据 Wind 资讯基础数据统计整理。

3. 个体投资者面临的困境

从投资渠道来看，我国大部分个体投资者有了解投顾服务的意识，然而只有少数个体投资者会选择使用投顾服务（见图2-18）。

由图2-18可知，2022年，对投顾服务了解的个体投资者占比78%，了解并进一步尝试投顾服务的个体投资者占比仅30%。个体投资者尝试投顾服务主要是想获得更高收益，而未尝试投顾服务的主要原因在于觉得投顾人员水平参差不齐。

上述关于个体投资者了解和选择投顾服务情况的介绍显示，我国个体投资者主要利用自身掌握的金融知识、关系网络或者媒体资源来获取相关信息进行投资。

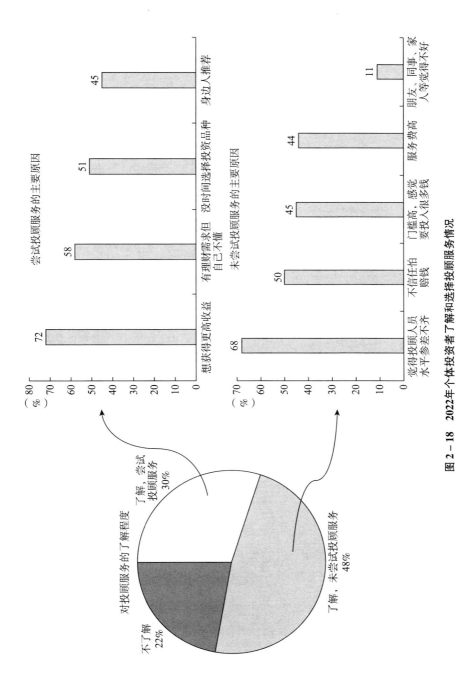

图 2 - 18　2022年个体投资者了解和选择投顾服务情况

资料来源：作者根据《2022中国个人投资者投资行为分析报告》基础数据统计整理。

然而，我国个体投资者的综合能力目前仍有待提升，缺乏系统的投资理论是投资亏损的重要原因。如表 2-15 所示，个体投资者在投资学习和信息获取方面的费用投入占比会影响其收益状况。2022 年，在投资收益率为 20% 以上的个体投资者中，有 57% 的人在投资学习和信息获取方面投入 5000 元及以上。收益率在 11% ~ 20% 区间的个体投资者中，投入 5000 元及以上者占比也达到 57%。收益率在 6% ~ 10% 和 0% ~ 5% 区间的个体投资者中，投入 5000 元及以上者占比分别为 21% 和 24%。

表 2-15　2022 年不同收益水平的个体投资者在投资学习和信息获取方面的费用投入

2022 年投资收益率情况	理财学习投入费用	未投入过资金	500 元以下	500 ~ 2000 元	2000 ~ 5000 元	5000 元及以上
赚 20% 以上	占比	11%	14%	9%	9%	57%
	TGI	91	92	34	47	201
赚 11% ~ 20%	占比	11%	14%	9%	9%	57%
	TGI	30	68	72	158	136
赚 6% ~ 10%	占比	9%	13%	32%	25%	21%
	TGI	69	86	129	135	73
赚 0% ~ 5%	占比	20%	18%	24%	14%	24%
	TGI	155	118	94	77	85
不赚不亏	占比	17%	18%	17%	13%	36%
	TGI	132	115	66	71	126
亏 0% ~ 5%	占比	13%	19%	29%	17%	22%
	TGI	105	121	114	93	79
亏 6% ~ 10%	占比	8%	11%	27%	20%	33%
	TGI	65	72	109	110	117
亏 11% ~ 20%	占比	8%	9%	24%	12%	47%
	TGI	61	60	94	65	167
亏 20% 以上	占比	16%	13%	6%	6%	58%
	TGI	131	81	25	35	205

注：TGI 指数 =（目标群体中具有某一特征的群体所占比例/总体中具有相同特征的群体所占比例）×标准数 100，反映目标群体在特定范围内的强势或弱势。

资料来源：作者根据《2022 中国个人投资者投资行为分析报告》基础数据统计整理。

　　总体上而言，获得较高收益的个体投资者往往在金融知识学习和信息获取方面花费的资金更多。另外，处于亏损状态的个体投资者认识到投资素养的重要性，愿意花费更多的资金进行系统性的投资理论学习。

　　《2022 中国个人投资者投资行为分析报告》显示，个体投资者对未来收益的期望过于乐观。由图 2-19 可知，68% 的个体投资者认为未来 1~2 年收益率会增至 6%~20%。具体地，预期未来收益率为 6%~10% 的个体投资者占比最高，占比达 37%。预期未来收益率在 11%~20% 的个体投资者占比为 31%，仅次于预期收益率在 6%~10% 的占比。此外，有 11% 的个体投资者认为未来的预期收益率将会达到 21%~30%。

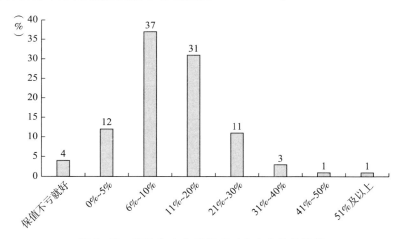

图 2-19　2022 年个体投资者对未来收益的期望

资料来源：作者根据《2022 中国个人投资者投资行为分析报告》基础数据统计整理。

　　并且，2022 年收益越高的个体投资者对未来获取高收益的信心程度越高。由于更加期望转亏为盈，亏损越严重的个体投资者对未来收益率的预期越高。这表明，个体投资者对市场的预期并非基于理性判断，而是在很大程度上源于自身的期待和心理因素。

　　2022 年，个体投资者于投资过程中面临的困境和急需解决的问题情况见图 2-20。图 2-20 显示，对个体投资者而言，难以把握买卖点构成其投资软肋。超过半数的个体投资者对投资产品形式难以判断，把握不好买卖点，该占比达到了 64%。缺乏专业金融知识，投资实践缺乏依据亦是个体投资者面临的一大困境，陷入该困境的个体投资者占比达55%。此外，认为投资品种太多导致眼花缭乱和难以获取有效信息而市场信息滞后的个体投资者占比分别为49%和47%。部分老年人认为投资软件操作困难，不知道如何使用，这一占比达到了12%。

　　具体而言，不同年龄段和不同发达程度城市的个体投资者的投资困扰见表2-16。老年个体投资者更多地受到软件操作困难的影响，尤其是55岁以上的个体投资者，受到该困扰的比例远远超过年轻人。并且，相对于年轻个体投资者，老年个体投资者更多受到把握不好买卖点和投资实践缺乏依据困扰的影响，65岁以上个体投资者中以二者为困扰的占比分别达78%和76%。同时，年轻个体投资者相对于老年个体投资者则更担心陷入投资骗局，18~25岁和26~35岁两个区间的个体投资者担心陷入投资骗局的占比分别为30%和25%。

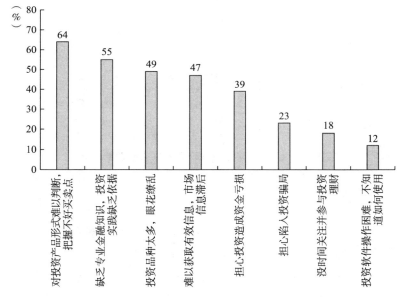

图2-20　2022年个体投资者于投资过程中面临的问题

资料来源：作者根据《2022中国个人投资者投资行为分析报告》基础数据统计整理。

表 2-16　2022 年不同个体投资者的投资困扰

单位：%

困扰因素	年龄						城市		
	18～25 岁	26～35 岁	36～45 岁	46～55 岁	56～65 岁	65 岁以上	一线	二线	三线及以下
对投资产品形式难以判断，把握不好买卖点	54	66	63	66	66	78	66	63	64
缺乏专业金融知识，投资实践缺乏依据	52	55	53	54	63	76	56	55	54
投资品种太多，眼花缭乱	48	56	51	44	36	22	52	48	50
难以获取有效信息，市场信息滞后	49	48	49	44	42	54	49	50	43
担心投资造成资金亏损	44	40	40	34	34	38	40	38	40
担心陷入投资骗局	30	25	24	19	19	14	21	23	26
没时间关注并参与投资理财	18	18	18	18	13	5	23	16	17
投资软件操作困难，不知道如何使用	12	11	11	12	20	30	14	13	12

资料来源：作者根据《2022 中国个人投资者投资行为分析报告》基础数据统计整理。

此外，由表 2-16 可知，来自不同发达程度城市的个体投资者在把握买卖点、投资实践依据、投资品种、投资造成资金亏损等方面面临的困扰差异不明显。但是，来自三线及以下城市的个体投资者在投资过程中更担心陷入投资骗局，该占比为 26%。而来自一线城市的个体投资者在投资过程中更多地面临没时间关注并参与投资理财的情形。

从整体上而言，难以把握买卖点，缺乏专业金融知识，投资品种太多无法选择，难以获取有效信息、市场信息滞后是我国个体投资者面临的主要问题。此外，个体投资者进行收益预期和投资决策时会受到个体异质性因素的影响。广大个体投资者倾向于采取追涨杀跌的策略，且在认知和资源获取能力的限制下不可避免地受到家人和朋友建议，以及媒体推荐的影响。

（四）本章小结

我国个体投资者数量呈现不断递增的趋势，从 2014 年的 7294 万人到

2023 年 6 月的 21897 万人，增加 1.46 亿人。从整体来看，我国个体投资者加速进场并未逆转 A 股机构化趋势。但是，我国资本市场中有超过 2 亿的个体投资者，持股市值在 50 万元以下的中小投资者占比达 97%，这些投资者交易十分活跃，遭受亏损也比较严重。

在党中央、国务院战略部署和中国证监会的推动下，投教被纳入了国民教育体系，各省份越来越重视投资者教育保护工作。截至 2023 年 3 月，已有 500 多所院校设置投教课程，该举措将惠及上百万名学生。与此同时，证券公司作为资本市场中重要的中介机构，对投资者教育基地的发展做出了巨大的贡献。此外，中证中小投资者服务中心、上海证监局、上交所、深交所等开展了各种典型投资者教育主题活动，并总结了投资者保护相关典型案例。

我国投资者教育取得了一定的成绩，基础教育单位的投教参与度不断增加，投教基地的使用率持续提升，个体投资者对投教活动参与度不断加深。从 2018 年到 2021 年，个体投资者的金融素养整体上呈现不断上升的趋势。然而，我国的投资者教育不具备长期吸引力，个体投资者很难持续长期地参与投教活动，约五成个体投资者综合金融素养尚未达到及格标准。

由我国个体投资者行为画像可以发现，个体投资者中的小微和中等级别的投资者们倾向于采用追涨杀跌策略。在决策过程中，个体投资者无法获得高质量投顾服务，他们主要利用自身掌握的金融知识、关系网络或者媒体资源来获取相关信息进行投资，且他们常常受到家人和朋友建议，以及媒体推荐的影响。

并且，我国个体投资者对市场的预期并非基于理性判断，而是在很大程度上源于自身的期待和心理因素。这表明，个体投资者决策过程将受到各种内部异质性因素的影响。此外，难以把握买卖点、缺乏专业金融知识、投资品种太多无法选择、难以获取有效信息构成我国个体投资者面临的主要困扰。这些情况无疑会提高个体投资者对他人信息的依赖程度，个体投资者在一定程度上形成羊群行为。

综上所述，在全面注册制环境下，个体投资者的金融素养有待进一步提高。揭示羊群行为背后的"黑箱"、有针对性开展投教活动是一项重要而迫切的任务。

　　从个体投资者的角度而言，金融素养水平直接关系到其账户盈亏情况，也就是说针对不同个体投资者的投教活动有助于保护亿万投资者合法权益，能够增加亿万居民的家庭收入，进而推动共同富裕的实现。

　　从市场角度来看，居民金融素养的提升能够在很大程度上减少羊群效应等典型非理性投资行为。因此，切实有效的投资者教育能够提升资本市场的效率和稳定性，助力中国特色现代资本市场建设，推动我国经济高质量发展。

第二篇

羊群行为概念、动因及市场影响相关理论研究

经过多年的努力，我国资本市场风险总体上处于可控范围之内。但在未来较长一段时间内，我国资本市场仍将呈现高度散户化的基本特征。

我国个体投资者数量庞大、交易活跃，他们选股和把握买卖点能力有限，有明显的盲从倾向。要建设中国特色现代资本市场，就必须守护好这一全球规模最大、交易最活跃的投资者群体，保护好亿万家庭的切身利益才能促进证券市场的健康持续发展，实现共同富裕。

第三章概述了羊群行为产生机理、影响因素及其对股市作用的现有研究。学者们围绕投资者羊群行为是加剧股价崩盘风险或稳定市场进行研究，得出了相悖的结论。本章将羊群行为的驱动机制和市场影响关联起来，提出基于行为因素的羊群行为表现为投资者盲目跟随参考群体，此时投资者的心理行为特征等内部异质性因素不容忽视，该羊群行为会引发市场波动。而当投资者羊群行为是由信息所驱动时，意味着投资者将注意力集中在基本面的外部因素上，此时可观察到价格连续性。

第四章进一步梳理了参考群体、个体投资者羊群行为的相关研究，提出可以从参考群体这一新的视角研究我国个体投资者羊群行为。具体地，本章关注证券市场中屡禁不止的"抢帽子""割韭菜"等案例，认为其原因在于广大个体投资者信息甄别能力有限，易盲目跟随参考群体。鉴于个体投资者易受内部异质性因素的影响，本章接着分析不同决策情境下自信、特质焦虑对个体追随参考群体的干扰效应。本章提出通过羊群行为与股价的动态关联来验证羊群行为是如何被驱动的，个体投资者将在羊群行为后观察到价格逆转，这不利于市场稳定。

第三章 羊群行为产生机理及对股市的作用

（一）羊群行为概念

羊群行为经由凯恩斯提出的"选美理论"被正式引入金融学领域，指的是一种模仿和跟风行为，自 20 世纪 90 年代受到广泛关注以来，引起不同学术领域专家的广泛兴趣。

（二）参考群体性质与功能

1. 参考群体的性质

参考群体概念的提出可以追溯到 20 世纪初，Cooley 于 1902 年用镜像自我（looking-glass self）这一术语来解释他人观点与看法的知觉如何作用于个人对自我的思考与评价，指出个人以他人对自己的看法和评价为镜来验证和界定自我。1942 年，Hyman 基于社会地位的研究首次提出参考群体的概念，指出个人通过与他人对比形成自我观念、态度和信念。Hyman 的研究对参考群体理论的丰富和发展具有巨大的贡献，众多研究者在此基础上对参考群体的概念进行了进一步研究和深入探讨，并不断地修正与改进参考群体的定义（如 Park and Lessig，1977；Bearden and Etzel，1982；Moutinho，1987；Escalas and Bettman，2003；Pentina，Prybutok，and Zhang，2008；Pérez-Asenjo，2011）。概括而言，参考群体被定义为对个人的观点、判断和行为产生重大影响的个人、机构或群体，是个人进行社会比较时的参照对象，构成个人的行为向导。

2. 参考群体的功能

参考群体的分类和影响是学者们的重点关注对象，群体差别和影响差异构成相关文献的重要研究内容。Childers 和 Rao（1992）在 Bearden 等（1982）的研究基础上，提出参考群体可以分为规范群体与比较群体，前者包括亲人、亲友等，以彼此之间的互动来分享和传播相关信息并最终影响态度和行为选择；后者包含明星等公众人物，个人通过观察和追随目标人物来实现自我决策。Lord 等（2001）概括分析了参考群体的影响，指出信息性、功能性以及价值表达构成参考群体影响机制的三个方面，而消费者更倾向于受到异质性（与自己不相同）和弱连接关系（较少联系）的参考群体的信息影响。然而以中国人为对象的研究得出了相反的结论，王俊秀和杨宜音（2011）指出网友和陌生人是中国人最不信任的群体。White 和 Dahl（2006；2007）等发现不同类型群体对人们的产品态度和购买决策具有不同的影响力，相较于与渴望群体相联系的产品，人们不太愿意购买与规避群体相联系的产品。

（三）羊群行为驱动源

羊群行为成因作为该门新兴理论研究的起点，学者们对其研究从未停止。综合而言，研究者们主要从信息和行为因素两方面探讨羊群行为的成因（Bikhchandani and Sharma，2001；Hsieh，2013）。

1. 追随参考群体的行为驱动羊群行为

基于行为因素的羊群行为表现为投资者跟随其他人，羊群行为的行为层面驱动源主要可概括为社会性影响（如 Banerjee，1992；Hirshleifer and Teoh，2003；Newell and Shanks，2014）、认知心理偏差（如宋军和吴冲锋，2001；Ferretti，Cipollini，and Pattarin，2016；Bekiros et al.，2018）、代理投资（如 Scharfstein and Stein，1990；Maug and Naik，2011；Leece and White，2017；Yang et al.，2018）以及模仿策略的本能（如 Bernheim，1994；Kameda and Nakanishi，2003；Li et al.，2015）四个方面。

（1）社会性影响与羊群行为

Asch 在 1951 年基于社会心理学视角进行了一项经典的实验研究，通过观察实验助手在一致性错误判断群体压力下所做的判断，他发现在不知情甚至在群体判断明显错误的情况下，被试倾向于做出与其他成员一致的错误判断，表现与群体一致的羊群行为倾向。这一结果开启社会心理学领域对羊群行为原因的广泛探讨。Shiller（1995）认为社会群体中个体间的相互作用会导致相似的思考和行为结果。Newell 和 Shanks（2014）以及 Trautmann-Lengsfeld 和 Herrmann（2013）的研究发现，人类态度与行为极易受到社会环境因素的影响，人们常常接受他人影响，通过改变自己的态度与行为来与他人保持一致。由此，金融市场参与者作为社会人，会不可避免地受到其他决策人的影响，采用模仿策略。目前，社会因素诱发金融市场羊群行为的相关研究的核心内容包括社会经验与社会互动两个方面。

社会经验。饶育蕾等（2012）指出社会经验在证券市场中主要表现为投资经验，也就是投资者通过学习获得的投资知识和能力。Banerjee（1992）对信息不确定引致羊群行为的研究以及 Bikhchandani 等（1992）对传统、文化变迁、潮流等作为信息跟从的研究开创了社会学习或观察式学习这一研究领域，以社会学习解释金融市场中投资者的羊群行为是学者们研究的焦点。Bikhchandani 等（1992）在 Banenjee（1992）的研究基础上提出信息层叠模型，发现后进入市场的投资者在做投资决策时会不自觉地受到前面投资者行为的影响，而产生信息层叠现象。崔巍（2009）在 Bikhchandani 等（1992）的信息层叠模型基础上考虑投资者的风险厌恶与信息成本如何影响其羊群行为。Hirshleifer 和 Teoh（2003）基于社会学的角度对羊群效应产生机制进行研究，认为个体的思维与行为都会受到源于他人的各种形式（如相互交流、行为及行为结果观察）的影响。他们指出该学习过程可以是完全理性的，亦可以是准理性的，基于准理性的学习可能无法对其决策产生帮助。Seru 等（2010）分析投资者的历史交易记录，发现投资者能够通过学习从交易中获得更多的经验，进而提高交易的有效性。

社会互动。社会互动的研究强调社会性因素对个体选择的重要影响，该词最早由德国社会学家 Simmel 于 1908 年提及和使用。社会互动研究领域的专家学者 Durlauf 和 Ioannides（2010）认为，个体之间的相互依赖性导致其他行为人的特征和选择直接影响个体的信念与偏好；该研究通过对直接影响的特别强调来区别于市场价格传导对行为人的影响。从现有相关文献来看，社会互动视角的引入，使行为金融学的研究发生了由过去的基于认知心理学的个体行为研究到基于社会心理学的群体行为研究的微妙转变（如 Andersson，Hedesström，and Gärling，2009；Chang and Mizrach，2014；

肖欣荣和刘健，2015；Frijns and Huynh，2018）。

社会互动如何影响个体的决策行为与社会互动的信息传递模式密切相关。在学者们关于社会互动对金融市场影响的研究中，社会互动的信息传递模式总体上被分为两种。第一种是传统的社会互动模式，包括面对面、书信、传真等的交流沟通。Banerjee 和 Fudenberg（2004）通过口头信息传递模型，发现在长期均衡时被试的选择趋于相同。Hong 等（2004）对财富水平、种族、风险忍受及受教育程度进行控制后提出，邻里互动频繁、出席教会的人更倾向于参与股市投资。Hong 等（2005）在进一步的研究中排除本土偏好的影响，发现同一个城市的基金经理倾向于选择相同的股票，原因可能是他们对相关信息的口头交流。李涛（2006）关于我国社会互动与股市参与关系的研究得出了一致的结论，指出从参考群体成员处获取的相关信息无论对还是错，都将构成个体投资决策的重要依据。这一影响机制不是经由价格机制和合同机制进行协调，而是直接由个体间的互动促成的。Pool 等（2015）通过将社会互动的影响和社区效应与偏好的相似性区分开，研究同行互动如何影响共同基金经理的投资组合决策，发现近邻间的基金经理的异常投资组合重叠明显高于居住在同一城市但位于不同社区的经理人，并且邻近居住的时间越长等基金经理的异常投资组合重叠更高。Jackson（2008）、Andersson 等（2009）、Chang 和 Mizrach（2014）、肖欣荣和刘健（2015）等支持了投资者的投资行为明显受到其他人股价预测影响的结论。

社会互动的另一种信息传递方式是通过媒体、互联网及其他方式进行互动，包括电视节目、微博、微信、论坛、QQ、留言板、Facebook、Twitter、Instagram 等的互动。近年来，网络信息的传播和交流对证券市场影响的相关研究成果非常丰富。Veldkamp（2006）等的研究表明媒体信息（如金融广告）的劝说效果很强，会加剧股价的波动。也就是说，媒体劝说效应导致投资者们受到媒体信息的社会影响力和权威性的影响，倾向于忽略信息本身的准确度。Sabherwal 等（2011）研究了网络论坛发帖量对股票交易的影响，发现特定股票的发帖数量与该股票当日乃至次日的异常收益呈正相关。董大勇和肖作平（2011）、Hvide 和 Östberg（2015）、郑瑶等（2016）通过对网络信息渠道的研究得出了一致的结论：投资者羊群行为和互联网股票社区信息传播之间存在动态关联。Liu 等（2014）、肖欣荣和刘健（2015）分析发现传统与现代的社会互动提高了股市的参与度。Frijns 和 Huynh（2018）在 Jegadeesh 和 Kim（2010）提出的模型基础上，运用 2003 年至 2012 年新闻报道的综合数据集，首次证明新闻报道、新闻情绪以及媒体对公司股票的不同意见可以同时影响分析师的羊群行为。

综上，投资者的信念、情感与偏好不仅具有异质性还相互关联和影响，在模仿、学习、信息传染等社会互动机制的影响下，投资者心理、态度和行为会趋向一致。

（2）认知心理偏差与羊群行为

羊群行为的产生与线索注意和加工的认知过程密不可分，个体认知资源的有限性（Yuan，Fan，and Li，2022；Wong et al.，2024）导致个体为节约信息收集、加工的成本而采取与他人行为一致的投资策略。另外，个体可以从盲目跟随策略中获得心理上的支持感、价值感和归属感，提高不确定情境中的决策信心。由此，羊群行为在很大程度上反映的是个体认知心理偏差的微观表象。

有限注意。早在 1973 年，诺贝尔奖获得者 Kahneman 便基于心理学视角对决策进行研究，提出了注意的中枢能量理论，认为注意力是一种稀缺的认知资源，人类大脑对认知进行加工和处理的容量是有限的，人类在注意力分配过程中存在选择性。由此，投资者无法对证券市场中的所有信息进行系统加工，最优决策是不可能实现的。面临市场的高不确定性，投资者只能竭尽所能地搜寻证券相关信息以便做出有利的投资决策，大众的投资行为以及证券专家们的建议和选择是投资者获取的重要信息。另外，在信息收集过程中，股票市场中部分显著信息会被投资者过度关注，而隐晦信息可能会被忽视，也就是说投资者对信息的收集和处理过程往往具有选择性，易受到大众和专家观点和行为的影响，因而，盲从和跟风的投资行为无法避免甚至常常发生。

Shiller（2000）认为个体在进行投资选择的过程中，热点信息往往会受到更多关注，尤其是专家和大众的态度和行为会促使个体形成同质的信念和跟随行为。Peng 和 Xiong（2006）以及 Dellavigna 和 Pollet（2009）发现有限注意在财务信息披露过程中影响投资选择和股价走势，即使信息充分且可得，注意力的有限性亦会导致投资者产生羊群行为；此时媒体的推波助澜会促成或加重金融泡沫与危机。Ferretti 等（2016）发现报纸在向小型投资者传播信息和吸引他们注意力方面发挥作用，报纸可以通过覆盖公共信息来影响股票价格。可见，当证券市场中某些显著信息引起关注时，人们便会忽视其他信息甚至私有信息，在形成预期和产生行为选择时表现为投资决策的一致性。

启发式偏差。Tversky 和 Kahneman 于 1974 年首次指出启发式经验法会产生认知偏差，这一经验法是决策过程中借由经验进行信息加工的笼统且简单的解决问题规律或者策略，是思考上的捷径。该方法能够帮助人们快速加工信息，克服认知系统的局限性。证券市场中存在信息不对称现象且充满了不确定性，投资者由于缺少与任务相关的知识及其认知能力的有限性，在进行投资选择时往往采用启发式的信息加工策略。有学者对投资者的启发式偏差与其羊群行为间的关系进行了研究，Quiamzade 和 L'huillier（2009）发现一致性启发式和能力启发式是证券市场中羊群行为的重要诱因。

可得性启发偏差与羊群行为的发生也有着密切的联系。可得性启发指人们由感知某事件或将某事件从记忆中提取的容易程度来判断它的发生概率（饶育蕾和刘达锋，2003）。在进行投资决策过程中，个体倾向于采用直观的推断方式将事情简单化，相关性在信息采纳过程中并不十分重要，而较容易获得的信息更易被投资者接受。

可得性效应引发羊群行为的机制主要体现为两个方面。一方面，可得性启发偏差往往导致投资者高估持相同观点者的数量，这是因为相对于股票相关的技术层面与基本层面的知识和信息，身边人的决策态度和行为是个体更容易理解和频繁获得的信息，该信息将导致投资者的羊群行为偏差。具体地，当遇到两三位与自己交易观点一致的投资者时，个体由于潜意识地更倾向于接受与自己观点一致的信息而忽略不一致的信息，会产生支持者明显居多的感受，即使再偶然遇到不同的观点，一般亦不会引起注意。另一方面，证券市场上信息是不对称的，信息获取成本比较高。个体投资者作为相对弱势的群体，由于经验的缺乏和信息获取能力十分有限，难以获得真实可靠的股市信息，对证券价值以及市场行情的认识亦是有限的。因此个体投资者在决策过程中会受到多种不同观点的信息轰炸，凭借自身能力无法辨别真伪。此时，事件的记忆会启动可得性偏差，过去失败的投资经历往往使个体投资者印象深刻，该情景的浮现使其不敢贸然行事，出于安全考虑而放弃独立思考，进而采取跟风策略。

厌恶偏差。在证券市场中，投资者的后悔厌恶心理会引发羊群行为，这是因为羊群行为能够满足投资者为避免后悔而推卸其决策责任的需要。翁学东（2003）以及蒋多等（2010）的研究支持了这一观点：投资者因避免后悔体验而追随其他投资者。谢晔等（2008）则发现投资者买入股票时，不确定性厌恶的存在使其更容易采取羊群行为。损失厌恶是羊群行为的又一诱发机制，宋军和吴冲锋（2001）指出，前景理论中的损失厌恶是低市场收益率时羊群效应远强于高市场收益率时羊群效应的重要原因。部分文献发现投资者的恐惧情绪会诱发羊群行为（如 Tom et al.，2007；谢晔和周军，2013）。恐惧厌恶促使个体倾向于逃离和摆脱不确定情境，这种倾向导致个体在尚不明确他人决策动机时便急于追随他人的行动。Stankowich和 Blumstein（2005）在此基础上还发现，源自所属群体的一致性压力会加大恐惧体验对个体羊群倾向的影响。Bekiros 等（2018）发现亚洲市场在金融危机后表现出的萧条只是暂时的，不像美国那样持久，该研究将亚洲市场这种高度整合市场（群体互动和羊群行为现象占主导地位）的不同行为模式归因于文化规范现象，即亚洲投资者对损失的恐惧情绪有很高的控制能力并具有应对市场变化的高能力。由此，羊群行为能够帮助投资者在熊市中缓解担心和恐惧情绪。

证实偏差。证实偏差指的是人们一旦形成特定观点，在后续的信息收集和处理过程中便倾向于关注和寻找支持这一观点的证据（Nickerson，1998）。在证券市场中，如果投资者认为追随他人选择是一种安全的策略，则他们在之后的信息采集过程中将偏好采集有利的线索，对于不利信息的敏感度和接受度非常低甚至对不利信息视而不见，从而加剧自己的盲从行为。另外，当特定股票的相关信息被媒体广泛报道时，该股票会引起投资者们的高度关注，使投资者对股价走势形成一个预期，继而倾向于搜寻证实信息而忽略证伪信息，表现出投资行为的一致性。Veldkamp（2006）指出在新兴股票市场中媒体大肆报道会促进股票价格飙升和引发羊群行为，市场行情会产生信息和新闻，诱发羊群行为。Galy 和 Germain（2011）的研究发现媒体对专家荐股信息（包括陈旧与重复信息）的报道强度显著影响股票价格。

控制幻觉。研究者们发现控制幻觉会导致羊群行为（如 Fernández et al.，2011；谢晔和周军，2013）。Ladouceur 等（2001）认为控制幻觉这一心理现象是指个体预期某种结果发生的可能性不适当地高于其客观出现可能性，原因在于在情境不可控时，个体会误以为自己的能力和行动能控制不确定性事件的发生。Burger 和 Lynn（2005）、胡赫男和吴世农（2006）以及 Fernández 等（2011）的分析表明，证券市场中的不确定性投资情境会诱发个体强烈的焦虑、恐惧等的情绪体验。为缓解和克服上述负面情绪，个体往往会与大众的行为保持一致，以增加自信程度和安全感，进而满足自己控制周围环境的需要。进一步地，陈雪玲等（2010）的研究发现，与他人投资决策保持一致反过来促使个体更加确信自己的投资能力以及所做决策的正确性，加强了羊群效应。谢晔和周军（2013）对买入羊群和卖出羊群进行区别分析，发现控制幻觉与情绪共同作用于羊群行为。有研究表明，投资者如果有很高的、真实的控制他们的冲动和情绪以及应对市场的能力，他们悲观的程度在危机之后就会显著降低，对损失的恐惧情绪减轻（Bekiros et al.，2018）；结合谢晔和周军（2013）的恐惧情绪越强烈越容易在下跌时产生羊群行为的观点，可以推测真实环境控制能力能够减弱羊群效应。

（3）代理投资与羊群行为

在证券市场中，基金经理人、股评专家、证券分析师等的声誉（获利的能力与稳定性等）好坏，决定了投资者们是否委托他们管理自己的资金，因此声誉是机构投资者赖以生存的关键因素，能够在某种程度上稳定投资者信心。声誉是客户选择委托代理人的重要依据，信息不对称问题的存在进一步提高了良好声誉者的竞争优势。证券分析师、基金经理人等的薪酬与其声誉有着密切的关联，声誉甚至被认为是替代薪酬这一显性激励因素的隐性激励因素（王宇熹、洪剑峭、肖峻，2012）。由此，金融委托代理中存在基于声誉与薪酬结构的羊群效应。

Scharfstein 和 Stein（1990）开创了基于声誉视角的羊群行为的相关研

究，该代表性的文章表明，相较于另类的、可能成功的行为选择，个体更愿意与他人行为保持一致并成为群体失败中的一员，原因是投资者反向行动导致的交易失败会使投资者的能力和技能遭受质疑；而采取跟从策略时面对决策失败，投资者由于大众都面临相同结果而产生责任分担，不会遭到太多责难。在此基础上，Graham（1999）进一步研究了证券分析师基于声誉考虑的羊群行为，认为证券分析师的薪酬与其声誉存在正相关关系，他们非常重视声誉，倾向于实现声誉最大化。

后续的研究以上述两个模型为基础对公司经理人、证券分析师等的羊群行为进行分析。Prendergast 和 Stole（1996）在改进个体效用假说以及考虑市场对于经理人前期行动评价的基础上，对基于声誉的羊群行为模型进行修正，发现经理人会同时采取保守和冒进两种相异的投资策略。进一步地，Hong 等针对股票分析师进行了分析，从实证角度支持了 Scharfstein 和 Stein（1990）的模型结论。饶育蕾等（2012）认为决策者为了推卸和逃避决策失败的责任，基于声誉的考虑倾向于采取羊群行为的策略。Leece 和 White（2017）发现不透明的信息环境更有利于分析师产生羊群行为，其中有能力的分析师首先采取行动，而能力较弱的分析师选择跟随。

另外一些研究则从契约和薪酬设计角度分析了金融委托代理投资过程中的羊群行为（如 Roll，1992；Maug and Naik，2011）。薪酬型羊群行为最早由 Roll（1992）等提出，基金经理人的薪酬由自身的投资业绩和其他经理人的业绩相比较来制定的这一薪酬机制将扭曲激励机制的初衷，导致基金经理的投资决策低效率或无效率，从而诱发羊群效应。Maug 和 Naik 对 Roll（1992）的模型进行修正和完善，指出当基金管理者的薪酬取决于他们的绩效和市场基准的比较时，经理人倾向于相互模仿而导致无效的投资组合。进一步地，Maug 和 Naik（2011）将专业基金经理的资产配置决策与其薪酬方案相结合，在委托代理框架中研究基金管理者的最优契约。Admati 和 Pfleiderer（1997）将 Maug 和 Naik 的单一风险资产模型发展为多风险资产的投资组合选择模型，发现在存在多个风险资产时，除了基准的投资组合，基金经理还倾向于依据相对业绩薪酬提取的比例对投资组合进行调整，逆向选择与道德风险无法避免。程天笑等（2014）研究发现境外机构投资者会基于声誉或激励机制的考虑模仿境内机构投资者。Boyson

（2010）研究了对冲基金经理面临的隐含激励措施是否会影响羊群倾向。Yang 等（2018）发现追随大多数人的选择并放弃相反的私人信息可以减少与基准的偏差并产生更好的排名，这种羊群行为似乎是在有限信息下的理性选择。

（4）模仿策略的本能

投资者羊群行为的本质体现为模仿和跟从其他人的决策和选择，蒋多等（2010）基于进化的角度进行分析，认为模仿他人举动有积极的意义，可以帮助自己远离风险。他们认为，在远古时代，人们采用模仿策略避开有毒食物而更好地适应与应用环境。可见，模仿策略的使用可以降低人们因不确定情境所面临的风险。Kameda 和 Nakanishi（2003）指出上述模仿策略有着重要的进化意义，故而被继承和保留。Bernheim（1994）得出了相似的结论，认为人们天然地、本能地偏好与身边人采取相同的行动，倾向于盲目跟风。Kameda 和 Tamura（2007）对人类行为的进一步分析表明，风险较高的决策情形会进一步推动和促进羊群行为的产生。因此，在证券市场这一典型的不确定性和高风险性的决策情境中，与大多数人行动保持一致能够降低或消除证券市场的不确定性对投资者产生的威胁感，给投资者带来群体归属感和安全感，故证券市场中普遍存在跟风现象，羊群行为屡屡发生。

部分学者以进化博弈论为出发点，分析了投资者基于模仿策略产生的羊群行为（如 Alós-Ferrer and Ania，2005；韩少春等，2011；Li et al.，2015）。早在 1973 年，Smith 和 Price 首次将演化生物学的思想引入经典的博弈论，在进行整合博弈理论分析和动态演化过程分析后提出演化稳定策略，进化博弈论（或称演化博弈理论）正式诞生。进化博弈论认为演化过程使得人类通过学习习得较好的策略，并将模仿策略的本能稳定遗传和保存。Alós-Ferrer 和 Ania（2005）发现演化模型特别适合分析频繁互动的复杂市场环境（如金融市场），指出投资者不一定具有战略性，他们倾向于遵循具有良好表现的策略，且均衡策略是进化稳定的。韩少春等（2011）基于动态舆论演化博弈论发现，信息优势方说服策略的采用和信息劣势方搭便车行为的选择之间相互推动与促进。

基于进化博弈思想还可以解释不良信息扩散过程中羊群行为的产生机

理。孙多勇通过构建基于噪声信息的羊群行为模型，对不良信息传播如何促成羊群行为进行探讨。Zhang 等（2012）指出一个人是否散布谣言实际上成了一个决策问题，人们更喜欢模仿成功的策略。Xu 等（2011）已经证明了异构网络结构对进化博弈的影响。因此，一个代理人随机选择他的一个邻居进行策略模仿，这显然与实际情况相矛盾（Perc，2006；Szolnoki and Szabo，2007）。Li 等（2015）在上述分析的基础上，提出了一个谣言扩散游戏模型，发现身边人（无论关系强弱）的行为会通过个体间的进化博弈过程影响个人的决策和选择。

2. 源于基本面的信息驱动羊群行为

基于信息因素的羊群行为指投资者由于面临相似的问题以及拥有相似的私人信息集，其交易行为趋于一致（Hirshleifer，Subrahmanyam，and Titman，1994）。并且，相似的教育和专业背景也会促使投资者采取相同的投资策略（Hsieh，2013）。动量投资（正反馈交易）是这种羊群行为的表现形式（如 Froot，Scharfstein，and Stein，1992）。

Lakonishok 等（1992）指出机构投资者采取羊群行为策略是由于他们基于信息优势共同买入被低估股票，且机构投资者基于相同基础信息的及时响应能够加快股价吸收信息的速度、提高市场效率。李志文等（2010）发现机构投资者羊群效应较个体投资者更加严重，原因在于机构投资者对内幕消息的共享导致他们的交易行为趋于一致。Li 等（2017）发现在获取特定信息和私人信息方面，机构投资者优于个体投资者，机构投资者的羊群行为更明显是因为机构投资者基于其所拥有的信息优势进行交易，且机构投资者彼此间更具同质性，并倾向于在特定股票或特定股票群体上进行更多交易以利用信息不对称获利。Falkenstein（1996）则从其他方面分析机构羊群行为的驱动源，认为机构投资者在面对高风险市场时集中购买具有某些股票特征（例如高流动性或高收益）的股票，而非基于行为因素的考虑。施东辉（2001）亦指出我国证券市场中基金投资者由于投资理念趋同，表现出较严重的羊群行为。

关于信息驱动羊群行为与股价波动关联的研究发现，如果羊群行为是基于信息的，那么应该观察到价格连续性，即价格上涨（下降）后没有减少（增加）（Lakonishok，Shleifer，and Vishny，1992；Wermers，1999；

Sias，2004；Hsieh，2013）。

综上所述，在将羊群行为驱动源分为信息驱动与行为驱动的过程中，引入参考群体视角可以更加全面和深入地解释驱动羊群行为的内部机理。

投资者羊群行为是由信息所驱动，表明投资者在交易过程中将注意力集中在基本面的外部因素上。然而，投资者羊群行为是由行为所驱动而表现为追随参考群体，表明投资者的心理行为特征等内部异质性因素是不容忽视的。

（四）羊群行为影响因子

影响投资者羊群行为的因素众多，羊群行为既受到投资者自身因素的制约，亦受到投资者所处外部情境的影响。下文将从外部影响因素（市场态势、股票流通股本规模、股票收益率、基金的集中度、股票波动率、股票周转率等）以及内部异质性因素（经验、性别、情绪、人格等）两个方面进行探讨。

1. 外部影响因素

学者们重点阐述了市场态势、股票流通股本规模、股票收益率、基金的集中度、股票波动率、股票股利、股票周转率、政策因素等与羊群行为的关联（孙培源和施东晖，2002；陈国进和陶可，2010；Tian et al.，2015；Arjoon and Bhatnagar，2017；Camara，2017；Zheng，Li，and Chiang，2017；Frijns and Huynh，2018；Humayun Kabir and Shakur，2018；Lin，2018）。

当市场上涨或下跌时，羊群行为可能会发生变化。Chang 等（2000）、Demirer 和 Kutan（2006）、Yao 等（2014）、陶瑜等（2015）等发现在市场下跌的情况下羊群行为更加明显，因为投资者可能更倾向于在低迷市场中采取"逃向安全资产"（flight to safety）策略。Zheng 等（2017）也发现，大多数低迷市场和低交易量市场中的行业羊群效应更加显著。Camara（2017）发现服务行业在熊市中存在显著的羊群效应。然而，贾立欣等（2006）对上海股票市场进行研究，发现投资者羊群行为在市场上涨时较市场疲软时更为明显，市场剧烈波动尤其是正收益的极端值会促进羊群行为，Qiao 等（2014）以及 Arjoon 和 Bhatnagar（2017）支持了该观点，认为市场上涨期间的羊群行为更为突出。Camara（2017）进一步发现制造业在牛市中存在显著的羊群效应。

还有一些研究表明，流动性对股票市场的信息环境产生了深远的影响，信息流和效率随着流动性的增加而提高（如 Tian et al.，2015）。进一步地，学者们探讨了流动性对羊群行为的作用。Arjoon 和 Bhatnagar（2017）研究了 2001 年 1 月至 2014 年 12 月在特立尼达和多巴哥证券交易所上市的所有公司，发现微观结构（包括流动性和波动性）加剧了羊群行为。并且，较高的波动率会增加市场风险和不确定性，导致投资者不确定如何应对新闻和事件，因此波动性会影响投资者的信念和交易决策，在分析羊群行为的影响因素时，波动率是一个不可被忽略的因子。Humayun Kabir 和 Shakur（2018）的研究表明羊群行为在高波动性体系中普遍存在，提出投资者产生羊群行为的驱动力是高波动性。

市值规模与羊群行为间的关系密切。祁斌等（2006）则发现股票流通规模和羊群行为呈现负相关关系，流通规模较小的股票表现出明显的羊群行为。汤长安和彭耿（2014）、陶瑜等（2015）、Arjoon 和 Bhatnagar（2017）等得出了类似的结论。与这些文献的观点不同，田存志和赵萌（2011）指出，相较于中等规模股票，大规模股票和小规模股票表现出更强的羊群行为，但羊群行为不受参与基金交易的基金数目的影响。然而，孙培源和施东晖（2002）对不同流通股本的股票进行了分组检验，结果表明市场收益率与横截面绝对偏离之间的关系在不同组别中无差异。

有文献关注了时间、季节、资金量、投资情境不确定性、政策因素等对羊群行为的作用（如胡赫男和吴世农，2006；Arjoon and Bhatnagar，2017；Lin，2018）。胡赫男和吴世农（2006）通过多因素模型分析得出，基金盈利能力越强羊群行为越明显，基金和市场的相对规模越大羊群行为程度越高，同时基金的羊群行为还会受市场态势、市场规模、时间、季节等因素的影响。Arjoon 和 Bhatnagar（2017）的时变分析显示，羊群行为随着时间的推移而发展。

投资情境的不确定性会对投资者的羊群行为产生影响，证券市场的高风险性促使投资者倾向于与大众的决策行为保持一致以规避风险（Lakonishok, Shleifer, and Vishny, 1992；Kameda and Tamura, 2007；Quiamzade and L'huillier, 2009；Schmeling, 2009；Lin, 2018）。Lin（2018）考察了

总体不确定性是否会影响分析师的羊群行为趋势，结果表明，除市场风险和企业层面的不确定性外，分析师的羊群行为趋势随着总体不确定性而增加，并且对于小型股和缺乏经验的分析师来说，上述现象更为明显。董志勇和韩旭（2008）的研究提出，模糊规避是影响羊群行为的重要因素，二者间的关联性很高，股票价值分布的模糊程度越高时，羊群行为越容易发生。

市场监管力度、信息披露机制、政策干预等政策因素会影响羊群行为（景乃权、叶庆祥、陈新秀，2002；孙培源和施东晖，2002；崔巍，2009；陈国进和陶可，2010；Choi and Skiba，2015；Frijns and Huynh，2018）。

2. 内部异质性因素

投资者羊群行为不仅受到外部决策环境的影响，也受到人口统计学特征、情绪、人格等个体异质性影响。

（1）人口统计学特征

研究表明，经验、性别、文化心理等因素会显著影响投资者的羊群行为倾向（如 Scharfstein and Stein，1990；汤长安和彭耿，2014；Bekiros et al.，2018；Lin，2018）。

Holmstrom 和 Milgrom（1991）提出基金经理羊群行为受到其对职业前景考虑的影响，基金经理往往在年轻时努力工作，年老时则出现懈怠而倾向于采取羊群行为策略。Scharfstein 和 Stein（1990）、Boyson（2010）通过对不同的基金进行分析，得出了类似的结论。Frijns 和 Huynh（2018）亦认为媒体对羊群行为的影响取决于分析师的特征，有经验的分析师倾向于更多关注负面新闻情绪从而更关注他们的声誉；相比之下没有经验的分析师更倾向于偏离共识。然而，有学者对上述观点提出质疑。Clement 和 Tse（2005）发现，经验不足的证券分析师更有可能发生羊群行为。Lin（2018）的研究表明缺乏经验和非主导的证券分析师倾向于在风险期间发生羊群行为，并且不太经常修改建议的证券分析师更有可能在风险时段采取羊群行为策略。

Skitka 和 Maslach（1996）发现女性个体相比男性个体更在乎和倾向于保持与朋友和群体间的友好关系，进而更多采纳他人信息。这意味着女性个体更愿意与他人保持行为一致性而采取跟随策略。王翠翠（2014）研究发现个体投资者的投资经验显著影响其在买入股票时的信息性羊群行为，但该研究未找到个体投资者性别影响信息性羊群行为的稳定性证据。

部分研究表明，我国证券市场的羊群行为程度较西方发达和成熟资本市场要更为严重（宋军和吴冲锋，2001；汤长安和彭耿，2014；Bekiros et al.，2018），除去市场本身的因素以外，我国投资者的本土特征（如文化心理）是促进其选择羊群行为策略的不可忽视的原因（蒋多、徐富明、陈雪玲等，2010）。Bond 和 Smith（1996）认为个体决策在多大程度上依赖于他人的观点和行为是受文化背景影响的，集体主义文化中的个体更倾向于寻求和采纳他人的观点和建议，个体主义文化中的个体则更愿意独立进行决策，不太会在意和接纳他人观点和建议。

（2）情绪和人格特质

Lin 和 Lu（2015）推断羊群行为是一种反映一个人的正念（一种与注意力和觉察相关的心理特质）和情绪之间相互作用的现象，因此情绪和人格特质也会影响羊群行为的倾向。特别地，学者们重点探讨了个体的自信（自尊）、特质焦虑、认知风格等因素与他是否跟从他人的建议和行为之间的关系（Spielberger，1983；Arndt et al.，2002；Burger and Lynn，2005；Taylor et al.，2014）。

自信。在经济决策中，个体自信水平过低表现为决策信心不足，自信程度太高则出现过度自信偏差。学者们集中探讨了过度自信对管理者在企业经营和投融资决策中的心理特征和行为特征的影响（如 Bernardo and Welch，2001；Arndt et al.，2002），对自信与投资者羊群行为间关系的研究很少。Bernardo 和 Welch（2001）引入信息级联模型研究了过度自信对企业家羊群行为的作用。Mcfarlin 等（1984）以及 Arndt 等（2002）发现高自信水平者在决策时更倾向于坚持自己的判断，而低自信水平者常常怀疑自身能力，更倾向于采纳他人建议。

特质焦虑。特质焦虑对羊群行为的影响机理大体上可以总结为以下几个方面。首先，个体都具有控制自己周围环境的需要，该需要的满足能够带来安全感。Burger 和 Lynn（2005）对不确定情境中盲从策略如何影响控制感的实证分析表明，个体可以从盲从策略中获得对不确定环境的控制感。在证券市场中，不确定情境致使高特质焦虑水平的个体投资者具有更强烈的焦虑和恐惧感。为了缓解和克服该负面的情感, 高特质焦虑水平者通常会采取更多与大众保持一致的行为方式以提高自己的自信程度, 从而满足其控制周围环境的需要。

其次, 高特质焦虑水平的个体投资者必须分配更多认知资源来应对焦虑水平提高带来的肠胃不适、耐心减退、兴奋易怒等一系列身心方面的变化, 其认知能力会相应地被削弱, 个体投资者为了节省认知资源、减少认知成本, 倾向于采用启发式的信息加工策略。此时, 参考群体建议将会成为投资决策的有效外部线索 (Taylor et al. , 2014)。

再次, 高特质焦虑水平的个体投资者具有更强烈的减少不确定性和降低风险的动机, 该动机诱使他寻求和采纳参考群体的建议, 在通过遵从和跟随行为减轻焦虑体验的同时, 个体也感到自己最终决策的可靠性更高 (Brooks and Schweitzer, 2011; Gino, Brooks, and Schweitzer, 2012)。

另外, 与他人行为不一致会激发个体投资者的焦虑情绪, 特质焦虑水平越高者体验越强烈, 在反馈结果不理想时尤其如此。为避免异于他人和结果反馈不理想产生的负性情绪体验, 个体投资者倾向于改变先前的选择, 跟随群体决策和行为 (Yu and Sun, 2013)。

最后, Hudlicka (2006) 通过元认知和情绪的交互模型, 提出特质焦虑水平影响元认知[①]功能对认知过程的调控。该调控体现为两个方面。一是, 特质焦虑倾向越严重的个体投资者在元认知水平上的信心阈限越高, 对所作判断和决策的信心水平越低, 其投资决策的态度和行为越容易发生改变和偏转。具体表现为, 股票市场中个体投资者的决策信心会受到参考群体所提供信息的影响, 支持性的群体信息能够明显提升个体投资者的信心水平, 但个体投资者在面临反对性的群体信息时其信心水平明显下降。高特质焦虑水平的个体投资者对自己判断或决策的最优性或正确性的信心程度较低, 更容易受到参考群体的影响。特质焦虑水平高的个体投资者决策信心的改变更容易突破个体投资者的决策阈限, 此时, 其股票交易意愿会随之发生相应变化。二是, 高特质焦虑水平者由于较高的信心阈限更多需要启动元认知过程的监督及控制功能, 以改变问题的加工策略 (如寻求

---

① 元认知即对认知的认知, 是关于个人自己认知过程的知识和调节这些过程的能力, 是对思维和学习活动的知识和控制。

帮助）来提高模块的信心水平。可见，高特质焦虑水平的个体投资者更容易受到外部线索的影响，引发羊群行为偏差。

其他因素。学者们还关注了认知风格、独立性人格、积极和消极情绪、特定情绪等对羊群行为的影响（Webster and Kruglanski，1994；蒋多、徐富明、陈雪玲等，2010；Lin and Lu，2015；郑瑶、董大勇、朱宏泉，2016）。张剑渝和杜青龙（2009）研究了独立型和依赖型两种不同认知风格的个体在面对参考群体行为时的差异性。同时，认知需求作为认知风格的一个重要研究分支，与个体是否依赖他人建议或行为有着密不可分的联系。研究表明，个体认知闭合的需要也是投资者羊群行为的影响因素之一（Webster and Kruglanski，1994；蒋多、徐富明、陈雪玲等，2010）。谢晔和周军（2010）采用卡特尔16PF的独立性分量表对被试进行人格区分，并通过2×2被试间实验设计分析了分红信息和独立性两个因素对个体投资者羊群行为的作用。Lin和Lu（2015）采用大五人格问卷对投注者进行分类，发现开放性和适应性的投注者表现出明显的规范性羊群行为。

Tong等（2008）指出不同情绪的个体采取的信息加工方式不同，积极情绪者偏好启发式的信息加工方式，进而更倾向于发生羊群行为；消极情绪者则偏好系统式的信息加工方式，较少跟随他人的决策和行为。谢晔和周军（2013）则在此基础上指出，愉悦情绪能够正向预测个体投资者的追涨羊群行为。贾丽娜和扈文秀（2013）得出了相反的结论，认为基金经理更倾向于买入上一期投资者情绪悲观的股票，卖出上一期投资者持乐观倾向的股票。郑瑶等（2016）进一步研究了个体投资者情绪对股票交易过程中羊群行为的多重维度影响，认为情绪的异质性会对证券市场中羊群行为程度起到减弱的作用。此外，特定的情绪也与羊群行为相关联。翁学东（2003）认为个体预期后悔情绪与其羊群行为关联密切。同时，研究表明恐惧水平与羊群行为程度呈正相关，投资者会为了减轻和逃离恐惧这一负性情绪体验而采取盲从行为（Stankowich and Blumstein，2005）。进一步地，谢晔和周军（2013）指出恐惧情绪亦正向预测个体投资者的跟跌羊群行为。

上述文献分析显示，概括而言，羊群行为分为由信息驱动和由行为驱动（Bikhchandani and Sharma，2001；Hsieh，2013）。投资者羊群行为是由信息所驱动，表明投资者在交易过程中将注意力集中在基本面的外部因素上。然而,投资者羊群行为是由行为所驱动而表现为追随参考群体,表明投资者的心理行为特征等内部异质性因素是不容忽视的。引入参考群体视角可以理清羊群行为的驱动机制,更加全面和深入地解释该行为的内部心理过程。

进一步地,Wermers（1999）、Hsieh（2013）等的研究发现:信息驱动的羊群效应源于基本面,并以稳定的方式影响股票价格;相比之下,当投资者跟随其他人时,就会出现由行为驱动的羊群效应,从而可能破坏市场稳定。这表明在通过市场数据分析和验证羊群行为驱动源的过程中须考虑羊群行为与股票价格的关联。

（五）羊群行为测度及其与股市的关联

关于羊群行为测度的相关研究主要集中在两个方面,一部分研究基于整个市场,通过比较个股收益率和同期市场指数收益率来判断证券市场中是否存在羊群效应;另一部分研究基于证券市场中的主要参与者,关注个体投资者与机构投资者交易过程中的羊群行为。

1. 基于整个市场的羊群行为测度

基于整个市场的羊群效应的实证检验模型主要包括收益率离散度（CSSD 或 CH）模型、收益率的绝对偏离度（CSAD 或 CCK）模型、β 系数分散度（HS）模型等（Christie and Huang，1995；Chang，Cheng，and Khorana，2000；Hwang and Salmon，2004）。后续相关研究主要对上述模型进行了继承和发展,用以检验市场中是否存在羊群效应;部分学者考虑到金融时间序列异方差性,运用 ARCH 模型、GRACH 模型和 EGARCH 模型进行羊群效应检验（如郑瑶、董大勇、朱宏泉,2016）。

早在 1995 年,Christie 和 Huang 就提出以收益率离散度来测度市场的羊群行为,他们运用 CSSD 模型分析美国和中国香港证券市场羊群效应情况,发现羊群效应并不显著。CSSD 模型为学者们检验市场是否存在羊群效应提供了研究思路（宋军和吴冲锋,2001；Hwang and Salmon，2004）。

Chang 等（2000）在 CSSD 模型基础上建立了 CSAD 模型（CCK 模型）,新建模型的思路是将个股收益率对市场收益率的绝对偏离度作为羊群效应的衡量指标。Guney 等（2017）调查了 2002 年 1 月至 2015 年 7 月,

8 个非洲前趋股票市场的羊群行为情况，发现所有市场在 2002 年到 2015 年都存在显著的羊群效应，但投资者在非主流国际金融市场中的行为不会受到非本土因素的显著影响。Youssef 和 Mokni（2018）对 CSAD 模型进行改进，在静态和动态切换框架中测试羊群行为，发现除巴林和科威特市场外，所有海湾合作委员会市场都存在羊群行为。此外，运用 CSAD 模型分析市场态势对羊群行为的影响成为学者们的研究热点（孙培源和施东晖，2002；Arjoon and Bhatnagar，2017；Fang，Shen，and Lee，2017；Humayun Kabir and Shakur，2018）。然而，CSAD 模型由于未考虑时间序列的波动特征，检验出的羊群效应仍然偏向保守。

鉴于时间序列的波动是羊群效应检验过程中不可被忽略的因素，Hwang 和 Salmon（2004）在 CAPM 模型基础上提出 HS 模型，该单因素模型通过 CAPM 模型 β 系数分散度来测度羊群效应。学者们采用该模型进行的关于市场态势与羊群行为关联的研究得出了市场压力期间羊群行为更显著（Khan，Hassairi，and Viviani，2011）和不发生改变（Hwang and Salmon，2004）的相异结论。

另一些研究者考虑到金融时间序列异方差性，通过 ARCH、GRACH、EGARCH 等模型进行羊群效应检验（蒋学雷、陈敏、吴国富，2003；楼迎军，2003；郑瑶、董大勇、朱宏泉，2015）。

2. 基于特定投资者的羊群行为测度

部分研究者针对羊群行为的对象进行了重点关注和集中探讨（如 Lakonishok，Shleifer，and Vishny，1992；Lobao and Serra，2002；Li，2015；Li，Rhee，and Wang，2017）。

Lakonishok、Shleifer 和 Vishny 于 1992 年提出了一个经典的、具有重大影响力的羊群行为测度模型——LSV 模型，该模型的思想是通过基金经理同时买入或卖出特定证券的平均趋势衡量其羊群效应。许多学者引用 LSV 模型研究机构投资者的羊群行为，并且部分研究者在该模型的基础上进行了修正和改进以分析不同类型羊群行为（Lakonishok，Shleifer，and Vishny，1992；Lobao and Serra，2002；Li，2015）。该模型的缺陷在于忽略分析交易量上羊群行为，无法准确地检验较长时间内的羊群效应，并且无法排除某些变量外因素（如更换投资组合和投资时间是否保持一致）的影响。

Wermers（1994；1999）针对 LSV 模型的忽略交易量的不足之处，引入交易的集中度对其进行了改进，基于基金资产组合变动情况提出了 PCM 法。PCM 法不足之处是不能排除股票价格波动的影响，资金规模雄厚的基金经理被赋予的权重过大产生了虚假羊群行为，并且在基金资金规模扩大过程中的羊群效应无法被检测出。

羊群行为测度的相关文献中仅有少量研究针对个体投资者羊群行为进行过讨论（如李新路和韩志萍，2007；Schmeling，2009；王翠翠，2014）。谢晖等（2008）发现个体投资者常常受到证券分析师以及周边亲友的影响，采取模仿和跟随的行为策略，且个体投资者的买入羊群行为相较于卖出羊群行为更加明显。Schmeling（2009）的研究表明个体投资者在面临不确定的决策环境时，易抛弃私人信息而采取羊群行为策略。王翠翠（2014）通过 ERPs 实验为个体投资者羊群效应的存在提供了微观层面证据。

另外一些研究将机构投资者羊群行为和个体投资者羊群行为进行了对比分析（如李志文、余佩琨、杨靖，2010；Li，Rhee，and Wang，2017）。陈国进和陶可（2010）通过对我国个体投资者与机构投资者进行对比性研究，发现个体投资者羊群效应更为显著，并且更多受到当天绝对收益的正方向影响。李志文等（2010）却发现机构投资者羊群效应较个体投资者更加严重，原因在于机构投资者对内幕消息的交流和分享导致他们的交易行为趋于一致，并且个体投资者由于处于信息劣势之中而无法模仿机构投资者。Hsieh（2013）支持了李志文等（2010）的观点，认为机构投资者的羊群行为程度较个体投资者更高，机构投资者在市场经历动荡时更倾向于在买入决策中采取羊群行为策略，而个体投资者在市场压力下倾向于跟随大众离开市场。Li 等（2017）得出了类似的结论，发现机构投资者在获取特定信息和私人信息方面优于个体投资者，如果机构投资者基于其所拥有信息优势进行交易，机构投资者的羊群行为倾向较个体投资者就更为明显。

整体而言，目前羊群行为测度的相关文献中以个体投资者为对象的研究十分有限。无论是在数量上还是在投资总额上，个体投资者皆占有绝对优势，是当前中国资本市场的基础组成成分，个体投资者羊群行为及其对股市的影响在我国证券市场中表现得尤为突出。并且，个体投资者相较于机构投资者处于信息的劣势，其投资行为往往会受到噪声信号的影响，个体投资者多被视作噪声交易者的代表（Black，1986；Barber，Odean，and Zhu，2009）。Odean（1999）发现个体投资者无法消化和处理证券市场中的全部信息，常常忽略自己的私有信息。但是，关于个体投资者羊群行为的实证分析比较滞后。

3. 羊群行为与股市的关联

已有文献重点研究了机构投资者羊群行为对股票收益率或波动性的影响，围绕机构投资者究竟是加剧股价崩盘风险还是稳定市场，学者们进行了热烈讨论（Kraus and Stoll，1972；Shiller，2006；顾荣宝等，2015；Bekiros et al.，2017；Deng，Hung，and Qiao，2018；Li，Diao，and Wu，2022；Youssef，2022）。

部分研究认为市场中的羊群行为会加剧股价波动，导致市场无效率（Shiller，1981；Shiller，2006；Bekiros et al.，2017；Deng，Hung，and Qiao，2018）。早在 20 世纪 80 年代，学者们便发现了股票市场羊群行为与市场波动的密切关联。Shiller（1981）以及 Avery 和 Zemsky（1998）发现，个体是有限理性的，在投资决策过程中常常采取与大众一致的行为模式，该大众行为模式导致市场泡沫和崩溃。Lee 和 Thaler（1991）区分了买入和卖出羊群，指出投资者有追涨杀跌倾向，往往造成股价大幅度波动。Duffie（2010）进一步分析认为机构羊群行为推动价格远离其基本面的现象在下行空间尤为明显，而经销商有限的做市能力只会加剧价格扭曲。Cai 等（2019）亦发现公司债券中的机构羊群行为水平远远高于股票所记录的水平，并且卖出羊群比买入羊群更强大和持久，卖出羊群行为会导致短暂但大幅度的价格扭曲。但是，Shiller（2006）阐述了 1987 年美国证券市场异常波动的原因，指出乐观市场情绪和买入决策羊群行为的协同作用诱发市场泡沫和崩溃。Deng 等（2018）采用 1989 年至 2013 年 Compustat 的会计数据和证券价格研究中心（Center for Research in Security Prices，CRSP）的股票收益数据进行研究，结果表明投资基金羊群行为对股票价格暴跌风险的预测能力主要集中在买盘，在规模较小、信息披露质量较低的企业子样本中，共同基金羊群行为与股票价格崩溃之间的关系更为紧密。

部分国内学者通过对我国机构投资者羊群行为和股市波动率进行研究，得出了类似的结论（施东辉，2001；刘祥东等，2014；Li，2015）。进一步地，张羽和李黎（2005）对买入羊群和卖出羊群对股价的影响进行了分别研究，发现我国证券投资基金卖出羊群加速了信息的吸收，但买入羊群对市场的长期稳定具有破坏作用，整体上基金表现出的羊群行为无法起到稳定市场的作用。许年行等（2013）则将研究对象扩展到了合格境外机构投资者（QFII），指出机构投资者羊群效应促使证券市场信息透明度变低，加大了股价崩盘的风险，且 QFII 与战略机构投资者的存在增强了羊群行为与股价崩盘风险间的关联。顾荣宝等（2015）结合非线性分析和动态分析探讨了不同时期深圳股票市场羊群行为与股市波动的关联，结果表明2004 年至 2007 年深市羊群行为非线性地促进了市场波动，羊群行为呈现正反馈效应，2008 年以后羊群行为却具有负反馈效应。

另一些学者则持反对意见，认为羊群行为能加速股票价格向均衡价格回归，有利于市场的稳定（Kraus and Stoll，1972；顾荣宝等，2015；郭白滢和李瑾，2019）。Kraus 和 Stoll（1972）以及 Lakonishok 等（1992）认为机构投资者平行交易与市场的不稳定性间不存在必然联系。甚至有研究指出，中国机构投资者羊群行为能够减弱市场的波动性，有利于证券市场稳定。顾荣宝等（2015）结合非线性分析和动态分析探讨了深圳股票市场羊群行为与股市波动的动态关联，结果表明 2005 年股改以前深市羊群行为并不会对市场波动产生影响，2008 年以后深市羊群行为负向非线性地作用于市场波动，且市场波动反过来负向非线性地作用于羊群行为，羊群行为具有负反馈效应。Cai 等（2019）发现公司债券中的机构羊群行为水平远高于股票所记录的水平，且买入羊群行为有利于价格发现。这些结果表明，机构投资者羊群效应并不意味着市场不稳定，它也可能会提升市场效率。

少量文献针对个体投资者羊群行为与股市波动进行了研究：Barber 等（2009）指出个体投资者大量买入的股票在三至四周内表现优于那些大量抛售的股票，但该模式在未来几周内出现逆转；个体投资者羊群行为会破坏市场稳定。Venezia 等（2011）对以色列某大型银行的 2428 名管理人员和 7429 名独立客户的所有投资交易记录进行分析，指出个体投资者的羊群效应较机构投资者更显著，个体投资者羊群效应与市场波动之间的相关性亦更高。这表明个体投资者羊群行为对市场稳定的威胁性和破坏性比机构投资者更大。Hsieh（2013）的研究结果表明台湾个体投资者的羊群行为是由行为因素驱动的，个体投资者的自信、情绪特征等可能是产生羊群行为不容忽视的因素。

综上所述，研究者们探讨羊群行为如何影响股票收益率或波动性时，得出了加剧股价崩盘风险和稳定资本市场这两种不同甚至截然相反的结论，原因可能在于羊群行为内部产生机理的不同。这与 Bikhchandani 和 Sharma（2001）、Hsieh（2013）等的观点一致：羊群行为分为由信息驱动和由行为驱动。进一步地，Wermers（1999）、Hsieh（2013）等的研究发现：由信息驱动的羊群效应源于基本面，并以稳定的方式影响股票价格；相比之下，投资者跟随参考群体，就会出现由行为驱动的羊群效应，可能会破坏市场稳定。现阶段，我国个体投资者羊群行为驱动源以及该行为对股价的作用有待探讨。

（六）本章小结

羊群行为是行为金融学这一前沿学科的重要分支，自它提出至今已取得长足发展。上述关于已有相关文献的归纳和分析显示，国内外学者在羊群行为实证检验、羊群行为对市场的影响、羊群行为成因和影响因素等研究领域获得了大量有价值的成果，但同时存在值得进一步探讨的空间。

在现有的羊群行为相关文献中，学者们聚焦于宏观股票市场羊群行为进行实证检验和理论模型分析，以投资者为出发点的研究则主要针对机构投资者羊群行为进行分析和探讨，重点探讨了机构投资者羊群行为的原因和对股票收益率、波动性等的影响（Kraus and Stoll，1972；Lakonishok，Shleifer，and Vishny，1992；Li，2015；Deng，Hung，and Qiao，2018；Cai et al.，2019；Li，Diao，and Wu，2022；尹海员和朱旭，2022；Youssef，2022）。

综合现有研究不难发现，羊群行为的成因分为信息和行为因素两个方面。基于行为因素的羊群行为表现为投资者跟随其他人，而基于信息因素的羊群行为指投资者由于面临相似的问题以及拥有相似的私人信息集，交易行为趋于一致。

羊群行为的产生机理不同，对资本市场的影响随之不同。这解释了投资者的羊群行为对股票收益率或波动性的影响是加剧股价崩盘风险还是稳定市场的争论。当投资者跟随参考群体时，该种由行为驱动的羊群效应将带来股价异常波动，不利于市场稳定。相反，源于基本面的由信息驱动的羊群效应则会加速信息的吸收。

目前，以个体投资者为对象的研究十分有限。无论是在数量上还是在投资总额上，个体投资者皆构成了我国资本市场中不可忽视的力量。而个体投资者羊群行为是由信息驱动还是盲目追随参考群体尚不清楚，个体投资者羊群行为对股市的影响有待进一步研究。

第四章　参考群体与个体投资者羊群行为

（一）参考群体引致个体投资者羊群行为

我国新兴媒体产业的迅速崛起和发展使信息的获取具有便捷性和廉价性，亦加剧了股市信息传播。经验缺乏和获取信息渠道有限的投资者在面临错综庞杂的信息甚至是谣言或传闻时，往往抱着宁可信其有不可信其无的态度，决策行为常常受其影响。因此，部分证券公司、证券咨询机构、专业中介机构及其工作人员违背从业规定，操纵证券来非法谋取利益。

2018 年 7 月 12 日，最高人民检察院公布了一起以"抢帽子"交易手段操纵证券市场的案件，该案入选最高人民检察院第十批指导性案例。在该案例中，上海证券经纪人朱炜明利用自己在财经频道"谈股论金"电视节目中的特邀嘉宾身份，借由介绍股票标识性的信息、展示 K 线图或明示股票的名称等手段，先后对一些股票公开评价、预测或者作出投资建议。朱炜明于节目播出前购入其所推荐的股票，于节目播出后出售以上股票，交易金额累计达 4263 万元，非法获利 75 万元。朱炜明凭借具有较大影响力的传播平台公开诱导性的信息以干扰普通投资者，信息发布后采取反向交易的策略获利，违反和破坏证券市场秩序，其操纵证券市场罪成立。

证券市场中类似的现象和案例常有发生、屡禁不止，"抢帽子"等行为一再得逞的根本原因在于广大投资者尤其是个体投资者的信息甄别能力尚十分有限，容易盲目跟风，被人当作了"韭菜"。

有学者研究了参考群体行为如何作用于羊群行为：Celen 和 Kariv（2004）构造社会学习模型研究个体如何学习他人行为，提出连续信号社会学习模型以改进简单二元信号模型，发现相对于其他人的行为所揭示的公共信息,被试对私人信息给予过多的重视,但随着时间的推移,他们倾向于依据贝叶斯模型推断自己的最优解。彭茜等(2009)指出,竞争者以及同事与领导灰色营销策略的使用会增加销售员的灰色营销行为。张剑渝和杜青龙(2009)发现个体决策行为在很大程度上会受到参考群体这一外部线索的影响。

这些关于参考群体与行为选择的文献主要集中在对消费者产品购买决策的探讨,较少涉及参考群体对投资者金融决策的影响。实际上,金融产品的交易决策和消费决策行为存在一定的关联性。由于所处证券市场的不确定性以及自身信息获取能力和处理能力的有限性,投资者不能全面和系统地收集与处理信息,因此投资者常常借助和依赖于他人决策态度和行为进行启发式思考来进行投资选择,这样一来,决策变得相对容易且节省了认知资源。另外,作为社会人,个体间的相互性和群体内的结构致使个体和个体、个体和群体之间均会发生一定程度的相互作用。个体间无法避免地在心理上相互依存,与参考群体一致可以使个体在认同感、归属感和安全感上的心理需要得到满足,个体会自觉地或无意识地受到参考群体类型影响。

部分学者从社会互动的角度探讨了他人观点和行为对投资者交易策略的影响(如 Bikhchandani, Hirshleifer, and Welch, 1992;李涛, 2006;杨晓兰、高媚、朱淋, 2016)。Bikhchandani 等(1992)以及 Ellison 和 Fudenberg(1993)指出,通过互相讨论,参考群体的观点和行为构成个体投资者股票交易决策的重要线索,这些信息无论质量如何都会对个体投资行为产生重大影响。Banerjee 等(2004)通过口头信息传递模型,指出口头信息传递导致在长期均衡时被试的选择趋于一致。Cipriani 和 Guarino(2005)引入交易者私人信息对 Banerjee(1992)等人的模型进行改进,观察前人交易行为和个体的私人信息如何作用于自己的行为选择,从而揭示金融市场中羊群行为是如何发生的。研究还发现,从专业人士、亲友、邻居或同事等参考群体成员处获得的信息(无论对错)是个体投资决策的重要依据(李涛, 2006;杨晓兰、高媚、朱淋, 2016)。肖欣荣和刘健(2015)亦指出个体所处的社会群体是其行为决策的重要影响因素。

综上,在现实经济生活中参考群体诱发个体投资者羊群行为的现象十分普遍，引入参考群体这一新的视角能够将上述羊群行为产生机制相关理论进行整合，更加完整和清晰地展示羊群行为的形成过程。然而在现有文献中，不同类型参考群体的态度和行为对个体投资者进行金融决策的影响机理尚不明晰，参考群体诱发个体投资者羊群行为的内部机制有待进一步进行研究。

结合上文中羊群行为产生机理的相关文献，不难发现大部分学者将研究兴趣集中在机构投资者身上，涉及个体投资者的少量研究多集中在理论探讨层面，实证研究更是少之又少，且鲜有文献基于参考群体角度对个体投资者羊群行为进行实证检验和分析。从我国证券市场投资主体结构组成的现实情况来看，个体投资者是我国证券市场参与者的重要组成部分，占有绝大部分的权重。同时，相对机构投资者，个体投资者在信息获取和处理能力以及经验方面比较弱，是市场中典型的噪声交易者。陆剑清（2009）指出，在各类投资者表现出的羊群行为中，个体投资者的羊群行为更具有普遍性。因此，在探讨羊群行为这一典型非理性行为偏差时，本研究以个体投资者为研究对象，无论是从理论角度还是考虑到我国证券市场投资者结构的现实，本研究都具有十分重要的意义。

（二）不同决策情境下自信、特质焦虑的干扰效应

1. 自信、特质焦虑的干扰效应

投资者在追随参考群体时，其心理行为特征等内部异质性因素不容忽视。研究者们分析了经验、性别、恐惧、焦虑、自信（自尊）等因素对投资决策中羊群行为的直接影响（Arndt et al.，2002；谢晔和周军，2013；郑瑶、董大勇、朱宏泉，2016；Frijns and Huynh，2018）。在影响羊群行为的众多个体异质性因素中，焦虑是个体投资者身处证券市场这一高风险的投资环境中不可避免地经历到的情绪体验，个体投资者特质焦虑水平的差异导致其对自身投资决策的信心和态度不相同（Hartley and Phelps，2012），对自身接纳和响应参考群体建议这一行为的信心亦随之存在差异；个体自信这一与其特质焦虑密切关联的特质，决定了个体对内化（自己）的观念和决策的信心程度，自信也是个体决策过程中积极和冒险程度的重要影响因素。这表明，特质焦虑和自信水平可能构成参考群体驱动羊群行为的边界条件；个体自信亦和其特质焦虑相关联，自信与特质焦虑是否以及如何联合干扰参考群体驱动个体投资者羊群行为的过程值得进一步探讨。

（1）自信

心理偏差对人们在经济活动中决策和判断的影响导致投资者是有限理性的，关于自信对经济决策影响的研究是弥补理性经济人假设前提下经典金融学理论不足的热门研究。心理学中关于自信的定义有很多，概括而言，自信指的是个体对自我价值和自我接纳的态度，以及相关的情感体验（Rosenberg，1965）。

自信的测量主要由问卷法获得，美国心理学家 Rosenberg 在 1965 年编制了自信量表，该量表在后续研究中得到普遍应用，是目前在国内外应用最广泛的量表。此外，Coopersmith（1967）的自信调查量表等也被使用。

自信与经济决策的关联体现为高自信者在进行经济决策时常常产生过度自信偏差；低自信者则往往表现出信心不足。研究者们重点分析了自信与采纳外部线索、采取跟从行为策略的关系（Mcfarlin，Baumeister，and Blasco-vich，1984；Bernardo and Welch，2001；Arndt et al.，2002）。然而，尚未有研究关注自信是否以及如何干涉参考群体驱动个体投资者羊群行为的过程。

在证券市场中，投资者采用外部线索同时内化参考群体，此时参考群体提供的股价预测内化为投资者自身判断，也就是说投资者接受参考群体观点后，其羊群行为改变程度是由他们对自己所选择的参考群体类型的信心水平决定的。面临不同类型参考群体时，个体投资者对自身决策（态度、行为转变）越有信心，羊群行为递增趋势就越明显。另外，当参考群体发生变化时，随着外部线索被接纳并内化成自我决策的一部分，个体投资者的风险偏好以及投资态度和行为的积极性和冒险程度会影响其增持或减持股票交易意愿的强烈程度，即羊群行为的变化趋势。自信水平在个体投资者寻求和采纳外部线索过程中扮演不可或缺的角色，个体的自信水平决定了其在决策过程中在多大程度上遵从自己的真实投资意愿（Arndt et al.，2002），及其对内化（自己）的观念和决策的信心程度。并且，投资者自信水平是其决策过程中积极和冒险程度的重要影响因素。因此本研究重点关注个体投资者的自信这一异质性因素对参考群体诱发羊群行为趋势的作用机理。

（2）特质焦虑

焦虑分为特质焦虑与状态焦虑，其中状态焦虑描述的是个体暂时性主观感受的情绪状态，是某一时刻个体在特定情境下体验到的短暂忧虑、紧张等感受，随着诱发焦虑体验情境的消失，焦虑感也会消除；而特质焦虑是一种人格特质性焦虑倾向，该特质反映了人们在焦虑倾向上持久且稳定的个体差异（Cattell and Scheier，1961；李婉悦等，2022）。高特质焦虑往往高估潜在风险，轻度的威胁刺激会引起高特质焦虑者的重视，并使他们获得严重的状态焦虑体验，且在不存在威胁刺激等外在应激源时，高特质焦虑者亦会体验到较高强度的状态焦虑（Spielberger，1983）。

学者们采用 Spielberger（1983）修订的状态—特质焦虑量表对特质焦虑与个体是否跟从他人的建议和行为间的关系进行了关注和探讨（Stone，Dodrill，and Johnson，2001；Brooks and Schweitzer，2011；Gino，Brooks，and Schweitzer，2012；Taylor et al.，2014）。身处证券市场这一高风险的投资环境，投资者会不可避免地经历到焦虑的情绪体验，该情绪体验进而影响投资者的行为决策。现有研究分别从行为层面和神经层面研究了特质焦虑与羊群行为的关系，且研究结论一致（Berns et al.，2010；Gino，Brooks，and Schweitzer，2012）。Gino 等（2012）指出焦虑的负性情绪体验能够增加个体对建议的采纳程度，在通过盲目跟随策略减轻焦虑情绪体验的同时，个体的决策信心亦会增加。这意味着，特质焦虑是羊群行为的重要诱因。进一步地，Berns 等（2010）通过 fMRI 技术调查社会影响背后的神经机制，发现个体因自身异于他人而产生的焦虑情绪将会驱动其改变自己的行为追随团体的选择。这些分析表明，特质焦虑程度会直接影响个体投资者的羊群行为。

在投资者进行股票交易过程中，特质焦虑的一般性且稳定的情绪特征决定了个体的投资信心和投资态度，个体投资者特质焦虑水平的差异导致其对自身投资决策的信心和态度不相同（Hartley and Phelps，2012），对自身接纳和响应参考群体建议这一行为的信心亦随之存在差异，即特质焦虑水平可能成为羊群行为形成机制的调节因素。但是，尚无研究关注个体投资者特质焦虑怎样干扰其追随参考群体的过程。

并且，虽然研究指出自信与特质焦虑关系密切，低自信的个体拥有更高的特质焦虑程度（Hart，1985；Greenberg et al.，1992），但尚未有文献涉及自信和特质焦虑如何联合作用于参考群体驱动羊群行为，自信和特质焦虑是否以及如何干涉个体投资者羊群行为形成机制尚不明晰。

2. 决策情境的作用

（1）他人评价

个体由一个"个人自我"和许多个"群体自我"共同构成，且在自我的每个层面上个体都有界定自己和享有积极自尊这两个根深蒂固的动机（Tajfel，1978）。这意味着，个体会将自我归属于某一参考群体，在通过成员身份内部化以形成自我概念的过程中获得自我认同，且个体的投资选择和行为会与所属群体成员同期行为产生联结，群体内的行为出现一致性。该过程除了受到个体异质性的作用外，亦会受到参考群体成员评价的影响。因为人们在感知自身与他人行为时依赖他人的评价，也就是说，个体异质性和参考群体提供的评价共同影响内群体偏好的形成。

Cooley（1902）指出，他人于头脑中产生对个体性格、行为、目的等的特定评价和看法，个体对此评价形成一定的想象，这一想象进而影响个体的认知特征及后续行为选择。因此，当个体投资者做出股价预测后，参考群体会对此形成看法和评价（参考群体是否赞同、支持自己的预测），这一看法和评价继而影响被试接下来的投资决策。

进一步地，研究发现个体的自信和特质焦虑水平不同，对外部评价线索的敏感度与注意偏好不同，后续的行为响应程度也不相同（如 Brown and Dutton，1995；Jussim，Yen，and Aiello，1995；Gino，2008）。这表明，参考群体诱发羊群行为是在个体内部异质性和外部评价线索的共同影响下发生的。在存在他人评价时，特质焦虑和自信水平对个体投资者羊群行为形成的干扰是否以及如何发生变化尚待研究。

（2）买入和卖出决策

在现有的文献中，研究者们基于总需求的角度分析个体对风险资产的交易行为。Grossman 和 Stiglitz（1980）以及 Kyle（1985）的研究指出，个体买入与卖出的决策机制是相同的，二者间的差异主要体现在需求方向的不一致。但是，部分学者对此提出了质疑，认为个体投资者的买入和卖出行为的决策机制不相同（如 Barber and Odean，2008）。

并且，针对买入羊群和卖出羊群进行研究的不同文献得出了不同的结论。谢晔等（2008）以及 Deng 等（2018）认为，个体投资者买入羊群行为相较于卖出羊群行为更加明显；基金羊群行为对股票价格暴跌风险的预测能力主要集中在买盘。而 Hsieh（2013）使用包含详细订单和交易数据的完整日内数据研究台湾股市个体投资者的羊群行为，发现个体投资者卖出羊群行为比买入羊群行为更加普遍，且个体投资者在市场压力下倾向于跟随大众离开市场。

因此，在股票买入和卖出决策过程中，个体投资者特质焦虑、自信程度怎样干扰其追随参考群体的过程有待进行进一步研究。

此外，在买入和卖出决策过程中，在参考群体与个体投资者股价预测一致和不一致时，自信、特质焦虑和他评效应的影响机制是否以及如何发生改变，这些因素在参考群体驱动个体投资者羊群行为过程中如何联合发挥作用有待探讨。

鉴于上述分析，本研究在引入参考群体这一视角探讨我国个体投资者羊群行为驱动过程的基础上，重点关注不同决策情境（买入和卖出决策中股价预测一致和不一致；他人评价效应）时个体异质性（特质焦虑、自信）在参考群体驱动个体投资者羊群行为过程中的干扰作用。

基于参考群体这一新的视角进行研究，可以发现羊群行为的内部机理，能够将羊群行为产生机制相关理论进行整合，并兼顾了驱动过程中的干扰因素，使得关于个体投资者羊群行为驱动机制的研究更为完整和深入。

（三）　市场数据验证

虽有研究者基于市场交易数据得出了我国个体投资者羊群行为源于心理因素的结论（李新路和韩志萍，2007；陈国进和陶可，2010），即我国个体投资者羊群行为并非源于信息（只关注基本面），而是由行为驱动（追随参考群体），但在验证过程中，研究者往往通过交易数据来验证市场压力期间羊群行为更剧烈支持上述结论。

根据 Wermers（1999）、Hsieh（2013）等的观点，如果投资者因为行为原因而不是基本面的私人信息采取羊群行为策略，那么羊群行为会破坏股票价格的稳定性，随后会出现价格逆转。如果在羊群行为后观察到价格延续，那么投资者会采取羊群行为策略。换句话说，在羊群行为后观察到的价格逆转或价格延续应该是确定羊群行为背后原因的更实质的证据。

因此，在采用市场数据验证和支持个体投资者倾向于追随参考群体发生羊群行为这一结论时，须考虑该行为与股价的动态关联。

（四）本章小结

目前，在微观层面上关于参考群体驱动我国个体投资者羊群行为的内部机理研究现阶段仍处于空白。

研究者们针对个体投资者羊群行为以及参考群体对金融决策的影响进行了分别讨论（李涛，2006；杨晓兰、高媚、朱淋，2016）。然而，参考群体与羊群行为的内部联系的心理过程尚待继续探讨。相关理论研究发现，个体在进行投资决策时常常受到专业人士、亲友、邻居、同事等参考群体成员同期行为以及特征的影响，从参考群体成员处获得的信息（无论对错）是形成个体投资决策的重要依据（李涛，2006；谢晔、文凤华、杨晓光，2008；杨晓兰、高媚、朱淋，2016）。亲友、专家与其他人往往被个体投资者视为有效线索源，他们作为影响力不容忽视且被频繁接触的参考群体是如何影响羊群行为的尚不明晰。

在羊群行为影响因素相关文献中，研究者们分析了性别、经验、后悔、恐惧、焦虑、自信等因素对投资决策中羊群行为的直接影响（Arndt et al.，2002；谢晔和周军，2013；郑瑶、董大勇、朱宏泉，2016；Frijns and Huynh，2018）。在影响羊群行为的众多个体异质性因素中，特质焦虑这一证券市场中一般性且稳定的情绪特征决定了个体的投资信心和投资态度，自信亦是个体投资者的决策信心和决策态度的要素；特质焦虑和自信是决策过程中信心程度以及积极和冒险程度的重要影响因素，也可能是参考群体驱动羊群行为的边界条件。当参考群体提供反馈性评价时，不同自信和特质焦虑者对他人评价的敏感和响应程度不相同（Brown and Dutton，1995；Jussim，Yen，and Aiello，1995；Gino，2008）。那么，他人评价如何影响自信和特质焦虑在个体投资者羊群行为形成过程中的作用？进一步地，在买入和卖出决策中，自信、特质焦虑和他评效应的影响机制如何？

同时，我国个体投资者羊群行为对股票收益的作用尚不明晰。若以交易数据来确定个体投资者羊群行为是基于信息（注意力集中在基本面），还是由行为因素驱动（追随参考群体），则需要分析和验证羊群行为的决定因素及其对股价的影响。

基于现有研究文献的不足，并针对我国证券市场中投资者结构高度散户化的特征，本研究后续试图为回答以上问题做出贡献。

第三篇

个体投资者羊群行为背后的"黑箱"及市场影响

本部分研究首先通过问卷调查法测度羊群行为，控制羊群行为测度的市场指标无法屏蔽的众多其他因素，聚焦于参考群体如何与何时驱动个体投资者羊群行为。具体地，通过问卷调查方法构造两个嵌套的数据层，基于参考群体这一理论整合的视角分析个体投资者羊群行为偏差的形成机制，发掘参考群体与个体投资者羊群行为的关系以及作用机制。并且，本研究在此基础上讨论参考群体驱动个体投资者羊群行为的边界条件，研究不同外部决策情境（买入和卖出决策、股价预测一致与否、参考群体评价效应）下个体异质性（自信、特质焦虑）在参考群体驱动个体投资者羊群行为过程中的跨层次调节中介效应模型①。接着，本研究为检验通过问卷调查法得出的结论，验证个体投资者确实基于行为（而非基于信息）而表现为追随参考群体，通过某营业部账户日交易的每笔交易成交数据集来分析我国个体投资者羊群行为决定因素及其与股票收益间的关联。

主要研究内容如下。

第五章关注各类型参考群体对个体投资者羊群行为影响程度和影响过程。本章从参考群体这一理论整合的视角分析个体投资者羊群行为发生机制，探讨专家、亲友和其他人群体与个体投资者羊群行为的关系及作用机制，从心理层面揭示羊群行为驱动过程的内部机理。通过问卷调查方式，本章构建两个嵌套数据层探讨和检验专家（不包括亲友）、亲友（不包括专家）和其他人（非专家、非亲友的同龄人）作为影响力不容忽视且被频繁接触的参考群体与羊群行为的关联及作用机制，揭示了参考群体诱发个体投资者羊群行为的内部心理机制。从参考群体这一新视角分析羊群行为的形成机理，可将上述羊群行为产生机制相关理论进行整合，从而更加完整和清晰地展示个体投资者羊群行为的驱动过程。

---

① 在两个嵌套的数据层（自变量参考群体和因变量羊群行为在第一层次，自信和特质焦虑在第二层次）中，自信和特质焦虑分别对参考群体类型与羊群行为关系具有直接的调节作用，并且特质焦虑的调节作用传递了自信的调节作用，属于"跨层次的第二型调节中介"。

第六章在第五章基础上，以内部特质和外部情境相整合为切入点，探讨个体投资者自信和特质焦虑在参考群体驱动羊群行为过程中的跨层次调节中介效应，以及他评效应对该作用机制的影响。换句话说，本章主要研究在有/无他人评价效应时个体投资者的自信和特质焦虑如何干扰参考群体驱动个体投资者羊群行为的过程。

第七章考察买入和卖出决策，考察在参考群体和个体投资者股价预测一致和不一致时，在参考群体驱动个体投资者羊群行为过程中，自信的跨层次调节效应，特质焦虑的跨层次调节效应，特质焦虑中介自信跨层次调节效应的跨层次调节中介效应，以及参考群体评价效应对跨层次调节中介效应的影响。

第八章为了验证前文的结论，即我国个体投资者的确倾向于追随参考群体而破坏市场稳定性，采用某营业部账户日交易的每笔交易成交数据集以及个股行情数据库分析个体投资者羊群行为决定因素及其与股票收益之间的关联，来确定个体投资者羊群行为是源于信息（只关注基本面），还是由行为因素驱动（追随参考群体）。鉴于股票流通规模、交易量、市场态势、过去收益等羊群行为的重要影响因子，本章具体分析了这些因子对个体投资者羊群行为的影响，并研究了羊群行为与股价的关联，特别是市场压力期间羊群行为程度及其对股票累积异常收益的作用。

以羊群行为的内部机理为出发点减少和避免该行为偏差已引起金融界人士的重点关注。研究羊群行为背后的心理过程及行为决定，涉及金融学、认知心理学、行为学、社会学等交叉学科，因此在金融市场中该行为偏差的微观机理探索具有一定的复杂性和较高的难度。以参考群体为视角进行研究可将个体投资者羊群行为形成过程的相关理论相整合，从而更加完整清晰地呈现羊群行为驱动机理及市场影响，这有极其重要的理论与实践意义。此外，本篇通过压力期间羊群行为特征，以及羊群行为后观察到的股价动态这一确定羊群行为驱动源的更为实质和充分的证据，验证了我国个体投资者羊群行为是由行为驱动而表现为追随参考群体，该行为偏差会破坏市场稳定性。

第五章　参考群体驱动个体投资者羊群行为的作用机制

鉴于证券市场中各类型参考群体对个体投资者羊群行为影响程度和作用机理尚不明晰，本章从参考群体这一理论整合的视角，通过问卷调查手段构建两个嵌套的数据层，在控制性别和经验因素的基础上分析与讨论证券市场中最易获取也最频繁接触的他人投资态度和行为信息来源——专家（不包括亲友）、亲友（不包括专家）和其他人（非专家、非亲友的同龄人）及其提供的信息诱发羊群行为的内部心理过程及诱发羊群行为程度，以期在一定程度上打开羊群行为驱动机制背后的"黑箱"。

（一）理论分析和研究假设

羊群行为描述的是投资者忽视私人信息、模仿和跟随他人行为的举动（Scharfstein and Stein，1990；Banerjee，1992）。马庆国及其团队对股票投资中羊群行为的概念进行了扩展，认为做出与他人态度或行为相一致性的反应或行为叫作羊群行为（Wang et al.，2017）。借鉴这一思想，本研究认为做出与参考群体预测观点一致性的反应或行为是羊群行为。改变原有态度与行为以保持与其他投资者的一致性，或直接做出和其他投资者态度与行为一致的判断和决策，二者的相同之处在于最终都是做出与他人态度与行为相一致的反应。

参考群体被定义为对个人的观点、判断和行为产生重大影响的个人、机构或群体，是个人进行社会比较时的参照对象，构成个人的行为向导（如 Park and Lessig，1977；Pérez-Asenjo，2011）。在现实经济生活中，参考群体诱发个体投资者羊群行为的现象十分普遍。个体投资者对股票市场的熟悉程度、信息获取和处理能力、经验等因素的弱势必然会加大其在投资决策过程中的非理性程度，导致个体投资者无法正确处理市场信息，常常通过借鉴参考群体的行为做出相对容易的决策来降低认知成本。并且，个体与参考群体在心理、态度和行为上发生联结并趋于一致，能够使个体获得心理上的支持感、价值感和归属感，使之提高在不确定情境中的决策信心。本研究认为参考群体诱发个体投资者羊群行为的内部机制表现为，个体经由个体、社会肯定进行自我归类，并通过将群体偏好心理化实现自我定型，产生内群体（崇拜群体）偏好与外群体（规避群体）偏见，继而个体和内群体成员的心理、态度和行为形成联结，个体出现模仿和追随的股票交易态度和意愿。

本章在谢晔等（2008）得出的多数个体投资者在买卖股票过程中因受到股评专家与身边亲友等的影响而采取羊群行为的研究结论基础上，进一步研究不同参考群体类型与个体投资者羊群行为间的关联和作用机制。

在参考群体类型的考虑和选择方面，谢晔等（2008）的调查发现，个体投资者投资行为常常追随股评专家与周围亲朋好友的行为。Cohen 等（2013）则发现个体在决策过程中会选择模仿同龄人。因此，本章将分析证券市场中最易获取也最频繁接触的他人投资态度和行为信息来源——专家（不包括亲友）、亲友（不包括专家）和其他人（非专家、非亲友的同龄人）如何诱发个体投资者羊群行为。专家、亲友和其他人作为不同的参考群体引发个体投资者羊群行为偏差的内在机制不相同。

首先，个体投资者由于常常无法获取和处理股市相关繁杂信息，会视专家、亲友和其他人的建议为直观的重要线索。当个体投资者将参考群体成员的态度、观点和行为视为潜在的可靠信息进行参考时，群体成员的影响力度由被影响者与群体成员的相似性（Martin and Hewstone，2001；Gino，Shang，and Croson，2009）以及施加影响者的能力和技能（Park and Lessig，1977；Sniezek，Schrah，and Dalal，2004；霍金斯，2014）所决定。建议者的经验和知识以及建议本身的质量成为影响个体行为选择的重要因素，来自可靠信息源的信息最容易被决策者内化和接受（Ito et al.，1998）。当环境不确定时，参考群体的影响是至关重要的，人们通过观察参考群体的行为来不断更新其行为选择，向参考群体趋同的羊群行为便随之产生了，在该过程中人们更倾向于受具有高社会地位与声誉的成功人士的影响。由上述分析可以推断，作为权威和被崇拜群体的股市专家对个体投资者的影响力更大，专家所诱发的羊群行为程度比其他人和亲友更为突出。同时，与其他人的态度和行为提供的信息相比，亲友群体间具有更大的相似性，个体投资者对亲友提供信息的依赖程度更强，因此亲友引发的羊群行为程度比其他人更显著。

其次，不同类型参考群体对羊群行为产生机制的不同作用受到个体投资者心理过程的影响。通过与他人行为一致来获取归属感和安全感是投资者采取羊群行为策略的一个重要动机（Park and Lessig，1977）。在将专家群体内部化和产生行为联结的过程中，个体投资者与专家同质、类似的心理联系需求需要得到满足，这一心理联系使个体投资者获得很强烈的支持感、肯定感以及安全感。在此基础上，个体投资者和亲友群体成员之间的心理距离比其他人要更近（Liberman，Trope，and Stephan，2007），因此亲友的规范性影响程度亦更高，此时个体更容易发生羊群行为。

最后，在证券市场这个特定的决策情境中，一致性启发式（consensus heuristic）与能力启发式（competence heuristic）的信息处理策略是投资者羊群行为产生的主要原因（Quiamzade and L'huillier，2009）。一致性启发式指当发现群体具有高的内部一致性时，投资者倾向于跟随其他投资者；能力启发式指投资者视专家为更有能力的群体，故投资者采纳专家的建议和观点。在考虑专家、亲友和其他人群体导致的羊群行为程度有何不同时，相异参考群体的群体内部一致性程度不存在差异。由此，本研究考察的情境主要受到能力启发式的影响，专家群体比其他的群体更具影响力。鉴于上述分析，按照不同参考群体影响下个体投资者的认知特征和情感体验，本章提出假设如下：

假设 H5-1：其他人、亲友与专家群体导致的个体投资者羊群行为依次递增。

（二）研究设计与方法

1. 研究设计与样本

本章通过问卷调查方式具体测量不同个体投资者的羊群行为，聚焦参考群体如何与何时驱动个体投资者羊群行为。研究对象是我国股票市场个体投资者，这是因为本研究的研究目的是探讨参考群体与个体投资者羊群行为的关系及作用机制，并进一步分析不同决策情境时个体异质性（特质焦虑、自信）在参考群体驱动个体投资者羊群行为过程中的干扰效应。考虑到研究目的并借鉴学者们（陆剑清，2007；谢晔、文凤华、杨晓光，2008；Quiamzade and L'huillier，2009；谢晔和周军，2013；Lin and Lu，2015）的常规处理方法，本研究以个体投资者为调查对象。由于研究表明我国个体投资者中持股时间为 2～6 个月者（中线投资者）居多（谢晔、文凤华、杨晓光，2008），为避免歧义，本研究假设个体投资者在卖出股票时已持有该股票 2～6 个月且处于盈利状态，并且，本研究假设各群体规模及一致性程度无显著差异，其买入或卖出股票时操作金额为 10000 元。

问卷调查的总体目标在于考察在不同决策情形中，个体投资者间的异质性（自信和特质焦虑）对参考群体类型（专家、亲友、其他人）和羊群行为间关系的影响。其中，羊群行为程度是参与者在各参考群体类型作用下的股票交易意愿与独立决策时的股票交易意愿的变化程度，个体异质性描述的是个体之间的差异。观察结果相互之间存在一定程度的内在相关性，数据模型由个体层与测量层组成（罗胜强和姜嬿，2014），测量层测度个体投资者追随不同类型参考群体的程度与变化趋势，个体层测度个体异质性对羊群行为发生机制的跨层次调节中介效应。

本章主要考察在控制了个体投资者性别和经验后，参考群体类型与个体投资者羊群行为间的关系。本章通过问卷调查方式获取个体投资者分别面对专家、亲友、其他人股价预测时的投资意愿和独立决策时的投资意愿，这属于测量层数据。本章获取和使用的个体层数据包括个体投资者的性别和经验特征。

作者通过委托（接受了施测培训的证券交易所工作人员、金融学或经济学等相关专业老师和在职学生等）发放、电子邮件发放（利用邀请邮件，直接通过问卷星向参与者发送问卷链接）、MBA 课堂填写等方式发放问卷。MBA 学生是个体投资者的合适替代者（Elliott et al.，2007；张继勋和张丽霞，2012；张继勋和刘文欢，2014），且此类研究都以 MBA 学生作为被试（陆剑清，2007；谢晔和周军，2010，2013；郑培培、任春艳、郭兰，2017）。委托发放、电子邮件发放等多渠道的数据采集使得邀请者基本覆盖各行各业、各地区和各年龄段。作者共回收问卷 403 份，剔除数据缺失过多问卷等无效问卷 82 份，保留有效问卷 321 份，有效回收率约为 80%。参与调查者遍布上海、北京、武汉、成都、长沙、深圳等城市。有经验参与者主要指从实践经验中学到东西或对相关主题感兴趣并同时进行投资，以及研究过金融主题或者在经济学领域工作过的个体投资者；没有经验的参与者主要是指金融学或经济学等相关专业且学习了相关知识但无投资实践经验的学生。有经验参与者的比例为 45%。男性参与者的比例为 62%，被试平均年龄 38 岁。

参与者被告知答案无对错之分并将做保密处理，该举措使得参与者在填写问卷过程中可以尽可能诚实作答。

2. 研究变量和方法

（1）研究工具

羊群行为问卷由两部分构成，第一部分是个体投资者在独立决策时的投资判断，第二部分是个体投资者在参考群体影响下的股票交易决策。题项皆是 1~7 分制（1＝非常不同意，7＝非常同意），得分高表明个体投资者交易意愿强。

独立决策考察的是参与者基于自己的股价预测形成的买入或卖出股票意愿（样题是"A1：当我评估后认为某只股票价格将要上涨时，我选择买进该股票"；以及"A2：当我评估后认为某只股票价格将要下跌时，我选择卖出该股票"）。第二部分以第一部分为基础，考察专家、亲友和其他人在提供了股价预测时个体投资者买入或卖出股票的意愿（样题如"B1：当亲友预测某一只股票价格将要上涨时，我评估后也认为该只股票价格将上涨，我选择买入该股票"；"B2：当亲友预测某一只股票价格将要下跌时，我评估后也认为该只股票价格将上涨，我选择买入该股票"；"B3：当亲友预测某一只股票价格将要下跌时，我评估后也认为该只股票价格将下跌，我选择卖出该股票"；"B4：当亲友预测某一只股票价格将要上涨时，我评估后却认为该只股票价格将下跌，我选择卖出该股票"；"B5：当我评估后认为某只股票价格将会上涨时，我发现亲友也预测该只股票价位将上升，我选择买进该股票"；"B6：当我评估后认为某只股票价格将会上涨时，我发现亲友预测该只股票价位将下降，我选择买进该股票"；"B7：当我评估后认为某只股票价格将会下跌时，我发现亲友也预测该只股票价格将下跌，我选择卖出该股票"；"B8：当我评估后认为某只股票价格将会下跌时，我发现亲友却预测该只股票价格将上涨，我选择卖出该股票"）。

本研究中数据结构的测量层描述了专家、亲友和其他人对羊群行为程度的影响，研究目的是进行趋势性分析，因此按照专家、亲友和其他人的影响程度将它们分别赋值为 2、1 和 0，以检验其他人、亲友和专家群体导致的羊群行为程度是否越来越显著。

羊群行为的获取分为两种情形。情形一，被试股价预测与参考群体股价预测一致：本调查首先获得独立情境中被试股票交易意愿；其次获得参考群体提供股价预测时被试的买入或卖出股票意愿；最后通过后者减去前者计算得到被试羊群行为。例如：B1 和 B5 反映了一致情形中被试在亲友影响下买入股票的意愿，它们相对 A1 的变化程度便为在一致情形中亲友影响下的买入羊群行为；B3 减去 A2 和 B7 减去 A2 为一致情形中亲友影响下的卖出羊群行为。情形二，被试股价预测与参考群体股价预测不一致：第一步和第二步与情形一操作相同；最后一步则相反，前者减去后者即独立情境中被试股票交易意愿减去参考群体提供股价预测时被试的股票交易意愿。例如：A1 减去 B2 和 A1 减去 B6 得到在不一致情形中被试在亲友影响下的买入羊群行为；A2 减去 B4 和 A2 减去 B8 得到在不一致情形中被试在亲友影响下的卖出羊群行为。各对应情形的均值即为亲友影响下被试的整体羊群行为、买入羊群行为和卖出羊群行为。使用相同的方法，能够得到被试在专家和其他人影响下的整体羊群行为、买入和卖出羊群行为。

本研究对羊群行为的测量逻辑为在被试买入和卖出股票过程中，当参考群体与被试预测一致时，被试在参考群体影响下买卖股票意愿相对其独立决策时买卖股票意愿的变化值，表示参考群体的看涨或看跌投资态度导致的被试买入或卖出股票的意愿和行为增加的量，此时被试买卖股票的意愿和行为变化的方向与参考群体的态度和行为是一致的，因此该变化程度为股价预测一致时羊群行为。当参考群体与被试预测不一致时，被试独立决策时买卖股票的意愿减去其在参考群体影响下买卖股票的意愿得到的值，表示被试的股票交易意愿和行为与参考群体态度和行为同方向变化的程度，这一变化程度为预测不一致时的羊群行为。这与本研究关于羊群行为的拓展定义相一致。

控制变量。通过对相关文献进行梳理，发现性别和经验是影响投资者羊群行为的重要微观因素。梁良（2007）提出，受自信心等因素的影响，女性相较于男性更倾向于发生羊群行为。另外，研究指出经验的累积可帮助投资者理性决策并更少发生羊群行为（Keswani and Stolin，2008）。Frijns 和 Huynh（2018）亦认为，没有经验的分析师相较于经验丰富的分析师更愿意偏离共识。所以，本研究将性别与经验作为控制变量。

（2）分析方法

本章采用 SPSS 19.0 进行描述性统计分析以揭示变量间相关关系，为理论模型的进一步研究提供初步检验，并通过 t 检验验证个体投资者是否追随参考群体。然后，本章通过 HLM（多层线性模型）进行跨层次的数据分析，以有效区分变量间关系的组内差异与组间差异及检验个体投资者面临不同类型参考群体时羊群行为的变化趋势。

（三）实证检验与分析

在借鉴和结合多数个体投资者因受到股评专家与身边亲友等的影响采取羊群行为策略（谢晔、文凤华、杨晓光，2008）这一研究结果基础上，下文先对不同参考群体是否引致个体投资者羊群行为进行简单描述，继而进一步重点研究不同参考群体类型与个体投资者羊群行为间的关联和作用机制。

1. 参考群体的效应

通过 t 检验分析股市之中的一般情形下，参考群体（专家、亲友和其他人）的股价预测是否会引发个体投资者羊群行为。表 5-1 中的结果显示，专家（$t = 14.31$，$p < 0.001$）、亲友（$t = 12.86$，$p < 0.001$）和其他同龄人（$t = 7.76$，$p < 0.001$）的建议对个体投资者产生了极其显著的影响，个体投资者在股票交易决策过程中会考虑专家、亲友和其他人的建议，进而其后续投资行为会发生与参考群体建议方向相一致的转变。

表5-1　参考群体影响分析结果成对样本检验

	成对差分					t	df	p
	均值	标准差	均值标准误	差分95%的置信区间				
				下限	上限			
Pr vs N	0.95	1.19	0.07	0.82	1.08	14.31	320	0
RF vs N	0.80	1.12	0.06	0.68	0.93	12.86	320	0
Pe vs N	0.60	1.39	0.08	0.45	0.75	7.76	320	0

注：Pr 是专家的缩写，RF 是亲友的缩写，Pe 是其他人的缩写，分别描述专家、亲友和其他人影响下的股票交易意愿；N 是无参考群体影响下的股票交易意愿。

上述实证结果显示，个体投资者在股票交易决策过程中会依赖参考群体，会追随和模仿专家、亲友和其他人的态度和行为，羊群行为便随之产生了。个体投资者的这种盲从行为特征可能会破坏市场稳定。

接下来具体分析和验证在控制了性别和经验因素后不同参考群体类型与个体投资者羊群行为间的关联。

2. 参考群体与个体投资者羊群行为关联

（1）变量的描述性统计

表5-2呈现了本章中涉及的各变量的均值、标准差以及各变量之间的相关系数。

表5-2　变量均值、标准差与相关系数

变量	均值	标准差	1	2	3	4	5
1 HB	0.40	0.69					
2 BHB	0.18	0.77	0.89**				
3 SHB	0.61	0.78	0.89**	0.57**			
4 RGT	1	0.82	0.15**	0.09**	0.17**		
5 E	0.45	0.50	−0.02	0.02	−0.06	0	
6 G	0.38	0.49	0.16**	0.14**	0.14**	0	−0.25**

注：HB 是整体羊群行为的缩写；BHB 是买入羊群行为的缩写；SHB 是卖出羊群行为的缩写；RGT 是参考群体类型的缩写；E 是经验的缩写，金融学或经济学等相关专业且学习了相关知识但无投资实践经验者＝0，从实践经验中学到东西或对相关主题感兴趣并同时进行投资，以及研究过金融主题或者在经济学领域工作过的个体投资者＝1（下同）；G 是性别的缩写，女＝1，男＝0。

* $p<0.05$，** $p<0.01$，*** $p<0.001$。

由表 5-2 得到，参考群体类型与个体投资者整体羊群行为之间呈现正向相关性（$\gamma = 0.15$，$p < 0.01$）；女性被试比男性被试整体羊群行为程度更为明显（$\gamma = 0.16$，$p < 0.01$）。参考群体类型与个体投资者买入羊群行为之间呈现正向相关性（$\gamma = 0.09$，$p < 0.01$）；女性被试比男性被试买入羊群行为程度更为明显（$\gamma = 0.14$，$p < 0.01$）。参考群体类型与个体投资者卖出羊群行为之间呈现正向相关性（$\gamma = 0.17$，$p < 0.01$）；女性被试比男性被试卖出羊群行为程度更为明显（$\gamma = 0.14$，$p < 0.01$）。上述结果大体符合研究假设。

（2）假设检验

按照 Hofmann（1997）的观点，本书采用 HLM 对跨层次数据模型的主效应进行研究，分析结果如表 5-3 所示。结果表明，考虑了控制变量性别与经验之后，参考群体类型与个体投资者整体羊群行为具有正相关关系（$\gamma = 0.12$，$p < 0.001$），个体投资者在其他人、亲友和专家影响下的整体羊群行为程度依次递增。这表明，我国个体投资者倾向于追随参考群体，尤其是专家群体。

表 5-3　整体羊群行为跨层次回归分析结果

模型	参数估计							
	γ_{00}	γ_{01}	γ_{02}	γ_{10}	δ^2	τ_{00}	τ_{11}	R^2
M0　L1: $HB = \beta_0 + r$ L2: $\beta_0 = \gamma_{00} + \mu_0$	0.40***				0.31	0.16***		0
M1　L1: $HB = \beta_0 + r$ L2: $\beta_0 = \gamma_{00} + \gamma_{01}(G) + \gamma_{02}(E) + \mu_0$	0.30***	0.22***	0.02		0.31	0.15***		0.07
M2　L1: $HB = \beta_0 + \beta_1(RGT) + r$ L2: $\beta_0 = \gamma_{00} + \gamma_{01}(g) + \gamma_{02}(e) + \mu_0$　$\beta_1 = \gamma_{10} + \mu_1$	0.19**	0.20**	0	0.12***	0.24	0.30***	0.05***	0.28

注：R^2 是添加了新的预测变量而导致的两个级别的误差方差的减少比例；γ_{00} 是一个总平均，γ_{0i}（$\forall i \in \{1,2\}$）是相关变量的主效应；γ_{10} 是 RGT 的主效应；$\delta^2 = Var(r)$ 是第一层的误差方差；$\tau_{00} = Var(\mu_0)$ 和 $\tau_{11} = Var(\mu_1)$ 是第二层中截距和斜率的真实方差。

$^*p < 0.05$，$^{**}p < 0.01$，$^{***}p < 0.001$。

目前，买入和卖出行为的决策机制是否相同存在争议。部分研究者基于总需求的角度分析个体对风险资产的交易行为：Grossman 和 Stiglitz（1980）以及 Kyle（1985）的研究指出个体买入与卖出的决策机制是相同的。但是，有研究得出了相反的结论（如 Barber and Odean，2008）。

学者们针对个体投资者买入和卖出羊群行为进行了分别研究；这些研究集中关注了买方和卖方羊群行为的存在性及影响间的差异（谢晔、文凤华、杨晓光，2008；Hsieh，2013；Deng，Hung，and Qiao，2018）。然而，在买入和卖出决策情境中参考群体与羊群行为的关联尚未被挖掘。

表5-4中显示了在股票买入和卖出过程中参考群体与个体投资者羊群行为的关联。

表5-4中的结果表明，参考群体类型与个体投资者买入羊群行为具有正相关关系（$\gamma = 0.08$，$p < 0.01$），参考群体类型与个体投资者卖出羊群行为具有正相关关系（$\gamma = 0.16$，$p < 0.001$）。也就是说，个体投资者在其他人、亲友和专家影响下的羊群行为程度依次递增。结合表5-3中参考群体类型与个体投资者整体羊群行为具有正相关关系（$\gamma = 0.12$，$p < 0.001$）的结果，数据显然支持了假设H5-1。

表5-4　买入和卖出股票时跨层次回归分析结果

变量		羊群行为					
		买入决策			卖出决策		
		M0	M1	M2	M3	M4	M5
主效应	RGT			0.08**			0.16***
控制变量	G		0.24**	0.22**		0.21**	0.19**
	E		0.08	0.06		-0.04	-0.05
R^2		0	0.06	0.20	0	0.06	0.32

注：R^2 是添加了新的预测变量而导致的两个级别的误差方差的减少比例。

* $p < 0.05$，** $p < 0.01$，*** $p < 0.001$。

实证结果显示，个体投资者进行股票交易时在很大程度上受到参考群体影响，证券市场中其他人、亲友、专家等参考群体的态度和行为诱发的整体羊群行为程度依次递增。并且，其他人、亲友、专家等参考群体诱发的买入和卖出羊群行为程度依次递增。个体投资者这种过度依赖和盲目追随参考群体的行为策略可能会导致市场无效率。

整体上而言，证券市场中专家、亲友、其他人等参考群体的态度和行为是诱发羊群行为的有效外部线索，参考群体态度、观点与行为能够引致个体投资者羊群行为。并且，不同类型参考群体引致羊群行为的内部机制和影响力度也不一样，专家引致羊群行为程度比亲友强烈，亲友引致羊群行为程度比其他人更明显。个体投资者由于更加信赖来自可靠信息源的信息而更多采纳专家的观点（Ito et al.，1998），并且个体投资者通过追随专家满足与专家同质、类似这一心理联系需要。亲友群体比其他人群体引致羊群行为程度更高是由于亲友群体间具有更高的相似性，个体投资者对亲友提供信息的依赖程度更高（Martin and Hewstone，2001；Gino，Shang，and Croson，2009）；并且个体投资者和亲友群体成员之间的心理距离比和其他人群体成员之间的心理距离要更近（Liberman，Trope，and Stephan，2007），因此亲友的规范性影响程度亦更高。

本章的结论提示个体投资者在进行股票交易时应避免过度依赖参考群体，且专家、亲友和其他人群体影响程度不同意味着个体投资者在规避参考群体的观点和建议时应更加谨慎地应对和处理不同身份参考群体的影响。

（四）本章小结

本章基于参考群体这一理论相整合的视角，更加完整和深入地揭示了个体投资者羊群行为的微观形成机制。

研究发现，个体投资者的羊群行为偏差是其克服认知局限性和追求自身心理需求的一种表象，其他人、亲友和专家群体导致的羊群行为程度依次递增，这种盲从行为不利于市场稳定。这表明，证券市场中专家、亲友、其他人等参考群体的态度和行为是诱发羊群行为的有效外部线索，参考群体类型能够引致不同程度的个体投资者羊群行为。这一结果支持并进一步深化和延展了陆剑清（2009）的观点：个体和个体、群体和个体之间均会有意识或无意识地产生相互作用，参考群体的被信任程度及其提供的线索构成个体进行行为决策的重要依据，这些决策依据能够引发个体心理偏差，促进跟从行为的发生。

研究结论解释了参考群体诱发个体投资者羊群行为的心理机制，在面临专家、亲友、其他人等参考群体提供的外部线索时，个体投资者由于信息获取和处理能力的有限性，常常通过借鉴参考群体的态度与行为做出相对容易的决策来降低认知成本。与此同时，在将参考群体内化的过程中，个体投资者通过与参考群体在心理、态度和行为上发生联结并趋于一致来获得支持感、价值感和归属感。相较于亲友和其他人，专家群体由于其权威性，能力和技能更受认可，且个体投资者与专家同质、类似的心理联系满足感（支持感、肯定感以及安全感）最为强烈，从而专家群体诱发羊群行为程度最明显。同时，个体投资者与亲友群体成员之间的相似度比其他人群体成员更高，且心理距离亦更近（Liberman，Trope，and Stephan，2007），从而对亲友的依赖度比其他人更高，亲友群体诱发的羊群行为程度比其他人更加显著。

本章的研究从理论上填补了微观层面上参考群体类型如何影响个体投资者羊群行为尚不明晰的空白，为股票市场的羊群行为研究注入新的要素，丰富和发展羊群行为驱动机制的现有研究成果。同时，个体投资者羊群行为的心理机制研究契合了我国证券市场新兴性投资结构高度散户化等现实特征。

羊群行为的内在机理分析和实证结果显示，投资者教育要重视个体投资者为了满足认知需要和心理依赖需要而有意识或无意识追随参考群体的现象，不同类型参考群体引致不同羊群行为程度的结论提示个体投资者在规避专家、亲友和其他人群体的观点和建议时应更加谨慎应对和处理。

本章分析了参考群体如何驱动羊群行为，但若要更加深入和完整地呈现羊群行为的驱动机制，还须了解参考群体何时和如何作用于羊群行为，即参考群体类型对个体投资者羊群行为影响的边界条件。相关文献综述显示，个体投资者的内部异质性因素（自信和特质焦虑）可能会干扰参考群体对羊群行为的影响。并且，羊群行为是在个体自身固有的心理行为及外界环境的交互作用下发生的。不同自信和特质焦虑个体对参考群体评价的敏感和响应程度不相同（Brown and Dutton，1995；Jussim，Yen，and Aiello，1995；Gino，2008），存在他评效应时个体投资者自信和特质焦虑在参考群体对羊群行为影响过程中的联合干扰机制有待探讨。

第六章　参考群体引致个体投资者羊群行为：跨层次调节中介效应

　　第五章探讨了参考群体与个体投资者羊群行为的关系及作用机理，本章在此基础上以外部决策情境和个体内部异质性相整合为切入点，探讨参考群体驱动个体投资者羊群行为的边界条件。一方面，参考群体诱发羊群行为受到个体异质性的影响，由于性格差异的影响，同一参考群体类型对不同个体的影响存在差异（张剑渝和杜青龙，2009）。在影响羊群行为的众多个体异质性因素中，特质焦虑这一在证券市场中具有一般性且稳定的情绪特征决定了个体的投资信心和态度，个体自信水平在很大程度上决定了其是否坚持自身决策，自信和特质焦虑水平相关联。另一方面，个体投资者行为策略显然会受其所面临决策情境的影响，自信和特质焦虑水平会影响个体投资者对他人评价的响应。在存在他人评价时，特质焦虑和自信水平对羊群行为形成机制的干扰作用是否及如何发生变化尚待研究。本章基于参考群体角度，理论分析和实证检验在有/无他人评价时，个体投资者自信和特质焦虑水平是否以及如何干扰其羊群行为驱动过程。

（一）理论分析和研究假设

1. 无他评效应时自信和特质焦虑的跨层次调节中介效应

　　无他评效应时自信的跨层次调节作用。如果说自信对羊群行为的直接影响是某参考群体作用下个体投资意愿的一个绝对变化值，那么自信的干扰机制反映的是个体投资者羊群行为随不同类型参考群体相对变化的趋势。显然，自信的干扰机制与其直接影响机制是截然不同的。

　　具体地，当个体投资者接纳参考群体的股票交易建议后，不同参考群体类型导致的羊群行为程度的差异取决于个体投资者在多大程度上信任和依赖自己所采纳建议的背后提出者。换句话说，个体投资者的羊群行为取决于其对外部的不同类型参考群体的信心，而羊群行为随不同类型参考群体相对变化的趋势是由个体投资者对自己选择和接纳的参考群体的信心决定的。因为高自信者对内化的观念和自身决策深信不疑（Gervais and Odean，2001），所以高自信的个体投资者相较于低自信的个体投资者的羊群行为改变程度更高，即羊群行为随着参考群体类型改变的相对值更大。

同时，学者们对风险决策行为中自信和风险偏好之间关系的研究表明，冒险不成功会激发个体决策者的自我怀疑，相较于高自信者，低自信者更容易受到消极自我相关反馈的干扰，出于自我保护目的采用规避风险策略（Josephs et al.，1992）。而高自信者的投资态度和行为更为积极与冒险，在证券市场中更倾向于交易股票，该倾向进而导致市场的高成交量。因此，当参考群体发生变化时，随着外部线索被内化成自身决策的一部分，自信水平较高的个体投资者羊群行为随参考群体类型（其他人、亲友、专家）增长的趋势更明显。有鉴于此，得出如下假设：

假设H6-1：无他评效应时，个体投资者的自信程度跨层次正向调节了参考群体和羊群行为间的关系，自信水平越高，参考群体类型对羊群行为的正向影响程度越高。

无他评效应时特质焦虑的跨层次调节作用。特质焦虑不仅会直接作用于羊群行为，还可能作为边界条件对羊群行为的形成机制产生干扰作用。这是由于不同特质焦虑水平的个体在完成不确定性任务时，其决策过程的内在神经机制截然不同，对外部线索的加工方式也不相同（Krain et al.，2008；彭家欣、杨奇伟、罗跃嘉，2013）。特质焦虑在参考群体与羊群行为间关系中如何发挥边界作用可从以下两个方面加以解释。

一是，不同特质焦虑程度的个体投资者在进行信息加工时采用不同的认知加工模式，寻求和采纳不同类型参考群体建议的内在机制存在差异。当身处充斥着各种不确定信息的证券市场时，高特质焦虑个体投资者在股票投资决策过程中倾向于关注威胁性信息，往往将不确定信息视为负面的信息，放大其之后可能遇到的风险，决策时往往通过风险回避手段减轻或消除这些信息诱发的潜在警觉效应。因此，个体投资者特质焦虑水平越高就越偏好风险规避,在交易股票过程中就越倾向于采取谨慎、保守的策略。也就是说,与低特质焦虑个体投资者相比,高特质焦虑者的羊群行为随外部参考群体类型变化的程度要更小。

二是,不同特质焦虑程度个体投资者在信息加工过程中的不同元认知特征是其羊群行为变化趋势不相同的又一影响因素。具体地,个体投资者的特质焦虑水平越高,其元认知水平上的信心阈限也就越高,投资决策过程中的信心程度也越低(Hudlicka,2006)。在证券市场中,个体投资者采用外部线索同时内化参考群体,此时参考群体提供的股价预测内化为个体投资者自身判断。换句话说,个体投资者接受参考群体提供的线索后,其羊群行为的改变程度取决于他对自己选择的参考群体类型的信心。特质焦虑程度较严重者对自身决策缺少信心,促使其在所作判断(态度、行为转变)上信心不足。

综上,决策信心和决策态度的差异导致高特质焦虑者羊群行为随参考群体类型(其他人、亲友、专家)的增长趋势更缓慢。有鉴于此,提出假设如下:

假设 H6-2:无他评效应时,个体投资者的特质焦虑程度跨层次负向调节了参考群体和羊群行为间的关系,高特质焦虑水平的个体投资者羊群行为的上升趋势较低特质焦虑者更缓慢。

自信与特质焦虑。Greenberg 等(1986)认为个体自信的维持和提高通过获得价值感和意义感来实现,任何威胁到价值和意义的事情都会影响自信,并引发焦虑。自信水平低的个体在面对挑战时,常常怀疑自我能力和价值,易产生焦虑,会采取消极防御或躲避风险策略(Thompson and Ting,2012;Freckleton,Sharpe,and Mullan,2014)。可见在外部威胁和焦虑体验间,自信起到缓冲器作用,可以减轻和舒缓焦虑等负面感受(Pyszczynski et al.,2004;张向葵和田录梅,2005)。也就是说,当个体投资者受到冲击和威胁、体验到焦虑情绪时,自信会诱发个体的防御机制,个体投资者会采用一定的行为去维护和弥补自信,并且当身处不同的证券投资情境时,会激发和启动不同的防御策略,其自信心若是获得了尊重与维护,焦虑的情绪体验便将减轻。

并且,由于高特质焦虑者的决策信心阈限较高,其认知加工过程中的信心累积常常没有达到模块的信心阈限，这将激活元认知过程的监督及控制功能（Hudlicka，2006）。此时，情绪导向的加工策略和问题导向的元认知加工策略常常被用来缓解焦虑。在该过程中，自信可以帮助个体增强对不确定性外部线索的主动抗拒，减少产生焦虑等负面情绪的可能性。据此，可以得到自信与特质焦虑密切相关的结论，这与学者们对特质焦虑影响因素的相关研究结果一致：个体自信与特质焦虑形成有重要的联系（Hart，1985）。总而言之，自信是特质焦虑的重要影响因素，能够缓解外部不确定性线索带给不同特质焦虑水平个体的焦虑情绪体验。进一步地，学者们对自信与特质焦虑间关系的研究表明，低自信的个体拥有更高的特质焦虑程度（Hart，1985；Greenberg et al.，1992）。可见，个体投资者的自信程度与其特质焦虑水平显著负相关。

无他评效应时自信和特质焦虑的跨层次调节中介效应。无他评效应时，个体投资者自信程度跨层次正向调节参考群体类型和羊群行为之间的关系，个体投资者特质焦虑程度跨层次负向调节参考群体类型和羊群行为之间的关系。并且特质焦虑水平在很大程度上受自信水平的影响。由此，本研究推断个体投资者自信水平对参考群体类型和羊群行为间关系的跨层次调节效应被其特质焦虑水平所传递和中介。

一方面，在高不确定性和高风险性的证券市场中，个体投资者的特质焦虑程度越高，个体投资者越容易和越多受到负面信息的影响，对危险线索存在注意偏向，倾向于高估潜在威胁和风险。高特质焦虑者的这一认知加工模式的行为表现便是采取规避风险和保守谨慎的投资策略。Wray和Stone（2005）提出，高特质焦虑者的概率偏向和决策时的风险回避倾向都来源于自信的影响。也就是说，高特质焦虑水平的个体投资者的这种风险回避倾向是出于保护自信心的动机。

另一方面，特质焦虑越高的个体投资者在元认知水平上的信心阈限越高，对自己所作投资决策的信心水平越低，更多需要启动元认知过程的监督及控制功能，更倾向于通过改变问题的加工策略（寻求外部线索）来提高模块信心水平（Hudlicka，2006；Pleskac and Busemeyer，2010），这一过程显然受到其自信程度的影响。

因此，自信水平会影响不同特质焦虑程度的个体投资者在面临不同参考群体类型时羊群行为的变化趋势。也就是说，个体投资者特质焦虑水平对参考群体类型和羊群行为之间关系的跨层次调节效应在很大程度上受其自信水平的影响。故提出如下假设：

假设 H6-3：无他评效应时，个体投资者的特质焦虑程度中介了自信程度对参考群体和羊群行为之间关系的跨层次调节作用。

2. 有他评效应时自信和特质焦虑的跨层次调节中介效应

他评效应对自信跨层次调节效应的作用机制。在参考群体提供评价效应的决策情境中，个体投资者的自信程度对其羊群行为变化趋势的跨层次调节效应机理出现变化。自信假说的相关推论表明，个体具有自信需要，该需要使得自信水平低的个体相对于自信水平高的个体具有更强烈的内群体偏好，通过内群体偏好的成功实施提升自信程度（Hunter et al.，2005）。在这一过程中，自信水平较低的个体投资者由于社交需求的满足程度较低，更为强烈地渴望获得他人接纳和认同，进而更倾向于受到他评效应的影响。接着，在个体投资者将自己归属于参考群体并与群体成员发生心理联系和行为联结时，内群体归属感会增加个体投资者的信心程度，他人评价的存在导致低自信程度者的信心强化更为明显，低自信程度个体投资者的最终决策态度和行为选择从谨慎和保守变为乐观和积极。由此，在存在他人评价的决策情境中，不同自信程度的个体投资者之间的最终投资信心和意愿的差异变小甚至消失。有鉴于此，提出如下假设：

假设 H6-4：存在他评效应时，个体投资者的自信程度不影响参考群体和羊群行为之间的关系。

他人评价对特质焦虑跨层次调节效应的作用机制。个体投资者的特质焦虑水平决定了其感知参考群体反馈性评价的敏感程度，以及其对该外部评价线索的依赖程度（Gino，Brooks，and Schweitzer，2012）。因此存在参考群体评价时，个体投资者特质焦虑程度对其羊群行为依次递增趋势的跨层次调节效应发生变化。

在面临参考群体评价线索时，不同特质焦虑程度的个体投资者对这些线索具有相异注意偏好，特质焦虑程度较高者更容易感知并且更加在乎外部评价信息这一刺激源，在做出投资决策时更加倾向于和参考群体的评价信息保持行动一致性以减轻和克服焦虑情绪。并且，在这一过程中，不同类型参考群体提供评价的作用程度并不相同，参考群体的影响力越大其评价的效果越明显，表现为羊群行为随参考群体而改变的程度增大。由上述分析可以推断，对于特质焦虑程度较高的个体投资者而言，参考群体的评价效应导致的羊群行为改变程度较特质焦虑程度较低者更高。他人评价导致不同特质焦虑程度的个体投资者间的羊群行为依次递增趋势间的差异变小甚至模糊。

上述观点和结论亦可以从个体元认知视角加以解释。特质焦虑越严重者元认知水平的信心阈限越高，他们在自身投资决策上常常缺少信心，更多需要调用元认知过程的监督及控制功能，从而增加模块信心（Hudlicka，2006），这一过程伴随对参考群体所提供评价线索的依赖和采纳。这表明，特质焦虑程度较高的个体投资者的信心水平的提升更明显，进而交易股票的态度和意愿变得积极和乐观。参考群体评价导致不同特质焦虑程度的个体投资者的羊群行为增长速度间的区别缩小甚至消失。

鉴于上述分析，提出如下假设：

假设 H6-5：存在他评效应时，个体投资者特质焦虑水平不影响参考群体和羊群行为之间的关系。

他评效应对跨层次调节中介效应的作用机制。在存在参考群体评价效应时，假设 H6-4 和 H6-5 相关的理论分析和推导显示，此时特质焦虑和自信程度对羊群行为无显著作用。有鉴于此，得到假设如下：

假设 H6-6：存在他评效应时，个体投资者特质焦虑和自信程度对参考群体和羊群行为之间关系的跨层次调节中介效应模型不成立。

（二）研究设计与方法

1. 研究设计与样本

本研究中关于参考群体驱动羊群行为的过程和边界条件的所有数据均是通过一次调研取样获得。数据收集过程和样本情况详见第五章（二），此处不再赘述。本章在第五章关于测量层研究的基础上，控制了性别和经验这两个个体异质性因素，考察在有/无他评情境下，个体层因素（自信和特质焦虑）对羊群行为发生机制的跨层次调节中介效应。数据模型由测量层（参考群体类型与羊群行为）和个体层（个体异质性：经验、性别、自信、特质焦虑）组成。羊群行为是参与者在各参考群体类型作用下的股票交易意愿相对于独立决策时的股票交易意愿的变化程度，个体异质性描述的是个体投资者之间的差异。

被试通过 ABBA 法，分别在填写股票问卷前后填写特质焦虑与自信问卷来抵消顺序效应。

2. 研究变量和方法

（1）研究变量与工具

自信（自尊）量表（Self-Esteem Scale，SES）。该量表由 Rosenberg 在 1965 年编制，他认为该一般性评价量表是单一维度的[①]，该量表在后续研究中得到了普遍应用，是目前在国内外应用最广泛的量表，被证明信效度较高，Fleming 和 Watts（1980）报告的重测信度为 0.82。本研究使用杨宜音和张志学（1988）的中文翻译版本，陈学志等人（2002）检验其克隆巴赫系数为 0.84。此量表由 10 个题项构成，采用 4 级评分（1=非常不同意，4=非常同意）。最高分数为 40 分，最低分数为 10 分，分数越高表明自信水平越高。样题如“归根结底，我倾向于认为自己是一个失败者”。自信量表在本研究中的 α 系数为 0.78，且该量表在单维度结构上的拟合指标良好。

特质焦虑量表（Trait-Anxiety Inventory，T-AI）。该量表是 Spielberger（1983）修订的状态—特质焦虑量表（STAI-Y）中的一个分量表。特质焦虑量表共包含 20 道题目，采用 1~4 分制（1=几乎没有，4=几乎总是）。最高分数为 80 分，最低分数为 20 分，分值越高表示特质焦虑水平越高。该量表的内部一致性良好且收敛和区分效度较高（Ansari and Derakshan, 2011，中译本），信度、效度良好，在我国适用（李文利和钱铭怡，1995）。样题如“我感到困难——堆积起来，无法克服”。特质焦虑量表在本研究

[①] 鉴于部分学者认为自信（自尊）量表可以采用自我肯定与自我贬低的二因素模型（如：Hagborg，1996），本研究构造了基准模型（将题项全部指定给其所测的自信变量）和备选模型（将题项分别指定给其所测的自信变量中的自我肯定维度和自我否定维度），使用 Lisrel 8.80 进行验证性因子（CFA）检验。结果显示，综合来看，二因素模型（χ^2 = 204.93，df = 34，$rmsea$ = 0.137，nfi = 0.86，$nnfi$ = 0.85，cfi = 0.88，gfi = 0.87，rmr = 0.032）与一因素模型（χ^2 = 213.62，df = 36，$rmsea$ = 0.137，nfi = 0.86，$nnfi$ = 0.85，cfi = 0.88，gfi = 0.86，rmr = 0.033）拟合指数基本一致，支持 Rosenberg 本人认为的该一般性评价量表是单一维度的观点。考虑到该单一维度量表是目前国内外应用最广泛的量表，本研究采用它作为自信量表。

中的 α 系数为 0.83，且该量表在单维度结构上的拟合指标良好。

羊群行为问卷。在第五章基础上，本章将参考群体的作用分为有他人评价与无他人评价。其一，参考群体的股价预测在个体投资者的预测之后形成，并反馈给该投资者被称为有他评效应（样题如"C1：当我评估后认为某只股票价格将会上涨时，我发现专家也预测该只股票价位将上升，我选择买进该股票"；"C2：当我评估后认为某只股票价格将会上涨时，我发现专家预测该只股票价位将下降，我选择买进该股票"；"C3：当我评估后认为某只股票价格将会下跌时，我发现专家也预测该只股票价格将下跌，我选择卖出该股票"；"C4：当我评估后认为某只股票价格将会下跌时，我发现专家却预测该只股票价格将上涨，我选择卖出该股票"）。C1、C2、C3 和 C4 描述在专家提供评价效应时个体投资者的股票交易意愿。C1 减去 A1 得到专家与被试在股价预测一致时的买入羊群行为，A1 减去 C2 反映专家与被试在股价预测不一致时的买入羊群行为，C3 减去 A2 得到专家与被试在股价预测一致时的卖出羊群行为，A2 减去 C4 反映专家与被试在股价预测不一致时的卖出羊群行为，以上数据的均值可反映有他评效应专家群体影响下的羊群行为。采用同样的方法能够得知有他评效应情境时其他人和亲友群体影响下的羊群行为。

其二，个体投资者的股价预测在参考群体的预测之后形成则是无他评效应情境（样题如"C5：当专家预测某一只股票价格将要上涨时，我评估后也认为该只股票价格将上涨，我选择买入该股票"；"C6：当专家预测某一只股票价格将要下跌时，我评估后认为该只股票价格将上涨，我选择买入该股票"；"C7：当专家预测某一只股票价格将要下跌时，我评估后也认为该只股票价格将下跌，我选择卖出该股票"；"C8：当专家预测某一只股票价格将要上涨时，我评估后却认为该只股票价格将下跌，我选择卖出该股票"）。与有他评效应时的处理方法相同，我们可以分别得到无他评效应情境时专家、其他人和亲友群体影响下的羊群行为。

控制变量。鉴于性别和经验构成羊群行为重要微观影响因子（梁良，2007；Frijns and Huynh，2018），本研究将性别与经验作为控制变量。

（2）分析方法

本章的研究通过 SPSS 19.0、HLM、Lisrel 8.80、Mplus 6.12、Matlab

等来处理数据和检验假设。第一步，本章用 SPSS 进行量表信度分析，并通过描述性统计分析揭示变量间的相关关系，且采用 Lisrel 进行验证性因子检验（CFA），从而为理论模型进一步研究提供初步检验。第二步，本章用 HLM 进行跨层次数据分析，以有效地区分变量间关系的组内差异与组间差异，检验自信和特质焦虑的跨层次调节效应。第三步，本章用 Mplus 检验跨层次的调节中介效应模型，一次性（区别于分步）估计变量间作用。第四步，因为采用跨层次分析方法估计得到的间接效应一般不遵循正态分布，而现存的 Mplus 程序无法在跨层次的调节中介效应做 Bootstrapping，所以本章使用 Matlab 进行参数自助法重新抽样，从而生成间接效应的置信区间。

（三）实证检验与分析

1. 变量的信效度检验和描述性统计

本研究用 SPSS 19.0 检验相关量表信效度。由分析结果可知，自信量表的 α 系数为 0.78，且该量表在单维度结构上的拟合指标良好（$x^2 = 213.62$，$df = 36$，$x^2/df = 5.93$，$p < 0.001$，$nfi = 0.86$，$nnfi = 0.85$，$cfi = 0.88$，$gfi = 0.86$，$rmsea = 0.137$）。特质焦虑量表的 α 系数为 0.83，且该量表在单维度结构上的拟合指标良好（$x^2 = 1023.66$，$df = 170$，$x^2/df = 6.02$，$p < 0.001$，$nfi = 0.72$，$nnfi = 0.73$，$cfi = 0.76$，$gfi = 0.70$，$rmsea = 0.154$）。

表 6-1 显示了各变量的均值和标准差以及变量间相关系数。表中结果显示，无他人评价时，参考群体和羊群行为正相关（$\gamma = 0.13$，$p < 0.01$）；特质焦虑与羊群行为间的相关系数为正（$\gamma = 0.07$，$p < 0.05$）；自信与羊群行为负相关（$\gamma = -0.15$，$p < 0.01$）；性别和羊群行为正相关（$\gamma = 0.14$，$p < 0.01$）。

表 6-1 变量均值、标准差与相关系数

变量	均值	标准差	1	2	3	4	5	6
1 *HB*（without others' evaluations）	0.11	0.98						
2 *HB*（with others' evaluations）	0.69	0.74	0.30**					
3 *RGT*	1.00	0.82	0.13**	0.11**				
4 *TA*	43.74	6.61	0.07*	0	0			

续表

变量	均值	标准差	1	2	3	4	5	6
5 Se	27.71	3.97	-0.15**	0	0	-0.64**		
6 E	0.45	0.50	-0.05	0.01	0	-0.07	0.07	
7 G	0.38	0.49	0.14**	0.13**	0	-0.01	0.10	-0.25**

注：without others' evaluations 描述无参考群体评价效应；with others' evaluations 则描述有参考群体评价效应；TA 是特质焦虑的缩写；Se 是自信的缩写。

$^*p<0.05$, $^{**}p<0.01$, $^{***}p<0.001$。

由表 6-1 中结果还可以得到，存在他人评价时，参考群体与羊群行为正相关（$\gamma = 0.11$，$p<0.01$）；特质焦虑与羊群行为之间的相关系数不显著（$\gamma = 0$，n.s.）；自信与羊群行为之间的相关系数不显著（$\gamma = 0$，n.s.）；性别和羊群行为呈正相关关系（$\gamma = 0.13$，$p<0.01$）。

上述研究结果与研究假设基本相符，可进行假设检验。

2. 无他评效应时跨层次调节中介效应检验

首先，在跨层次分析之前，本研究使用 HLM 构建了零模型（表 6-2，模型 M0）来测试无他评效应时个体间是否存在变异。结果表明，在没有其他人评价情形下，个体投资者羊群行为的个体间变异是显著的 [χ^2（320）= 948.47，$p<0.001$，ICC（1）= 0.40]，占总变异的 40%。该结果达到了跨层次分析的经验标准。

其次，HLM 用于分析无他评效应时跨层次数据模型中的调节效应，结果如表 6-2 所示。表 6-2 中模型 M2 表明，在没有他人评价以及控制了经验和性别因素时，在考虑了参考群体类型这一变量后，模型截距和斜率的方差都达到显著（$\tau_{00} = 0.65$，χ^2（318）= 889.76，$p<0.001$；$\tau_{11} = 0.12$，χ^2（320）= 497.71，$p<0.001$），这说明个体间的差异是存在的，需要进一步地进行调节效应检验。

表 6-2 的模型 M5 中系数 γ_{11} 代表没有他人评价时自信的跨层次调节效应，个体投资者自信程度跨层次正向影响其羊群行为随参考群体类型变化的随机斜率（$\gamma = 0.10$，$p<0.01$），数据支持了假设 H6-1。这意味着，无他评效应时，个体投资者自信水平越高，其羊群行为程度随参考群体类型上升趋势越明显。

表6-2 无他评效应时自信和特质焦虑的跨层次回归分析结果

模型		参数估计									
		γ_{00}	γ_{01}	γ_{02}	γ_{03}	γ_{10}	γ_{11}	δ^2	τ_{00}	τ_{11}	R^2
M0	L1: $HB=\beta_0+r$ L2: $\beta_0=\gamma_{00}+\mu_0$	0.11^{**}						0.58	0.38^{***}		0
M1	L1: $HB=\beta_0+r$ L2: $\beta_0=\gamma_{00}+\gamma_{01}(G)+\gamma_{02}(E)+\mu_0$	0.03	0.27^{**}	-0.04				0.58	0.36^{***}		0.06
M2	L1: $HB=\beta_0+\beta_1(RGT)+r$ L2: $\beta_0=\gamma_{00}+\gamma_{01}(G)+\gamma_{02}(E)+\mu_0$ $\beta_1=\gamma_{10}+\mu_1$	-0.11	0.25^{**}	-0.05		0.15^{***}		0.43	0.65^{***}	0.12^{***}	0.33
M3	L1: $HB=\beta_0+\beta_1(RGT)+r$ L2: $\beta_0=\gamma_{00}+\gamma_{01}(G)+\gamma_{02}(E)+\gamma_{03}(Se)+\mu_0$ $\beta_1=\gamma_{10}+\mu_1$	-0.14	0.29^{**}	-0.02	-0.14^{**}	0.15^{***}		0.43	0.59^{***}	0.12^{***}	0.09
M4	L1: $HB=\beta_0+\beta_1(RGT)+r$ L2: $\beta_0=\gamma_{00}+\gamma_{01}(G)+\gamma_{02}(E)+\gamma_{03}(TA)+\mu_0$ $\beta_1=\gamma_{10}+\mu_1$	-0.12	0.25^{**}	-0.04	0.05	0.15^{***}		0.43	0.63^{***}	0.12^{***}	0.03
M5	L1: $HB=\beta_0+\beta_1(RGT)+r$ L2: $\beta_0=\gamma_{00}+\gamma_{01}(G)+\gamma_{02}(E)+\gamma_{03}(Se)+\mu_0$ $\beta_1=\gamma_{10}+\gamma_{11}(Se)+\mu_1$	-0.14	0.29^{**}	-0.02	-0.26^{***}	0.15^{***}	0.10^{**}	0.43	0.58^{***}	0.11^{***}	0.09
M6	L1: $HB=\beta_0+\beta_1(RGT)+r$ L2: $\beta_0=\gamma_{00}+\gamma_{01}(G)+\gamma_{02}(E)+\gamma_{03}(TA)+\mu_0$ $\beta_1=\gamma_{10}+\gamma_{11}(TA)+\mu_1$	-0.12	0.25^{**}	-0.04	0.22^{**}	0.15^{***}	-0.14^{***}	0.43	0.60^{***}	0.10^{***}	0.20

注：R^2是添加了新的预测变量而导致的两个级别的误差方差的减少比例；γ_{00}是一个总平均，$\gamma_{0i}(\forall i\in\{1,2,3\})$是相关变量的主效应；$\gamma_{10}$是$RGT$的主效应；$\gamma_{11}$是相关变量的跨层次调节效应；$\delta^2=Var(r)$是第一层的误差方差；$\tau_{00}=Var(\mu_0)$和$\tau_{11}=Var(\mu_1)$是第二层中截距和斜率的真实方差（下同）。

$^*p<0.05$，$^{**}p<0.01$，$^{***}p<0.001$。

表 6-2 的模型 M6 中系数 γ_{11} 代表没有他人评价时特质焦虑的跨层次调节效应，结果表明个体投资者特质焦虑水平跨层次负向影响其羊群行为随参考群体类型变化的随机斜率（$\gamma = -0.14$，$p < 0.001$），假设 H6-2 亦得到数据支持。也就是说，无他评效应时，个体投资者的特质焦虑程度越高，其羊群行为程度随参考群体类型上升趋势越平缓。

再次，本研究检验了自信水平与特质焦虑水平之间的关系，检验结果显示，个体投资者的自信水平与其特质焦虑水平呈负相关关系（$\gamma = -0.64$，$p < 0.01$）。结合自信跨层次正向影响个体投资者羊群行为随参考群体类型变化的随机斜率，以及特质焦虑跨层次负向影响个体投资者羊群行为随参考群体变化的随机斜率的检验结果，本研究推测特质焦虑传递了自信的跨层次调节效应。

最后，本研究根据 Grant 和 Sumanth（2009）的建议，运用 Mplus 6.12 和 Matlab 软件进行无他评效应时跨层次调节中介效应的模型检验。本研究中特质焦虑水平中介自信跨层次调节作用的跨层次调节中介效应模型由两个系数的乘积项构成，第一个系数是个体投资者自信水平对特质焦虑水平的影响，第二个系数是个体投资者特质焦虑对参考群体类型与羊群行为间关系的跨层次调节作用。

利用 Mplus 6.12 软件本研究同时估计出以上两个系数。表 6-3 中的结果显示，跨层次调节中介效应的前半部分系数是 a（$\gamma = -0.62$，$p < 0.001$），表明个体投资者自信水平负向影响特质焦虑水平；跨层次调节中介效应的后半部分系数是 b（$\gamma = -0.13$，$p < 0.001$），表明个体投资者特质焦虑水平跨层次负向调节了参考群体类型和羊群行为之间的关系。显然，上述两个系数相乘所得的间接效应 $a \times b$ 即无他评效应时整个跨层次调节中介效应。考虑到目前这一复合系数的置信区间尚无法使用重复抽样自助法来生成，本研究运用 Matlab 软件采用参数自助法重新抽样生成间接效应的置信区间。

由表 6-3 可知，在不存在他评效应时，整个跨层次调节中介效应模型的总效应 95% 的置信区间为 [0.04，0.13]，不包括 0，因此假设 H6-3 得到数据支持。这表明，无他评效应时，个体投资者自信程度通过影响其特质焦虑程度来实现对参考群体类型和羊群行为间关系的跨层次调节效应。

表 6-3　无他评效应时自信和特质焦虑的跨层次调节中介效应模型分析结果

跨层次模型			参考群体类型与羊群行为（无他评效应）
跨层次调节中介效应	$Se \rightarrow TA$	a	-0.62^{***}
		b	-0.13^{***}
		$a \times b$	$[0.04, 0.13]$

注：间接效应 $a \times b$ 对应的是其 95% 的置信区间。

$^{*}p<0.05$，$^{**}p<0.01$，$^{***}p<0.001$。

实证结果表明，无他评效应时，个体投资者的自信水平跨层次正向调节了参考群体类型和羊群行为之间的关系，自信水平越高，参考群体类型对羊群行为的正向影响程度越高。并且，无他评效应时，个体投资者的特质焦虑在参考群体驱动羊群行为时扮演跨层次负向调节效应的角色，高特质焦虑水平的个体投资者羊群行为的上升趋势较低特质焦虑者更缓慢。此时整体而言，个体投资者特质焦虑水平中介自信水平对参考群体类型和羊群行为之间关系的跨层次调节作用。也就是说，证券市场中异质性个体投资者对不同参考群体类型的追随程度不同，高自信的低特质焦虑者虽较少受参考群体影响，但对不同类型参考群体的追随趋势更为明显。

研究结果提示，在股票交易实践中，不同自信和特质焦虑水平个体投资者对不同类型参考群体的敏感度和追随程度不一样，故在规避参考群体的观点和建议时不仅要谨慎地应对和处理不同身份参考群体的影响，还须考虑和重视自身特质焦虑和自信特质对其追随参考群体过程的单独和联合的间接效应。

3. 有他评效应时跨层次调节中介效应检验

以上检验结果是基于不考虑他人评价效应这一决策情境得到的，专家、亲友和其他人群体的股价预测在被试的股价预测之后形成，且被反馈给被试就代表被试身处存在他人评价效应的决策情境中。存在他评效应时个体投资者自信水平和特质焦虑水平对羊群行为形成机制的作用结果见表6-4。

具体地，个体投资者自信水平对其羊群行为随参考群体类型变化的随机斜率没有显著影响（$\gamma = 0.03$，n.s.），这支持假设 H6-4。这表明，他评效应导致不同自信水平个体投资者羊群行为随参考群体类型变化趋势的差异不再明显。

表6-4　有他评效应时自信和特质焦虑的跨层次回归分析结果

模型	参数估计									
	γ_{00}	γ_{01}	γ_{02}	γ_{03}	γ_{10}	γ_{11}	δ^2	τ_{00}	τ_{11}	R^2
M0	0.69 ***						0.40	0.15 ***		0
M1	0.58 ***	0.22 **	0.07				0.40	0.14 ***		0.07
M2	0.51 ***	0.20 **	0.02		0.10 ***		0.38	0.25 ***	0.01	0.06
M3	0.51 ***	0.20 **	0.02	0	0.10 ***		0.38	0.25 ***	0.01	0
M4	0.51 ***	0.20 **	0.02	0	0.10 ***		0.38	0.25 ***	0.01	0
M5	0.51 ***	0.20 **	0.02	-0.04	0.10 ***	0.03	0.38	0.25 ***	0.01	0.01
M6	0.51 ***	0.20 **	0.02	0.03	0.10 ***	-0.03	0.38	0.25 ***	0.01	0

注：R^2 是添加了新的预测变量而导致的两个级别的误差方差的减少比例；模型所对应的公式同表6-2。

* $p<0.05$，** $p<0.01$，*** $p<0.001$。

个体投资者特质焦虑水平（$\gamma=-0.03$，n.s.）对其羊群行为随参考群体类型变化的随机斜率的影响不显著，支持假设H6-5。也就是说，在个体投资者追随参考群体交易股票过程中，他评效应导致不同特质焦虑水平者对参考群体身份敏感与跟随程度间的差异消失。

此时，个体投资者特质焦虑水平中介自信水平对参考群体类型和羊群行为之间关系跨层次调节作用的整个跨层次调节中介效应的95%置信区间为［-0.03，0.04］（见表6-5），包括0，即在存在他人评价效应的决策情境中跨层次的调节中介效应模型不成立，验证了假设H6-6。这表明，在个体投资者追随参考群体过程中，他评效应导致自信程度和特质焦虑程度的跨层次干扰作用不再显著。

表6-5　有他评效应时自信和特质焦虑的跨层次调节中介效应模型分析结果

跨层次模型			参考群体类型与羊群行为（有他评效应）
跨层次调节中介效应	$Se \rightarrow TA$	a	-0.62 ***
		b	-0.01
		$a \times b$	［-0.03，0.04］

注：间接效应 $a \times b$ 对应的是其95%的置信区间。

* $p<0.05$，** $p<0.01$，*** $p<0.001$。

研究发现他人评价效应导致自信水平的跨层次调节效应不再显著。为清楚和直观地表明他人评价效应对自信水平跨层次调节效应的作用机制，本研究绘制了图 6-1 以呈现无/有他人评价效应时，不同自信水平个体投资者羊群行为随参考群体类型的变化趋势。

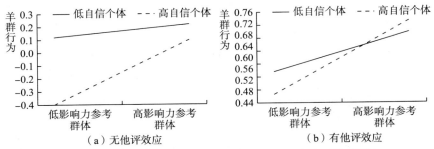

（a）无他评效应　　　　　　　　（b）有他评效应

图 6-1　无/有（a/b）他评效应时自信水平对参考群体类型与羊群行为间关系的跨层次调节效应

此外，检验结果还表明，他人评价效应导致特质焦虑水平的跨层次调节效应不再显著。为更加直观和清晰地比较无/有他人评价效应时，不同特质焦虑水平个体投资者羊群行为随参考群体类型的变化趋势，本研究绘制了图 6-2 以呈现他人评价效应对特质焦虑水平跨层次调节效应的作用机理。

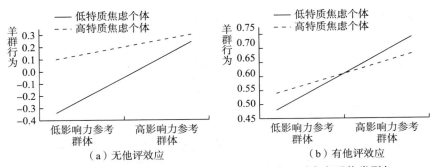

（a）无他评效应　　　　　　　　（b）有他评效应

图 6-2　无/有（a/b）他评效应时特质焦虑水平对参考群体类型与羊群行为间关系的跨层次调节效应

研究结果表明，个体投资者追随参考群体进行投资决策，是在自身特质焦虑和自信与他评效应的共同作用下实现的。原因在于不同特质焦虑和自信水平的个体投资者对他评效应的敏感度和响应程度存在差异，他评效应导致低自信者和高特质焦虑者对自身决策的信心较高自信者和低特质焦虑者有更明显的提升，从而不同自信和高特质焦虑水平个体投资者在决策态度积极程度上趋近，最终投资信心和行为的差异减小甚至消失。

在个体投资者追随参考群体进行股票交易过程中，他评效应在特质焦虑和自信的单独和联合间接效应中的作用不容忽视。个体投资者追随参考群体的过程及该羊群行为对股价的作用会受到特质焦虑和自信以及他评效应的影响，不同身份参考群体对异质性个体投资者影响程度间的差异随他评效应的存在而消失，故须以一个内部异质性和外部决策环境相整合的视角来考虑和应对各因素间的相互促进或抵消效应。

（四）　本章小结

本章进一步研究参考群体诱发我国个体投资者羊群行为的边界条件。具体地，特质焦虑这一在证券市场中具有一般性且稳定的情绪特征决定了个体的投资信心和投资态度，特质焦虑水平不同的个体投资者对自身接纳和响应参考群体建议这一行为的信心亦存在差异。同时，与特质焦虑程度关系密切的自信水平在个体投资者寻求和采纳外部线索过程中扮演不可或缺的角色，个体的自信水平决定了其在决策过程中对内化（自己）的观念和决策的信心程度，并成为其决策过程中积极和冒险程度的重要影响因素。此外，不同特质焦虑和自信水平个体投资者对他评效应的敏感度和响应程度不同。鉴于尚且没有关注自信和特质焦虑如何作用于羊群行为形成机制的研究，有/无他评效应时自信和特质焦虑是否以及如何干涉投资者羊群行为形成机制尚不明晰，本章关注个体投资者特质焦虑和自信这两个异质性因素以及参考群体评价效应对羊群行为变化趋势的作用机理。研究结论如下。

（1）不存在他人评价效应时，个体投资者自信程度对参考群体和羊群行为的关系起到跨层次正向调节作用。也就是说，个体投资者的自信水平越高，其羊群行为随群体类型的正向变化趋势越明显。这是由于随着对外部的不同类型参考群体的信心转变为对自我所选择参考群体类型的信心，高自信水平的个体投资者由于对内化后的自我决策更为确信，在其投资态度和行为随不同参考群体类型变化的过程中，其投资行为更加冒险和积极。

同时，个体投资者特质焦虑程度对参考群体和羊群行为的关系具有跨层次负向调节作用，个体投资者特质焦虑程度的增加减弱了参考群体类型和羊群行为之间的正向关系。这是因为，特质焦虑程度高的个体投资者在参考群体被内化为自我决策的过程中，具有对自我判断的内在的低信心倾向，在投资态度和行为随不同参考群体类型变化的过程中变得保守和谨慎。

此外，个体投资者的特质焦虑水平中介自信水平对参考群体类型和羊群行为之间关系起到跨层次调节作用，即特质焦虑传递了自信的跨层次调节效应。这是由于高焦虑水平的个体投资者在决策过程中表现出的概率偏向以及风险回避意愿皆受其自信程度的影响（Wray and Stone，2005）；并且，较高特质焦虑个体投资者通过寻找外部线索来提高模块自信水平的过程显然会受到其自信水平的影响。

（2）存在他人评价效应时，个体投资者自信水平对其羊群行为随参考群体类型变化的随机斜率没有显著影响。这表明，他评效应缩小甚至模糊了不同自信水平个体的最终股票决策信心和投资意愿的差异。原因在于，低自信水平的个体投资者对参考群体的外部评价性信息更为敏感，对评价的响应程度更加强烈，相对于自信程度较高者，其决策信心提升更为明显。进而，不同程度自信的个体投资者决策态度的积极度和冒险度间差异变小或者消失。

并且，他评效应的存在导致个体投资者特质焦虑程度对其羊群行为随机斜率的作用不再明显。这是因为特质焦虑程度较高者更加容易感知并且更加在乎外部评价信息的刺激源，在进行投资决策时更加倾向于和参考群体的评价信息保持行动一致性以减轻焦虑。并且高程度特质焦虑者信心阈限更高，更需要调用元认知过程的监督及控制功能，这增加了对外部评价线索的感知和响应程度。这表明他评效应使得高特质焦虑的个体投资者比低特质焦虑者的信心强化程度更加明显，不同程度特质焦虑者的投资态度之间的差异消失。

综上，在存在他人评价时自信和特质焦虑跨层次的调节中介效应模型不成立。这一结果说明，他评效应抵消了不同自信和特质焦虑程度个体投资者羊群行为随参考群体类型变化趋势间的差异。

本章的贡献在于：分析参考群体驱动个体投资者羊群行为的内部机理，解释了个体投资者的内部异质性（特质焦虑、自信）与其所处的外部决策情境（参考群体评价效应）联合影响参考群体诱发羊群行为的过程。研究结论解释了个体投资者羊群行为的内在微观机理，充实与完善了羊群行为形成机理的边界条件相关理论。同时，本研究运用 Mplus 6.12 和 Matlab 软件分析个体异质性和决策情境对羊群行为的作用机理，延展了以往关于羊群行为的研究工具的使用。

本章的研究结果表明在我国证券市场中，个体投资者追随专家、亲友和其他人群体的行为会受到他们自身内部异质性的共同间接影响（干扰），在该过程中外部决策情境（评价效应）的影响不容忽视。个体投资者追随参考群体行为过程及其对股价的作用会受到特质焦虑和自信以及他评效应的影响。因此，投资者教育机构和证券监管部门在组织和开展投教活动时，仅强调自信、特质焦虑等个性心理特征的单独作用或只注重各因素的直接影响是十分片面的，甚至会误导个体投资者，在发掘有效的、适合不同个体投资者类型的投教方式时，它们应重视和强调个体投资者自身的自信、特质焦虑等主观心理特征与他人评价效应等客观具体投资情境的间接作用以及它们间的相互促进或抵消效应。

本章重点探讨了有/无他评时，特质焦虑、自信怎样单独和联合干扰参考群体诱发个体投资者羊群行为。进一步地，在买入和卖出股票决策中，有/无他评效应时的自信和特质焦虑干扰机制有待进一步研究。

第七章　参考群体引致个体投资者买入和卖出羊群行为：跨层次调节中介效应

　　我国个体投资者羊群行为是在个体投资者的内部异质性和其所处的外部决策情境共同作用下发生的。

　　第六章以外部决策情境和个体内部异质性相整合为切入点，分析了有/无他评效应时个体投资者异质性（自信和特质焦虑）如何影响参考群体驱动羊群行为。接下来的内容将进一步探讨参考群体驱动个体投资者买入和卖出羊群行为的边界条件。

　　在现实的经济生活中当个体投资者追随参考群体的观点、态度和行为时，参考群体的股价预测和个体投资者自身的股价预测之间的关联具体可分为相一致和不一致两种情形。

　　本章结合股票买入和卖出过程中股价预测一致与否这一未被理论界发掘的现实中的决策情境，来讨论有/无他评效应时，个体投资者的特质焦虑和自信程度对参考群体类型（其他人、亲友、专家）与买入（卖出）羊群行为之间关系的作用。

（一）理论分析和研究假设

1. 买入股票时特质焦虑和自信的跨层次调节中介效应

（1）股价预测一致时特质焦虑和自信的跨层次调节中介效应

　　在股票买入过程中当参考群体股价预测与个体投资者股价预测一致时，无他评效应描述的情境是个体投资者发现参考群体看涨或推荐某只股票，随后自己评估后亦认为该只股票价格将上涨。有他评效应描述的情境则是个体投资者评估后认为某只股票价格将上涨，之后发现参考群体亦看涨或推荐这只股票。在股票买入过程中，有/无他评效应时个体投资者特质焦虑和自信程度在参考群体类型驱动买入羊群行为时的跨层次调节中介效应模型可能不同。

在参考群体股价预测与个体投资者股价预测一致且不存在他评效应的情形中，个体投资者特质焦虑和自信程度在参考群体类型驱动买入羊群行为时的影响机理与上一章中相关理论分析一致，研究假设相同。由此得到如下假设：

假设 H7-1：在个体投资者和参考群体股价预测一致且无他评效应时，个体投资者的自信水平在参考群体驱动买入羊群行为中存在跨层次正向调节效应，自信水平越高，参考群体类型对买入羊群行为的正向影响程度越明显。

假设 H7-2：在个体投资者和参考群体股价预测一致且无他评效应时，个体投资者特质焦虑程度在参考群体驱动买入羊群行为中存在跨层次负向调节效应，特质焦虑程度越高，参考群体类型对买入羊群行为的正向影响程度越不明显。

假设 H7-3：在个体投资者和参考群体股价预测一致且无他评效应时，特质焦虑程度中介了自信程度对参考群体和买入羊群行为之间关系的跨层次调节作用。

参考群体股价预测与个体投资者股价预测一致且存在他人评价，即正性评价（也作正评、正性评价效应、正性他人评价效应、正向评价、正向评价效应、正向他人评价效应），描述的是被试先形成自己的股价预测（看涨），再获取参考群体的股价预测（看涨），二者股价预测方向相同，参考群体的反馈和评价是积极、正向的。由于证实了偏差的存在，个体投资者在形成自己的看涨股价预测观点后，在后续的信息收集和处理过程中便倾向于关注和寻找支持这一观点的证据（Nickerson，1998）。在该过程中，这种证实倾向导致个体投资者关注是否被支持而忽视建议者的身份，故不同类型参考群体影响程度间的差异会变小甚至消失。因此，提出如下假设：

假设 H7-4：在正性评价时，个体投资者特质焦虑和自信程度对参考群体和买入羊群行为之间关系的跨层次调节中介效应模型不成立。

（2）股价预测不一致时特质焦虑和自信的跨层次调节中介效应

在股票买入过程中参考群体股价预测与个体投资者股价预测不一致情

形下，与不存在他人评价效应的一致情形不同，不存在他人评价效应的不一致情形描述的是当被试接收到参考群体看跌建议后，做出与参考群体建议相反的看涨股价预测，也就是说被试对自己的预测（股价将上升）非常有信心。这意味着，在面临不同参考群体的建议时，被试对自己决策的高信心导致其不那么在乎建议者的身份。因此，不同参考群体类型引致买入羊群行为程度间的差异变小甚至消失。此时，不同自信和特质焦虑水平被试的羊群行为随参考群体变化趋势间不存在差异；跨层次调节中介效应模型不成立。有鉴于此，提出假设如下：

假设 H7-5：当个体投资者和参考群体的股价预测不一致且无他评效应时，特质焦虑和自信程度对参考群体和买入羊群行为之间关系的跨层次调节中介效应模型不成立。

参考群体股价预测与个体投资者股价预测不一致且存在他人评价，即负性评价（也作负评、负性评价效应、负性他人评价效应、负向评价效应、负向他人评价、负向他评效应），描述的是被试在形成自己的股票买入预测（看涨）后，发现参考群体的股价预测和自己的预测方向相反，参考群体的反馈和评价为消极、负向的。这种评价效应的存在导致个体投资者的关注点集中在是被支持还是被否定，从而忽视建议者的身份，故不同类型参考群体影响程度间的差异会缩小甚至消失。故得出如下假设：

假设 H7-6：在负性评价时，个体投资者特质焦虑和自信程度对参考群体和买入羊群行为之间关系的跨层次调节中介效应模型不成立。

2. 卖出股票时特质焦虑和自信的跨层次调节中介效应

（1）股价预测一致时特质焦虑和自信的跨层次调节中介效应

本研究从参考群体这一理论整合的视角，研究个体投资者异质性（特质焦虑和自信）对其羊群行为形成的作用机理。在投资者买入和卖出决策机制中自信和特质焦虑的干扰作用可能不同是由于在卖出自己持有的股票时，投资者往往认为自己当时的决策是正确的（过度自信），并认为这只股票未来上涨的可能性很大，从而选择持有（王翠翠，2014）。

然而，在现实投资实践过程中，投资者在最终做出交易决定时会对其考虑卖出的股票进行重新评估。在一般情形下，投资者认为其最初持有的股票价格将下跌才会决定卖出该股票。也就是说，上述过度自信效应可能会导致投资者不易做出所持有的股票价格将下跌的预测，一旦投资者对其持有股票价格进行了重新评估并预期该股价格将要下跌，上述过度自信效应可以被排除。

鉴于投资者在最终做出卖出其持有股票的交易决定时通常是对股价进行重新评估，本研究考察在此决策情境中（排除上述过度自信效应后），参考群体驱动个体投资者卖出羊群行为的机制如何。因此，文中的卖出股票决策情境是，个体投资者先对股票价格进行再次估计，并预期该股价格将要下跌。此时，上述过度自信效应可以被忽略。

第五章发现个体投资者在卖出股票比买入股票时更多追随参考群体，也就是说卖出股票时个体投资者更多关注参考群体的态度和行为，故而可能更在乎建议者的身份。因此，不同参考群体类型引致卖出羊群行为程度间差异比买入羊群行为程度间差异要更大。在考虑自信和特质焦虑的干扰作用时，由于不存在过度自信效应，无他评效应时参考群体驱动个体投资者卖出羊群行为过程中的自信和特质焦虑的跨层次调节中介效应的机制与买入决策中可能相一致。

根据上述分析，得出如下假设：

假设 H7-7：个体投资者和参考群体的股价预测一致且无他评效应时，自信水平跨层次正向调节了参考群体和卖出羊群行为间关系，自信水平越高，参考群体类型对卖出羊群行为的正向影响程度越明显。

假设 H7-8：个体投资者和参考群体的股价预测一致且无他评效应时，特质焦虑程度跨层次负向调节了参考群体和卖出羊群行为间关系，特质焦虑水平越高，参考群体类型对卖出羊群行为的正向影响程度越不明显。

假设 H7-9：个体投资者和参考群体的股价预测一致且无他评效应时，个体投资者特质焦虑与自信程度在参考群体驱动卖出羊群行为中的跨层次调节中介效应显著。

参考群体股价预测与个体投资者股价预测一致且存在他人评价，即正性评价，描述的是被试先预测其持有的股票价格将下跌，再获取参考群体看跌的股价预测，参考群体的反馈和评价是积极、正向的。相较于股票买入决策，个体投资者卖出股票时更多关注参考群体的态度和行为，可能更在乎建议者的身份，不同参考群体类型引致卖出羊群行为程度间差异比买入羊群行为程度间差异要更大。进一步地，在股票卖出过程中，这种正向评价效应的存在导致不同类型参考群体影响程度间的差异缩小。并且，正向评价效应的存在会减弱甚至模糊自信水平的干扰效应。

关于自信水平如何影响个体应对积极性评价的研究结论存在一定的争论：有研究表明，自信水平在个体对积极反馈的反应上没有影响（Brown and Dutton，1995；Jussim，Yen，and Aiello，1995）；然而，部分研究者得出相反的结论，认为个体自我提升（self-enhancement）（指人们试图寻找积极的反馈或评价来增强自信）的倾向也可能大于自我验证（self-verification）的倾向（Anseel and Lievens，2006）；相较于高自信者，低自信者对成功表现出更加积极的情绪，更渴望获得自我提升。Shrauger（1975）、Shrauger 和 Sorman（1977）的研究亦发现，与具有积极自我概念（positive self-concept）的人相比，具有消极自我概念（negative self-concept）的人常常得到人们的消极评价，他们更偏好采集积极反馈或评价来提高其自我价值感。

本研究认为，在股票卖出的过程中，由于证券市场的不确定性，在面临正性评价时，低自信的个体投资者相对于高自信者对该评价性信息更敏感。他评效应使得自信水平更低的个体投资者获得更大的信心强化，他们对最终卖出决策的态度从之前的保守谨慎转变成积极乐观。故正性评价时，个体投资者自信程度不再调节参考群体驱动卖出羊群行为的过程，显然此时特质焦虑和自信的跨层次调节中介效应模型不再成立。

综上，提出如下假设：

假设 H7-10：正性评价时，个体投资者的特质焦虑与自信程度在参考群体驱动卖出羊群行为过程中跨层次调节中介效应不显著。

（2）股价预测不一致时特质焦虑和自信的跨层次调节中介效应

个体投资者做出卖出所持有股票的决定，是基于对考虑卖出股票价格的重新评估而得出的该股价格将要下跌的判断。此时，个体投资者不再坚持认为自己当时的买入决策是正确的（过度自信），过度自信效应不存在，在股价预测不一致且无他评效应情形中，个体投资者自信和特质焦虑在参考群体对羊群行为影响过程中的跨层次调节中介效应模型在股票买入和卖出过程中都不成立。根据在股价预测不一致且无他评效应情形中个体投资者特质焦虑和自信程度在参考群体类型驱动买入羊群行为时的影响机理的理论分析，我们发现被试对自己的股价预测非常有信心。也就是说，在面临不同参考群体的股价将上涨的建议时，无论自信水平高低，被试在做出卖出决策时对自己股价将下跌预测的高信心将导致其不那么在乎建议者的身份。因此，不同自信水平个体投资者的卖出羊群行为随参考群体类型变化趋势间不存在差异。此时，在参考群体驱动卖出羊群行为过程中，跨层次调节中介效应模型不成立。得出如下假设：

假设 H7-11：在个体投资者和参考群体的股价预测不一致且无他评效应时，特质焦虑和自信程度在参考群体类型驱动卖出羊群行为时的跨层次调节中介效应不显著。

参考群体股价预测与个体投资者股价预测不一致且存在他人评价，即负性评价，描述的是被试在预测其持有的股票价格将要下跌后，却发现参考群体预测该股票价格将上涨，参考群体的反馈和评价为消极、负向的。与股票买入决策相比，个体投资者在卖出股票时更多关注参考群体的态度和行为，可能更在乎建议者的身份。但在股票卖出决策过程中这种评价效应的存在会导致个体投资者关注点集中在是被支持还是被否定上，从而忽视建议者的身份，故不同类型参考群体影响程度间的差异会缩小。

同时，学者们普遍认为低自信的人相对高自信的人对消极的评价性信息更敏感（Brown and Dutton，1995；Jussim，Yen，and Aiello，1995），因此，自信水平较低的个体投资者更倾向于受到负向他评效应的影响。他们通过后续卖出股票的态度和行为发生与他人评价方向相一致的改变来提升决策信心，故他人评价的存在导致较低自信程度者的信心强化更为明显，他们的最终卖出决策态度和行为选择从谨慎和保守变化为乐观和积极。由此，在存在负向他人评价的卖出决策情境中，不同自信程度的个体投资者之间的最终投资信心和意愿的差异变小甚至消失。此时，特质焦虑和自信程度的跨层次调节中介效应模型显然不成立。

综合上述分析，得出如下假设：

假设 H7-12：在负性评价时，个体投资者特质焦虑与自信程度在参考群体驱动卖出羊群行为过程中跨层次调节中介效应不显著。

（二）研究设计与方法

1. 研究设计与样本

数据收集过程和样本情况详见第五章（二）的相关描述，此处不再赘述。本章在第五章关于测量层研究的基础上针对买入和卖出羊群行为进行研究，区分了参考群体与个体投资者股价预测一致情形和不一致情形，控制了性别和经验因素后考察有/无他评情境下个体层因素（自信和特质焦虑）对买入（卖出）羊群行为发生机制的跨层次调节中介效应。也就是说，在一致和不一致两种情形中，买入（卖出）羊群行为通过参与者和各参考群体股价预测一致和不一致情形下参与者股票买入（卖出）意愿与其独立决策时的股票买入（卖出）意愿的变化程度得到。数据模型仍然由测量层［参考群体类型与买入（卖出）羊群行为］和个体层（经验、性别、特质焦虑、自信）组成。个体异质性描述的是个体投资者之间的差异。

被试通过 ABBA 法，分别在填写股票问卷前后填写特质焦虑与自信问卷来抵消顺序效应。

2. 研究变量和方法

（1）研究变量和工具

自信量表和特质焦虑量表与第六章中的相同，信效度良好。

羊群行为问卷。有他人评价效应部分的样题情况和第六章的相关介绍一致，C1 减去 A1 描述专家与被试在股价预测一致且有他评时的买入羊群行为，即专家正性评价时的买入羊群行为；A1 减去 C2 反映专家与被试在股价预测不一致且有他评时的买入羊群行为，即专家负性评价时的买入羊群行为。同样的方法能够得到正评和负评时其他人和亲友群体影响下的买入羊群行为。C3 减去 A2 得到专家与被试在股价预测一致且有他评时的卖出羊群行为，即正性评价时专家引致卖出羊群行为。A2 减去 C4 得到专家与被试在股价预测不一致且有他评时的卖出羊群行为，即负性评价时专家引致卖出羊群行为。同样的方法能够得到正评和负评时其他人和亲友群体影响下的卖出羊群行为。

另外，个体投资者的股价预测在参考群体的预测之后形成则是无他评效应情境，无他人评价效应部分的样题情况和第六章的相关介绍亦一致。C5 减去 A1 描述被试与专家在股价预测一致且无他评时的买入羊群行为，即一致情形中无专家评价时的买入羊群行为；A1 减去 C6 反映被试与专家在股价预测不一致且无他评时的买入羊群行为，即不一致情形中无专家评价时的买入羊群行为。同样的处理方法，可以分别得到一致和不一致情形中无他评情境时其他人和亲友群体影响下的买入羊群行为。C7 减去 A2 描述被试与专家在股价预测一致且无他评时的卖出羊群行为，即一致情形中无专家评价时的卖出羊群行为；A2 减去 C8 反映被试与专家在股价预测不一致且无他评时的卖出羊群行为，即不一致情形中无专家评价时的卖出羊群行为。同样的处理方法，可以分别得到一致和不一致情形中无他评情境时其他人和亲友群体影响下的卖出羊群行为。

控制变量。鉴于性别和经验是羊群行为重要微观影响因子（梁良，2007；Frijns and Huynh，2018），本研究将性别与经验作为控制变量。

（2）分析方法

本章的研究通过 SPSS 19.0、HLM、Lisrel 8.80、Mplus 6.12、Matlab 等来处理数据和检验假设。分析步骤同第六章，此处不再赘述。

（三）实证检验与分析

1. 买入股票时特质焦虑和自信的跨层次调节中介效应检验

（1）变量的信效度检验和描述性统计

由第六章的相关分析结果可知，本研究中的量表信效度达到了标准。自信量表的 α 系数为 0.78，且该量表在单维度结构上的拟合指标良好。特质焦虑量表的 α 系数为 0.83，且该量表在单维度结构上的拟合指标良好。表 7-1 显示了各变量的均值和标准差以及变量间相关系数。表 7-1 中结果显示，当参考群体股价预测和个体投资者股价预测一致时，参考群体类型与买入羊群行为呈正相关（$\gamma = 0.09$，$p < 0.01$）；特质焦虑与一致情形中买入羊群行为间的系数不显著（$\gamma = 0.05$，n.s.），一致情形中特质焦虑可能在买入羊群行为中无作用或起边界作用；自信与一致情形中买入羊群行为呈负相关（$\gamma = -0.12$，$p < 0.01$）；经验和一致情形中买入羊群行为呈负相关（$\gamma = -0.09$，$p < 0.01$）。

表 7-1　变量均值、标准差与相关系数

变量	均值	标准差	1	2	3	4	5	6
1 *BHB*（consistency）	0.001	1.37						

续表

变量	均值	标准差	1	2	3	4	5	6
2 *BHB*（inconsistency）	0.36	1.28	-0.33^{**}					
3 *RGT*	1.00	0.82	0.09^{**}	0.02				
4 *TA*	43.74	6.61	0.05	0.01	0			
5 *Se*	27.71	3.97	-0.12^{**}	0.02	0	-0.64^{**}		
6 *E*	0.45	0.50	-0.09^{**}	0.12^{**}	0	-0.07	0.07	
7 *G*	0.38	0.49	0.05	0.12^{**}	0	-0.01	0.10	-0.25^{**}

注：consistency 描述参考群体和个体投资者股价预测一致，inconsistency 则描述参考群体和个体投资者股价预测不一致。

$^{*} p<0.05,{}^{**} p<0.01,{}^{***} p<0.001$。

表 7-1 显示，参考群体股价预测和个体投资者股价预测不一致时，参考群体类型与买入羊群行为间的相关系数不显著（$\gamma=0.02$, n.s.）；自信和特质焦虑与不一致情形中买入羊群行为之间的相关系数不显著（$\gamma=0.02$, n.s.；$\gamma=0.01$, n.s.），结合此时参考群体类型与买入羊群行为间的相关系数不显著的结论，说明自信和特质焦虑可能对不一致情形中买入羊群行为没有影响；性别和不一致情形中买入羊群行为呈正相关（$\gamma=0.12$, $p<0.01$），女性被试买入羊群行为比男性被试买入羊群行为更显著。

上述研究结果与研究假设基本相符，可进行假设检验。

（2）股价预测一致时跨层次调节中介效应检验

在股票买入决策中，当参考群体与个体投资者股价预测一致且无他评效应时，跨层次调节中介效应检验分四步进行。

首先，在跨层次分析之前，本研究使用 HLM 构建了零模型（见表 7-2，模型 M0）以测试买入决策中在股价预测一致且无他评效应时，个体间是否存在变异。结果表明，在参考群体与个体投资者股价预测一致且无他评效应时，个体投资者买入羊群行为的个体间变异是显著的 [$\chi^2(320)=1047.15$, $p<0.001$, $ICC(1)=0.43$]，占总变异的 43%。该结果达到了跨层次分析的经验标准。

其次，HLM 用于分析买入决策中，当股价预测一致且无他评效应时跨层次数据模型中的调节效应，结果如表 7-2 所示。表 7-2 中模型 M2 表明，在控制了性别和经验因素，并考虑了参考群体类型这一变量后，模型截距

表7-2　买入决策中股价预测一致且无他评效应时自信和特质焦虑的跨层次回归分析结果

模型	参数估计									
	γ_{00}	γ_{01}	γ_{02}	γ_{03}	γ_{10}	γ_{11}	δ^2	τ_{00}	τ_{11}	R^2
M0　$L1$: $BHB=\beta_0+r$ 　　$L2$: $\beta_0=\gamma_{00}+\mu_0$	0.04						1.52	1.15***		
M1　$L1$: $BHB=\beta_0+r$ 　　$L2$: $\beta_0=\gamma_{00}+\gamma_{01}(G)+\gamma_{02}(E)+\mu_0$	0.14	0.04	−0.26				1.52	1.14***		0.01
M2　$L1$: $BHB=\beta_0+\beta_1(RGT)+r$ 　　$L2$: $\beta_0=\gamma_{00}+\gamma_{01}(G)+\gamma_{02}(E)+\mu_0$ 　　　　$\beta_1=\gamma_{10}+\mu_1$	−0.12	0.04	−0.23	−0.17*	0.26***		1.27	1.71***	0.19***	0.06
M3　$L1$: $BHB=\beta_0+\beta_1(RGT)+r$ 　　$L2$: $\beta_0=\gamma_{00}+\gamma_{01}(G)+\gamma_{02}(E)+\gamma_{03}(Se)+\mu_0$ 　　　　$\beta_1=\gamma_{10}+\mu_1$	−0.12	0.04	−0.23	−0.17*	0.26***		1.27	1.71***	0.19***	0.06
M4　$L1$: $BHB=\beta_0+\beta_1(RGT)+r$ 　　$L2$: $\beta_0=\gamma_{00}+\gamma_{01}(G)+\gamma_{02}(E)+\gamma_{03}(TA)+\mu_0$ 　　　　$\beta_1=\gamma_{10}+\mu_1$	−0.10	0	−0.26	0.03	0.26***		1.27	1.81***	0.19***	0
M5　$L1$: $BHB=\beta_0+\beta_1(RGT)+r$ 　　$L2$: $\beta_0=\gamma_{00}+\gamma_{01}(G)+\gamma_{02}(E)+\gamma_{03}(Se)+\mu_0$ 　　　　$\beta_1=\gamma_{10}+\gamma_{11}(Se)+\mu_1$	−0.12	0.04	−0.23	−0.40**	0.26***	0.19**	1.27	1.66***	0.15**	0.23
M6　$L1$: $BHB=\beta_0+\beta_1(RGT)+r$ 　　$L2$: $\beta_0=\gamma_{00}+\gamma_{01}(G)+\gamma_{02}(E)+\gamma_{03}(TA)+\mu_0$ 　　　　$\beta_1=\gamma_{10}+\gamma_{11}(TA)+\mu_1$	−0.10	0	−0.26	0.28**	0.26***	−0.20***	1.27	1.75***	0.15**	0.26

注：R^2是添加了新的预测变量而导致的两个级别的误差方差的减少比例；γ_{00}是一个总平均，$\gamma_{0i}(\forall i\in\{1,2,3\})$是相关变量的主效应，$\gamma_{10}(\forall i\in\{1,2,3\})$是第一层中截距和斜率的主效应；$\gamma_{10}$是相关变量的主效应；$\gamma_{11}$是$RGT$的主效应；$\delta^2=Var(r)$是第一层的误差方差；$\tau_{00}=Var(\mu_0)$和$\tau_{11}=Var(\mu_1)$是第二层中截距和斜率的真实方差（下同）。

*$p<0.05$，**$p<0.01$，***$p<0.001$。

和斜率的方差都达到显著 [$\tau_{00} = 1.71$, $\chi^2(318) = 866.06$, $p < 0.001$; $\tau_{11} = 0.19$, $\chi^2(320) = 414.50$, $p < 0.001$]，这说明个体间的差异是存在的，所以需要进行进一步的调节效应检验。

表 7-2 模型 M5 中系数 γ_{11} 代表买入决策中，股价预测一致且无他评效应时自信的跨层次调节效应，自信水平跨层次正向影响参考群体类型和买入羊群行为间的关系（$\gamma = 0.19$, $p < 0.01$），假设 H7-1 得到数据支持。这意味着，股价预测一致且无他评效应时，个体投资者自信水平越高，其买入羊群行为程度随参考群体类型上升趋势越明显。

表 7-2 模型 M6 中系数 γ_{11} 代表买入决策中，股价预测一致且无他评效应时特质焦虑的跨层次调节效应，结果表明个体投资者特质焦虑水平跨层次负向影响其买入羊群行为随参考群体类型变化的随机斜率（$\gamma = -0.20$, $p < 0.001$），数据支持了假设 H7-2。也就是说，股价预测一致且无他评效应时，个体投资者特质焦虑程度越高，其买入羊群行为程度随参考群体类型上升趋势越平缓。

再次，检验了自信水平与特质焦虑水平之间的关系，检验结果显示，个体投资者的自信水平与其特质焦虑水平呈现负相关关系（$\gamma = -0.64$, $p < 0.01$）。结合自信跨层次正向影响个体投资者买入羊群行为随参考群体类型变化的随机斜率，以及特质焦虑跨层次负向影响个体投资者买入羊群行为随参考群体类型变化的随机斜率的检验结果，本研究推测此时特质焦虑传递了自信的跨层次调节效应。

最后，本研究根据 Grant 和 Sumanth（2009）的建议，运用 Mplus 6.12 和 Matlab 软件实现了买入决策中在股价预测一致且无他评效应时跨层次调节中介效应的模型检验。本研究中特质焦虑中介自信水平在买入羊群行为驱动过程中跨层次调节作用的跨层次调节中介效应模型，由两个系数的乘积项构成。第一个系数是个体投资者自信程度对特质焦虑程度的影响，第二个系数是个体投资者特质焦虑程度在参考群体驱动买入羊群行为时的跨层次调节作用。通过 Mplus 6.12 软件，本研究同时估出这两个系数。表 7-3 中的结果显示，跨层次调节中介效应的前半部分系数是 a，这表明个体投资者自信水平负向影响特质焦虑水平（$\gamma = -0.62$, $p < 0.001$）；跨层次调节中介效应的后半部分系数是 b，这表明个体投资者特质焦虑水平跨层次负

向调节了参考群体类型和买入羊群行为之间的关系（$\gamma = -0.13$，$p < 0.05$）。显然，上述两个系数相乘所得的间接效应 $a \times b$ 即股票买入决策中股价预测一致且无他评效应时整个跨层次调节中介效应。

表 7-3　买入决策中股价预测一致且无他评效应时跨层次调节中介效应模型分析结果

跨层次模型			参考群体类型与买入羊群行为（无他评效应）
跨层次调节中介效应	$Se \rightarrow TA$	a	-0.62^{***}
		b	-0.13^{*}
		$a \times b$	$[0.02,\ 0.15]$

注：间接效应 $a \times b$ 对应的是其 95% 的置信区间。
$^{*}\,p < 0.05$，$^{**}\,p < 0.01$，$^{***}\,p < 0.001$。

这里，考虑到目前这一复合系数的置信区间尚无法使用重复抽样自助法来生成，本研究运用 Matlab 软件采用参数自助法重新抽样生成间接效应的置信区间。由表 7-3 可知，整个跨层次调节中介效应模型的总效应 95% 的置信区间为 $[0.02,\ 0.15]$，不包括 0，因此假设 H7-3 得到数据支持。这表明，股价预测一致且无他评效应时，个体投资者自信程度通过影响其特质焦虑程度来实现对参考群体类型和买入羊群行为间关系的跨层次调节作用。

以上检验结果是基于买入决策中股价预测一致且不考虑他人评价效应得到的，为了进行对比性研究，本书用同样的方法检验有他人评价效应时跨层次调节中介效应。

在买入股票时，当专家、亲友和其他人的股价预测与被试一致，且在被试的股价预测之后形成，并反馈给被试时，即存在正向他人评价效应的决策情境，参考群体与个体投资者买入羊群行为间的关联，以及自信水平和特质焦虑水平对参考群体驱动买入羊群行为的作用结果见表 7-4。具体地，正向评价时参考群体与个体投资者买入羊群行为间的相关系数不显著（$\gamma = 0.04$，n.s.）；个体投资者自信和特质焦虑对参考群体类型和买入羊群行为间的关系没有显著影响（$\gamma = 0.08$，n.s.；$\gamma = -0.02$，n.s.）。

表 7-4　买入决策中正向评价时自信和特质焦虑的跨层次回归分析结果

模型	参数估计									
	γ_{00}	γ_{01}	γ_{02}	γ_{03}	γ_{10}	γ_{11}	δ^2	τ_{00}	τ_{11}	R^2
M0	-0.04						1.37	1.11^{***}		

模型	参数估计									
	γ_{00}	γ_{01}	γ_{02}	γ_{03}	γ_{10}	γ_{11}	δ^2	τ_{00}	τ_{11}	R^2
M1	0.02	0.09	−0.22				1.37	1.10***		0.01
M2	0	0.09	−0.25		0.04		1.33	1.27***	0.04	0.03
M3	−0.01	0.11	−0.24	−0.07	0.04		1.33	1.26***	0.04	0.01
M4	0	0.10	−0.25	0.03	0.04		1.33	1.28***	0.04	0
M5	−0.01	0.11	−0.24	−0.15	0.04	0.08	1.33	1.25***	0.04	0.11
M6	0	0.10	−0.25	0.05	0.04	−0.02	1.33	1.28***	0.04	0

注：R^2 是添加了新的预测变量而导致的两个级别的误差方差的减少比例；模型所对应的公式同表 7-2。

* $p < 0.05$，** $p < 0.01$，*** $p < 0.001$。

此时，个体投资者特质焦虑水平中介自信水平对参考群体类型和买入羊群行为之间关系跨层次调节作用的整个跨层次调节中介效应的 95% 置信区间为 [−0.11, 0.04]（见表 7-5），包括 0，即买入决策中存在正性他人评价效应时跨层次的调节中介效应模型不成立，验证了假设 H7-4。这表明，在个体投资者追随参考群体买入股票过程中，正性评价效应导致不同参考群体类型影响程度间差异消失，异质性个体投资者对参考群体身份敏感度与追随程度以及追随趋势间差异也不再明显。

表 7-5　买入决策中正向评价时跨层次调节中介效应模型分析结果

跨层次模型			参考群体类型与买入羊群行为（有他评效应）
跨层次调节中介效应	$Se{\rightarrow}TA$	a	−0.62***
		b	0.06
		$a{\times}b$	[−0.11, 0.04]

注：间接效应 $a{\times}b$ 对应的是其 95% 的置信区间。

* $p < 0.05$，** $p < 0.01$，*** $p < 0.001$。

实证结果显示，在参考群体与个体投资者股价预测一致且无他评效应时，自信跨层次正向调节参考群体与买入羊群行为间关系，个体投资者自信水平越高，其买入羊群行为随群体类型的正向变化趋势越明显。特质焦虑则跨层次负向调节参考群体与买入羊群行为间关系，个体投资者特质焦虑程度的增加削弱了参考群体类型和买入羊群行为间正向关系。此时自信和特质焦虑的跨层次调节中介效应显著。也就是说，证券市场中在个体投资者买入股票时，自信较高、特质焦虑较低者虽更少追随参考群体，但他们认为专家群体比亲友或其他人群体更可靠，专家效应更为明显。

当存在正性评价时，不同参考群体类型引致买入羊群行为程度间的差异不显著。这是由于证实偏差的存在使个体投资者在形成自己的股价预测后，于后续信息收集和处理过程中倾向于关注和寻找支持这一预测的证据（Nickerson，1998）。在该过程中，这种证实倾向导致个体投资者关注是否被支持，而忽视建议者的身份，故不同类型参考群体影响程度间的差异会缩小甚至消失。此时，自信和特质焦虑的跨层次调节中介效应模型显然不成立。这表明在个体投资者买入股票时，参考群体的正向反馈评价导致不同自信和特质焦虑者对参考群体的身份敏感度和响应度间差异变小甚至消失。

实证结果表明，正性他人评价效应会缩小或模糊不同参考群体类型对个体投资者买入羊群行为影响程度间的差异，自信和特质焦虑的跨层次调节中介效应模型不再成立。在投资实践中，个体投资者追随参考群体买入羊群行为的内部机理及该行为对股票市场的影响是复杂且难的问题，不同身份参考群体对异质性个体投资者影响程度间的差异随他评效应的存在而消失。在考虑个体投资者自信和特质焦虑对买入羊群行为驱动过程的边界作用时，评价效应的存在性和方向应得到足够重视。

（3）股价预测不一致时跨层次调节中介效应检验

研究发现参考群体和被试股价预测不一致且无他评效应时，参考群体和买入羊群行为间关系不显著（$\gamma = -0.01$，n.s.），自信水平和特质焦虑水平对参考群体与买入羊群行为间的关系不存在跨层次调节效应（见表7-6）。在参考群体驱动买入羊群行为过程中，自信程度和特质焦虑程度的跨层次调节中介效应模型显然不成立（见表7-6），数据支持了假设H7-5。这表明，当个体投资者在买入股票过程中做出与参考群体不一致的股价预测时，不同参考群体类型的影响程度间差异不再显著。

表7-6　买入决策中股价预测不一致时跨层次调节中介效应模型分析结果

跨层次模型		参考群体类型和买入羊群行为（不一致情形）	
		无他评效应	有他评效应
主效应	RGT	-0.01	0.06

跨层次模型		参考群体类型和买入羊群行为（不一致情形）	
		无他评效应	有他评效应
跨层次调节效应	Se	不显著	不显著
	TA	不显著	不显著
跨层次调节中介效应	$Se{\rightarrow}TA$	不成立	不成立

参考群体和被试股价预测不一致且存在他评效应描述的是负性评价情形，此时参考群体和买入羊群行为间关系不显著（$\gamma=0.06$，n.s.），显然自信和特质焦虑各自对参考群体和买入羊群行为间关系的跨层次调节作用不显著（见表7-6），进而参考群体驱动买入羊群行为过程中，自信和特质焦虑的跨层次调节中介效应模型亦不成立（见表7-6），验证了假设H7-6。这表明，在个体投资者买入股票过程中，负向评价效应导致不同参考群体类型的影响程度差异不明显。

实证结果显示，在个体投资者买入股票决策过程中，当参考群体和被试股价预测不一致且无他评效应时，自信和特质焦虑在参考群体对买入羊群行为影响过程中的跨层次调节中介效应模型不成立。原因在于，被试当接收到参考群体看跌的股价建议后，做出与参考群体建议相反的看涨股价预测，也就是说被试对自己看涨的股价预测非常有信心。这意味着，在买入股票过程中面临不同参考群体的建议时，被试对自己决策的高信心将导致其不那么在乎建议者的身份。因此，不同参考群体类型引致买入羊群行为程度之间的差异相对一致情形变小，此时显然具有不同自信和特质焦虑水平的被试的买入羊群行为随参考群体变化趋势间不存在差异，跨层次调节中介效应模型亦不成立。

在负性评价情形中，个体投资者自信和特质焦虑水平在参考群体对买入羊群行为影响过程中的跨层次调节中介效应模型不成立。这是由于在专家、亲友和其他人群体的股价预测对被试的股价预测产生负性评价效应时，该负性评价效应的存在导致个体投资者的关注点集中在自己的股票买入决策是被支持还是被否定，从而忽视建议者的身份，故不同类型参考群体影响程度间的差异会缩小甚至消失。

实证结果表明，负性他人评价效应缩小或模糊不同参考群体类型对个体投资者买入羊群行为影响程度间的差异，个体投资者关注自己的决策是被支持还是被否定而忽视建议者身份。并且，参考群体引致买入羊群行为的内部机理在个体投资者做出与参考群体不一致股价预测的特定情境中也发生变化，被试对自己决策的高信心将导致他们不那么在乎建议者的身份。

这表明在投资实践中，在负性评价与高度自我确信投资情境下，不同参考群体身份影响间差异不明显，专家效应消失。在考虑个体投资者如何与何时追随参考群体买入股票的问题时，评价方与个体投资者高度信任自己独立决策等特定投资情形都应得到充分的关注。

2. 卖出股票时特质焦虑和自信的跨层次调节中介效应检验

（1）变量的信效度检验和描述性统计

自信和特质焦虑量表的信效度同第六章，信度都达到了 0.7 的可接受标准，且上述量表在单维度结构上的拟合指标良好。

表 7-7 显示了各变量的均值、标准差和变量间的相关系数。

表 7-7 显示，当参考群体和被试的股价预测一致时，参考群体类型与卖出羊群行为呈正相关（$\gamma = 0.13$，$p < 0.01$）；特质焦虑与卖出羊群行为呈正相关（$\gamma = 0.08$，$p < 0.01$）；自信与卖出羊群行为呈负相关（$\gamma = -0.12$，$p < 0.01$）；女性被试比男性被试卖出羊群行为更显著（$\gamma = 0.07$，$p < 0.05$）。

表 7-7　变量均值、标准差与相关系数

变量	均值	标准差	1	2	3	4	5	6
1 SHB（consistency）	1.57	1.30						
2 SHB（inconsistency）	-0.34	1.42	-0.35**					
3 RGT	1.00	0.82	0.13**	0.07*				
4 TA	43.74	6.61	0.08**	-0.07*	0			
5 Se	27.71	3.97	-0.12**	0.06	0	-0.64**		
6 E	0.45	0.50	-0.05	-0.02	0	-0.07	0.07	
7 G	0.38	0.49	0.07*	0.09**	0	-0.01	0.10	-0.25**

* $p < 0.05$，** $p < 0.01$，*** $p < 0.001$。

表 7-7 还表明，当参考群体的股价预测和被试的股价预测不一致时，

参考群体与卖出羊群行为呈正相关（$\gamma = 0.07$，$p < 0.05$）；自信与卖出羊群行为之间的相关系数不显著（$\gamma = 0.06$，n.s.）；女性被试卖出羊群行为比男性被试卖出羊群行为更显著（$\gamma = 0.09$，$p < 0.01$）。

上述研究结果与相关研究假设相符。

（2）股价预测一致时跨层次调节中介效应检验

在股票卖出决策中，当参考群体和个体投资者股价预测一致且无他评效应时，跨层次调节中介效应检验分四步进行。

首先，本研究采用 HLM 构建了零模型（表7-8，模型 M0）测试个体间是否存在变异，以确认是否需要进行跨层次分析，结果发现，在股票卖出决策中，在参考群体与被试股价预测一致且不存在参考群体评价效应情形下，个体投资者卖出羊群行为的个体间变异是显著的 [χ^2（320）= 1021.94，$p < 0.001$，ICC（1）= 0.42]，该变异在总变异中占比 42%。这一结果达到了跨层次分析的经验标准。

其次，本研究通过 HLM 分析跨层次数据模型中的调节效应。表7-8中模型 M2 表明，在股票卖出决策中，当参考群体股价预测与被试股价预测一致且不存在参考群体的评价效应时，在加入参考群体这一变量后，模型截距和斜率的方差都是显著的 [$\tau_{00} = 1.80$，χ^2（318）= 863.51，$p < 0.001$；$\tau_{11} = 0.17$，χ^2（320）= 404.96，$p < 0.01$]，个体间的差异存在，需要进行调节效应检验。

表7-8中模型 M5 的系数 γ_{11} 描述的是在股价预测一致情形中不存在评价效应时自信水平的跨层次调节效应，自信水平跨层次正向影响参考群体类型和卖出羊群行为间的关系（$\gamma = 0.20$，$p < 0.001$），假设 H7-7 得到数据支持。这表明，此时个体投资者自信水平越高，其卖出羊群行为随参考群体身份变化的趋势越明显。

表7-8中模型 M6 的系数 γ_{11} 描述的是在股价预测一致情形中不存在评价效应时特质焦虑水平的跨层次调节效应，特质焦虑水平跨层次负向影响卖出羊群行为随参考群体类型变化的随机斜率（$\gamma = -0.20$，$p < 0.001$），验证了假设 H7-8。这表明，此时特质焦虑水平越高的个体投资者，其卖出羊群行为随参考群体身份变化的趋势越平缓。

表 7-8　卖出决策中股价预测一致且无其他评效应时自信和特质质焦感的跨层次回归分析结果

模型	参数估计							δ^2	τ_{00}	τ_{11}	R^2
	γ_{00}	γ_{01}	γ_{02}	γ_{03}	γ_{10}	γ_{11}					
M0　L1: $SHB=\beta_0+r$ 　　L2: $\beta_0=\gamma_{00}+\mu_0$	1.02^{***}							1.50	1.09^{***}		
M1　L1: $SHB=\beta_0+r$ 　　L2: $\beta_0=\gamma_{00}+\gamma_{01}(G)+\gamma_{02}(E)+\mu_0$	1.08^{***}	0.09	-0.22					1.50	1.09^{***}		0.01
M2　L1: $SHB=\beta_0+\beta_1(RGT)+r$ 　　L2: $\beta_0=\gamma_{00}+\gamma_{01}(G)+\gamma_{02}(E)+\mu_0$ 　　　　$\beta_1=\gamma_{10}+\mu_1$	0.85^{***}	0.03	-0.22		0.26^{***}			1.26	1.80^{***}	0.17^{**}	0.18
M3　L1: $SHB=\beta_0+\beta_1(RGT)+r$ 　　L2: $\beta_0=\gamma_{00}+\gamma_{01}(G)+\gamma_{02}(E)+\gamma_{03}(Se)+\mu_0$ 　　　　$\beta_1=\gamma_{10}+\mu_1$	0.82^{***}	0.08	-0.19	-0.16	0.26^{***}			1.26	1.70^{***}	0.17^{**}	0.06
M4　L1: $SHB=\beta_0+\beta_1(RGT)+r$ 　　L2: $\beta_0=\gamma_{00}+\gamma_{01}(G)+\gamma_{02}(E)+\gamma_{03}(TA)+\mu_0$ 　　　　$\beta_1=\gamma_{10}+\mu_1$	0.84^{***}	0.04	-0.21	0.02	0.26^{***}			1.26	1.79^{***}	0.17^{**}	0
M5　L1: $SHB=\beta_0+\beta_1(RGT)+r$ 　　L2: $\beta_0=\gamma_{00}+\gamma_{01}(G)+\gamma_{02}(E)+\gamma_{03}(Se)+\mu_0$ 　　　　$\beta_1=\gamma_{10}+\gamma_{11}(Se)+\mu_1$	0.82^{***}	0.08	-0.19	-0.41^{**}	0.26^{***}	0.20^{***}		1.26	1.64^{***}	0.13^{**}	0.31
M6　L1: $SHB=\beta_0+\beta_1(RGT)+r$ 　　L2: $\beta_0=\gamma_{00}+\gamma_{01}(G)+\gamma_{02}(E)+\gamma_{03}(TA)+\mu_0$ 　　　　$\beta_1=\gamma_{10}+\gamma_{11}(TA)+\mu_1$	0.84^{***}	0.04	-0.21	0.28^{**}	0.26^{***}	-0.20^{***}		1.26	1.73^{***}	0.13^{**}	0.31

$^*p<0.05$，$^{**}p<0.01$，$^{***}p<0.001$。

再次，鉴于个体投资者的自信水平与其特质焦虑水平负相关（$\gamma = -0.64$，$p<0.01$），结合自信跨层次正向影响个体投资者卖出羊群行为随参考群体类型变化的随机斜率，以及特质焦虑跨层次负向影响个体投资者卖出羊群行为随机斜率的检验结果，本研究推测此时特质焦虑传递了自信的跨层次调节效应。

最后，运用 Mplus 6.12 和 Matlab 软件对在股价预测一致情形中无他评效应时自信和特质焦虑水平的跨层次调节中介效应模型进行检验。此时，自信和特质焦虑水平的跨层次调节中介效应模型检验结果见表 7-9。

表 7-9　卖出决策中股价预测一致时跨层次调节中介效应模型分析结果

跨层次模型			参考群体类型和卖出羊群行为（一致情形）	
			无他评效应	有他评效应
主效应	RGT		0.26***	0.15***
跨层次调节效应	Se		0.20***	-0.03
	TA		-0.20***	-0.01
跨层次调节中介效应	$Se \rightarrow TA$	a	-0.62***	-0.62***
		b	-0.13*	-0.04
		$a \times b$	[0.02, 0.14]	[-0.03, 0.08]

注：间接效应 $a \times b$ 对应的是其95%的置信区间。
* $p<0.05$，** $p<0.01$，*** $p<0.001$。

表 7-9 表明，跨层次调节中介效应的前半部分系数是 a（$\gamma = -0.62$，$p<0.001$）；跨层次调节中介效应的后半部分系数是 b（$\gamma = -0.13$，$p<0.05$）。运用 Matlab 软件采用参数自助法重新抽样生成复合系数 $a \times b$ 的置信区间，表 7-9 中的结果显示，在卖出股价预测一致且无他评效应时整个跨层次调节中介效应模型的总效应95%的置信区间为 [0.02，0.14]，不包含0，因此假设 H7-9 得到数据支持。这表明在卖出决策中，股价预测一致且无他评效应时，个体投资者自信程度通过影响其特质焦虑程度来实现对参考群体类型和卖出羊群行为间关系的跨层次调节作用。

实证结果表明，在股价预测一致且无他评效应时，个体投资者自信程度越高其卖出羊群行为程度随参考群体类型上升趋势越明显，个体投资者特质焦虑程度越高其卖出羊群行为程度随参考群体类型上升趋势越平缓，个体投资者自信程度通过影响其特质焦虑程度来实现对参考群体类型和卖出羊群行为间关系的跨层次调节作用。

在股票卖出决策过程中，当股价预测一致且存在他人评价（正向评价）时，由表7-9可知，自信水平不影响个体投资者卖出羊群行为随参考群体类型变化的随机斜率（$\gamma = -0.03$，n.s.）；且特质焦虑水平与个体投资者卖出羊群行为随参考群体类型变化的随机斜率关系不显著（$\gamma = -0.01$，n.s.）。

为与股价预测一致情形中无他评效应情境进行对比研究，运用 Mplus 6.12 和 Matlab 软件对股价预测一致情形中有他评效应时自信和特质焦虑水平的跨层次调节中介效应模型进行检验。表7-9中的结果表明，跨层次调节中介效应的前半部分系数是 a（$\gamma = -0.62$，$p<0.001$）；跨层次调节中介效应的后半部分系数是 b（$\gamma = -0.04$，n.s.）。本研究运用 Matlab 软件采用参数自助法重新抽样生成复合系数 $a \times b$ 的置信区间，结果显示，卖出股价预测一致且存在他评效应时整个跨层次调节中介效应模型的总效应95%的置信区间为 [−0.03，0.08]，包含0，因此假设 H7-10 得到数据支持。这表明在个体投资者追随参考群体卖出股票时，参考群体的身份虽相较于买入股票时更被看重，但参考群体的正向反馈性评价仍然导致不同自信和特质焦虑水平者对其追随参考群体的身份敏感度和响应程度间差异缩小甚至消失。

实证结果表明，在股价预测一致情形中，他人评价效应的存在导致个体投资者特质焦虑和自信程度对参考群体类型和卖出羊群行为间关系的跨层次调节中介效应变得不显著。这是由于在专家、亲友和其他人群体的股价预测对被试的股价预测产生正向评价效应时，个体投资者自信水平对其卖出羊群行为随机斜率的影响不再显著。在投资实践中，在考虑个体投资者自信和特质焦虑对其追随参考群体卖出股票的边界作用时，评价效应的存在性和方向也应得到足够重视。

（3）股价预测不一致时跨层次调节中介效应检验

为进行对比性分析，本研究用同样的方法检验在参考群体和被试股价预测不一致情形中自信和特质焦虑的跨层次调节中介效应。

研究结果发现在股价预测不一致且无他评效应时，自信水平对参考群体与卖出羊群行为间的关系不存在跨层次调节效应（$\gamma = 0.01$，n.s.）（见表 7-10）。此时，自信和特质焦虑的跨层次调节中介效应模型显然不成立（见表 7-10），支持了假设 H7-11。这表明，个体投资者在追随参考群体卖出股票时虽相较于买入股票时更看重参考群体的身份，但在确信自己的卖出预测的决策情境中，不同自信和特质焦虑水平个体投资者对其追随参考群体的身份敏感度和响应程度间差异缩小甚至消失。

表 7-10　卖出决策中股价预测不一致时跨层次调节中介效应模型分析结果

跨层次模型		参考群体类型和卖出羊群行为（不一致情形）	
		无他评效应	有他评效应
主效应	RGT	0.10^{*}	0.15^{**}
跨层次调节效应	Se	0.01	0.05
跨层次调节中介效应	$Se \rightarrow TA$	不成立	不成立

注：间接效应 $a \times b$ 对应的是其 95% 的置信区间。
$^{*} p<0.05$，$^{**} p<0.01$，$^{***} p<0.001$。

股价预测不一致且存在他人评价效应描述的是负性评价情形，此时自信水平对参考群体和卖出羊群行为间关系的跨层次调节作用不显著（$\gamma = 0.05$，n.s.）（见表 7-10），在参考群体驱动卖出羊群行为过程中，自信和特质焦虑的跨层次调节中介效应模型显然不成立（见表 7-10），假设 H7-12 得到数据支持。这表明个体投资者在追随参考群体卖出股票时，参考群体的身份虽相较于买入股票时更被看重，但参考群体的负向反馈性评价仍然导致不同自信和特质焦虑水平者对其追随参考群体的身份敏感度和响应程度间差异缩小甚至消失。

研究结果发现，在卖出股票决策过程中，在参考群体和被试股价预测不一致且无他评效应情形中，个体投资者自信和特质焦虑在参考群体对卖出羊群行为影响过程中的跨层次调节中介效应模型不成立。原因在于，被试当接收到参考群体看涨建议后，做出与参考群体建议相反的股价预测，也就是说被试对自己看跌的预测非常有信心。这意味着，在面临不同参考群体的建议时，无论自信水平高低，被试对自己卖出决策的高信心将导致其不那么在乎建议者的身份。因此，不同自信水平被试的卖出羊群行为随参考群体变化趋势间不存在差异。此时，在参考群体驱动卖出羊群行为过程中，跨层次调节中介效应模型显然不成立。

研究结果还发现，在负性评价情形中自信水平对参考群体和卖出羊群行为间关系的跨层次调节作用不显著，自信和特质焦虑的跨层次调节中介效应模型不成立。这是由于在专家、亲友和其他人群体的股价预测对被试的股价预测产生负性评价效应时，在被试将自身决策态度和行为与评价方向保持一致来提高自信程度的过程中，低自信者由于对评价信息更为敏感其自信获得了更大程度的提升。个体投资者自信水平对其卖出羊群行为随机斜率的影响不再显著。此时，在参考群体驱动卖出羊群行为过程中，自信和特质焦虑的跨层次调节中介效应模型显然不成立。

研究发现在股票买入和卖出过程中，在有/无他评效应时，个体投资者自信和特质焦虑在参考群体对羊群行为影响过程中的跨层次调节中介效应是一致的。在股票买入和卖出过程中，当股价预测一致且无他评效应时，个体投资者自信和特质焦虑在参考群体对羊群行为影响过程中的跨层次调节中介效应模型都成立；参考群体提供的正向评价效应会导致这一跨层次的调节中介效应模型不再成立。当股价预测不一致时，无论他评效应存在与否，个体投资者自信和特质焦虑在参考群体对买入（卖出）羊群行为影响过程中的跨层次调节中介效应模型不成立。

通过进一步比较股票买入和卖出过程中个体投资者羊群行为程度，以及参考群体与羊群行为间的关联度，本研究发现，卖出股票时个体投资者更倾向于依赖参考群体，基于行为因素的卖出羊群行为程度更明显。并且，由于卖出股票时更多关注参考群体，个体投资者对建议者身份更加在乎，不同参考群体类型引致卖出羊群行为程度间的差异较买入时更大。

因此，在股票买入和卖出过程中，个体投资者自信和特质焦虑在参考群体对羊群行为影响过程中的跨层次调节中介效应一致，但在股票买入和卖出过程中个体投资者对参考群体依赖程度不同，且不同参考群体类型引致羊群行为程度间的差异在卖出股票时更大。可见，买入和卖出决策机制相同与否是一个十分复杂的问题，两种决策机制存在相同之处亦有差异。在投资实践过程中，个体投资者在所处特定决策情境（交易方向以及股价预测一致与否、评价效应）下的自身个性心理特征（如自信、特质焦虑）对其追随参考群体行为的单独与联合间接（干扰）作用应得到重视。

（四）本章小结

本章理论和实证分析了在股票买入和卖出过程中股价预测一致和不一致情形下，有/无他人评价效应时，个体投资者自信和特质焦虑水平对参考群体类型和买入（卖出）羊群行为关系的跨层次调节中介效应模型。主要结论如下。

（1）参考群体与个体投资者股价预测一致，不存在和存在他评效应情形

当参考群体与个体投资者股价预测一致且不存在他人评价效应时，自信水平跨层次正向调节了参考群体与买入（卖出）羊群行为间的关系，个体投资者的自信水平越高，其买入（卖出）羊群行为随参考群体类型的正向变化趋势越明显。这是由于随着对外部不同类型参考群体的信心转变为对自我所选择和接纳参考群体类型的信心，高自信水平的个体投资者由于对内化后的自我决策更为确信，在其投资态度和行为随不同参考群体类型变化的过程中，其买入（卖出）投资行为更加冒险和积极。

特质焦虑水平则跨层次负向调节了参考群体与买入（卖出）羊群行为间的关系，个体投资者特质焦虑程度的增加削弱了参考群体类型和买入（卖出）羊群行为之间的正向关系。这是因为特质焦虑程度越严重的个体投资者在参考群体被内化为自我决策的过程中，由于具有对自我判断的内在的低信心倾向，在买入（卖出）投资态度和行为随不同参考群体类型变化的过程中，其投资行为越保守和谨慎。

个体投资者特质焦虑水平中介自信水平对参考群体类型和买入（卖出）羊群行为之间关系的跨层次调节作用。个体投资者自信程度通过影响其特质焦虑程度来实现对参考群体类型和买入（卖出）羊群行为间关系的跨层次调节作用。这是由于高特质焦虑水平的个体投资者在决策过程中表现出的概率偏向以及风险回避意愿皆源于其自信程度（Wray and Stone，2005）；并且，较高特质焦虑个体投资者在通过寻求外部线索提高模块信心水平的过程中显然会受到其自信水平的影响。

在存在正性评价时，个体投资者自信和特质焦虑水平在参考群体驱动买入羊群行为过程中的跨层次调节中介效应模型显然不成立。由于证实偏

差的存在，个体投资者在形成自己看涨的股价预测后，于后续的信息收集和处理过程中便倾向于关注和寻找支持这一预测的证据（Nickerson，1998）。在该过程中，这种证实倾向导致个体投资者关注是否被支持，而忽视建议者的身份，故不同类型参考群体影响程度间的差异会缩小甚至消失。

此时，个体投资者自信和特质焦虑水平在参考群体驱动卖出羊群行为过程中的跨层次调节中介效应模型不成立。相较于无他评的股价预测一致情境，他人评价效应会导致个体投资者关注是否被支持，而忽视建议者的身份，他评效应缩小了不同参考群体类型对个体投资者卖出羊群行为影响程度间的差异。同时，他评效应缩小甚至模糊了不同自信和特质焦虑水平个体的最终卖出决策信心和投资意愿间的差异。原因在于，低自信、高特质焦虑的个体投资者对参考群体的外部评价性信息更为敏感，对评价的响应程度更加强烈，在进行投资决策时更加倾向于和参考群体的评价信息保持一致以提升自信和减轻焦虑，低自信、高特质焦虑的个体投资者的信心强化更明显。因此，不同自信和特质焦虑水平个体投资者间的投资态度积极性、冒险性之间的差异消失。存在正向他人评价效应时，在参考群体驱动卖出羊群行为过程中，自信和特质焦虑跨层次的调节中介效应模型不成立。这表明在个体投资者追随参考群体卖出股票时，参考群体的身份虽相较于买入股票时更被看重，但参考群体的正向反馈性评价仍然导致不同自信和特质焦虑水平者对其追随参考群体的身份敏感度和响应程度间差异缩小甚至消失。

（2）参考群体与个体投资者股价预测不一致，不存在和存在他评效应情形

当参考群体与个体投资者股价预测不一致且不存在他人评价效应时，自信和特质焦虑在参考群体驱动买入（卖出）羊群行为过程中的跨层次调节中介效应模型不成立。这是由于该情形描述的是被试在接收到参考群体看跌（看涨）建议后，做出与参考群体建议相反的股价预测，表明被试对自己看涨（看跌）的预测非常有信心。这意味着在面临不同参考群体的建议时，被试对自己决策的高信心将导致其不那么在乎建议者的身份。因此，不同类型参考群体影响程度间的差异会缩小甚至消失。

存在负性评价时，在参考群体驱动买入羊群行为过程中，自信和特质

焦虑的跨层次调节中介效应不显著。这种评价效应的存在导致个体投资者关注点集中在是否被支持，从而忽视建议者的身份，故不同类型参考群体影响程度间的差异会缩小甚至消失。

此时，在参考群体驱动卖出羊群行为过程中，自信和特质焦虑的跨层次调节中介效应不显著。这是因为，他评效应缩小不同参考群体类型对个体投资者卖出羊群行为影响程度间的差异。并且，他评效应亦缩小甚至模糊了不同自信和特质焦虑水平个体的最终卖出决策信心和投资意愿间的差异。这表明个体投资者在追随参考群体卖出股票时虽相较于买入股票时更看重参考群体的身份，但参考群体的负向评价效应缩小和模糊了不同自信和特质焦虑水平者对其追随参考群体的身份敏感度和响应程度间差异。

研究发现无论是买入股票还是卖出股票，个体投资者自信和特质焦虑对参考群体与羊群行为间关系的跨层次调节中介效应模型是一致的。他人评价效应会缩小或模糊不同参考群体类型对个体投资者买入（卖出）羊群行为影响程度间的差异，自信和特质焦虑的跨层次调节中介效应模型不再成立。同时，参考群体驱动买入（卖出）羊群行为的内部机理在个体投资者做出与参考群体不一致股价预测的特定情境中发生变化，自信和特质焦虑的边界作用亦不再显著。也就是说，在证券市场中不同方向评价效应以及高度自我确信投资情境下，个体投资者对不同参考群体身份的追随程度间的差异缩小或变得不明显，专家效应减弱或不再存在，最终异质性个体投资者追随参考群体的趋势间差异也消失。

但在股票买入和卖出过程中参考群体诱发个体投资者羊群行为的内部机制亦存在不同之处。具体地，在卖出股票时，个体投资者更倾向于依赖参考群体，基于行为因素的卖出羊群行为比买入羊群行为更明显，这与Hsieh（2013）等的结论一致：个体投资者卖出羊群行为比买入羊群行为更加普遍。然而与这些研究不同，本章基于参考群体视角来研究我国个体投资者买入和卖出羊群行为，研究认为个体投资者卖出羊群行为程度更明显是源于追随参考群体，即个体投资者在卖出股票时比买入股票时更多受到行为因素的驱动而追随其他人。该结论还拓展了Lin等（2013）的投资者卖出股票时更倾向于追随专家这一研究成果。

并且本研究还发现由于个体投资者卖出股票时十分依赖参考群体，参考群体的身份得到重视。整体而言，在个体投资者卖出股票时，不同参考群体类型引致羊群行为程度间的差异较买入股票时更大。

上述研究结果显示，在股票买入和卖出过程中，有/无他评效应时，自信和特质焦虑在参考群体对个体投资者羊群行为影响过程中的跨层次调节中介效应一致。同时，在买入和卖出决策过程中参考群体驱动个体投资者羊群行为的内部机制亦存在不同之处。上述研究结果与现有文献简单认为买入与卖出的决策机制相同（Grossman and Stiglitz，1980；Kyle，1985）或不相同（Barber and Odean，2008）有所区别，研究结论显示买入与卖出决策的复杂性决定了二者机制是否相同并不能通过一个简单的结论得到充分解释，研究买入与卖出决策需要更加全面和细致分析决策的内部过程。

因此在探讨个体投资者买入和卖出风险资产决策过程是否相同这一问题以及如何应对不同交易方向上的羊群行为时，我们需要结合个体内部异质性和所处特定外部决策情境进行专门、系统和全面的分析，二者决策机制既可能相同也可能存在差异。

在投资实践中，在考虑参考群体类型与羊群行为间的关联，以及个体投资者自信和特质焦虑对参考群体与羊群行为间关系的边界作用时，交易方向以及个体投资者高度信任自己的独立决策等特定投资情形应得到充分的关注。由此，投教机构和证券监管部门在有针对性地开展一系列与实际投资情境相符的、行之有效的投资者教育活动以培育理性投资者队伍过程中，不仅需要注意自信、特质焦虑等主观心理特征与他人评价效应间相互促进或抵消的干扰作用，还应重视交易方向并考虑投资者高度信任自己的独立决策等特定投资情境。

至此，本研究基于问卷调查手段研究了参考群体驱动个体投资者羊群行为的过程和边界条件。研究结果显示，我国个体投资者倾向于追随参考群体，不同外部决策情境下自信、特质焦虑等心理行为特征的直接影响和间接效应都不容忽视。以上研究揭示了参考群体驱动个体投资者羊群行为的内部心理机制。进一步地，我国个体投资者并非只关注基本面而是倾向于追随参考群体而产生羊群行为这一结论，有待得到真实交易数据的验证。

第八章　个体投资者羊群行为与股价异常收益

前一部分（第五章到第七章）通过问卷调查方式具体测量不同个体投资者的羊群行为，屏蔽众多其他市场因素的影响，聚焦于参考群体如何与何时驱动个体投资者羊群行为。

本章为了验证问卷调查部分的结论，即个体投资者倾向于追随参考群体而非只关注基本面，通过 t 日所有样本股横截面交易量的标准差这一市场指标来衡量个体投资者的羊群行为程度，分析该行为的驱动源。一般而言，羊群行为的驱动源可以分为两类：由行为驱动与由信息驱动（Bikhchandani and Sharma，2001；Hsieh，2013）。羊群行为的驱动源不同，其对市场效率的影响亦不同。由信息驱动的羊群行为可能意味着投资者正面临类似的决策问题并收到相关的私人信息、具有类似的教育和专业背景（Hsieh，2013）或采取类似的交易策略（如 Froot，Scharfstein，and Stein，1992）。由信息驱动的羊群效应源于基本面，并以稳定的方式影响股票价格。反之，当投资者跟随参考群体时，就会出现由行为驱动的羊群效应；这种羊群行为可能会破坏市场稳定。

本章借鉴 Wermers（1999）、Sias（2004）、Hsieh（2013）等人的观点，通过探讨羊群行为的决定因素及其对股票价格的影响来验证我国个体投资者羊群行为是否由行为驱动。

（一）理论分析

1. 羊群行为决定因素及其与股价的关联

要分析和验证我国个体投资者是倾向于追随参考群体还是仅仅关注基本面，即确定个体投资者羊群行为是由行为驱动还是由信息驱动，须调查该行为的决定因素及其对股票价格的影响。学者们着重研究了市场态势、公司规模、股票收益、交易量、过去收益等对羊群行为的影响（Suominen，2001；孙培源和施东晖，2002；陈国进和陶可，2010；Tian et al.，2015；Arjoon and Bhatnagar，2017；Camara，2017；Zheng，Li，and Chiang，2017；Frijns and Huynh，2018；Humayun Kabir and Shakur，2018；Lin，2018）。

　　有学者关注了市值规模和羊群行为间的关联：Lakonishok 等（1992）分析了美国基金管理者的羊群效应，结果发现大盘股中基金管理者没有显著的羊群行为，小盘股中基金管理者则相对容易表现出一定的羊群行为。学者认为小规模公司表现出的高羊群行为是信息级联的证据，投资者观察有关他人交易行为的私人信息可能会导致大量没有共同债券的投资者改变他们的决策，产生信息级联。伍旭川和何鹏（2005）、祁斌等（2006）以及陶瑜等（2015）对我国投资基金的研究得出了一致的结论，发现我国基金的羊群行为程度较国外发达的资本市场更为明显，相较于大盘股，基金在交易中小盘股时更容易采用羊群行为的交易策略。Arjoon 和 Bhatnagar（2017）也指出小型股表现出的羊群行为更为突出。由于投资过程中小公司信息更具有不确定性，小型股羊群行为更明显。与以上文献的观点不同，田存志和赵萌（2011）指出，相较于中等规模股票，大规模股票和小规模股票表现出更强的羊群行为，但羊群行为不受参与基金交易的基金的数目影响。此外，孙培源和施东晖（2002）对不同大小流通股本的股票进行了分组检验，结果表明市场收益率与横截面绝对偏离之间的关系无差异。

　　同时，部分文献探讨了信息可用性和市场流动性之间的关系。Suominen（2001）认为，交易量越高表明信息质量越好。Grundy 和 McNichols（1989）发现充分的交易可以实现价格传播。因此，股票交易量变化作为一个重要的价格走势信号，将导致集中交易行为的出现，能够催生羊群行为。并且，Wermers（1999）发现投资者的羊群行为程度与过去收益的幅度之间存在正相关关系。他们发现投资者采取羊群行为策略的倾向与过去的回报有关。另外，陈国进和陶可（2010）指出市净率是羊群行为的一个影响因子。

　　研究者们还发现市场态势与羊群行为程度关系密切（Chang，Cheng，and Khorana，2000；Demirer and Kutan，2006；Yao，Ma，and He，2014；

Arjoon and Bhatnagar，2017；Zheng，Li，and Chiang，2017）。有学者认为如果羊群行为由行为驱动进而表现为追随参考群体，那么该羊群行为会在极端市场中发生变化，并随市场压力和不确定性增加而加剧（如 Christie and Huang，1995；Lao and Singh，2011；Zheng，Li，and Chiang，2017）。Christie 和 Huang（1995）与 Chang 等（2000）提出的方法表明，在市场压力期间，羊群行为更加普遍。Chiang 和 Zheng（2010）发现了美国和拉丁美洲于墨西哥危机、阿根廷动乱、信贷市场危机等期间存在羊群行为的重要证据。Lao 和 Singh（2011）发现中国和印度于市场大幅波动期间存在更为明显的羊群行为。进一步地，Yao 等（2014）发现投资者可能更倾向于在低迷市场中采取"逃向安全资产"（flight to safety）策略。Zheng 等（2017）则发现，大多数低迷市场和低交易量市场中的行业羊群效应更加显著。然而，Demirer 和 Kutan（2006）发现没有证据显示中国市场极端回报变化期间存在羊群行为；Shyu 和 Sun 研究了中国台湾股市动荡时期的机构投资者，发现他们在市场压力下的羊群行为没有显著变化。此外，Hsieh（2013）发现在市场不确定时期，机构投资者买入羊群行为更为激烈，但获得更高的异常回报，原因可能在于他们收到类似的信息而一起买入这些股票。可见，由信息驱动羊群行为也可能会随市场压力和不确定性增加而加剧，但投资者能够获得更高异常回报。由此，在市场下行期间羊群行为程度更高可能不足以证明羊群行为是追随参考群体的结果（而不是源于基本面）。

关于羊群行为对股票价格的影响，研究指出在探讨羊群行为驱动源时需要考虑羊群行为发生后的回报，羊群行为后观察到的价格逆转或价格延续应该是确定羊群行为背后原因的更实质的证据（Wermers，1999；Sias，2004；Hsieh，2013）。Wermers（1999）发现共同基金羊群行为对后续股票价格具有持续性影响，因此认为基金羊群行为由信息驱动，而非源于声誉问题。部分学者支持上述观点，指出羊群行为有助于维护市场稳定（Lakonishok，Shleifer，and Vishny，1992；顾荣宝等，2015）。有学者却得到了相反结论，认为羊群行为通常与非理性或异常的投资者行为有关，可能会破坏市场价格并造成过度波动（如 Bikhchandani and Sharma，2001；Blasco，Corredor，and Ferreruela，2012；Li，2015；Bekiros et al.，2017；Deng，Hung， and Qiao, 2018; Cai et al., 2019)。Hsieh（2013）指出在投资者羊群行为发生后，股票价格在延续后出现逆转，意味着这些投资者的集中交易行为由情绪驱动并破坏市场稳定。显然，对于羊群行为如何影响市场效率有稳定股价和破坏稳定两种截然不同的结论。为何产生这两种截然相反的结论可以从羊群行为的驱动源进行解释，上文中关于羊群行为产生机制的文献梳理亦显示，羊群行为的形成机理可大致分为两类：源于基本面和源于行为。由信息驱动的羊群效应源于基本面，并以稳定的方式影响股票价格。相比之下，当投资者跟随参考群体时，就会出现由行为驱动的羊群效应，可能会破坏市场稳定。

目前羊群行为与股价关联的文献主要针对机构投资者，少量学者以个体投资者为研究对象，对其羊群行为与股市波动间关系进行了研究（Venezia, Nashikkar, and Shapira, 2011; Hsieh, 2013）。Venezia 等（2011）指出以色列个体投资者表现出较机构投资者更高的羊群行为趋势，该趋势和市场波动之间的相关性亦更高，个体投资者羊群行为对市场稳定的威胁和破坏性比机构投资者更大。Hsieh（2013）发现台湾个体投资者在采取羊群行为策略后立即亏损，并且个人交易越多，他们承担的损失就越大。然而，沪深市场个体投资者羊群行为对股价波动的作用尚不清楚。

综上，若要验证我国个体投资者羊群行为是基于信息，还是基于行为因素进而表现为追随参考群体，还需要观察羊群行为后的股价走势。

2. 个体投资者羊群行为驱动源——源于基本面 or 追随参考群体

上述问卷调查部分针对微观层面上参考群体类型如何与何时影响个体投资者羊群行为的这一研究空白，通过问卷调查方式构建了两个嵌套数据层来理论探讨和实证检验个体投资者频繁接触且具有重大影响力的参考群体与羊群行为的关联及作用机制，揭示了参考群体诱发羊群行为的内部心理机制。研究发现个体投资者羊群行为偏差是其克服认知局限性和追求心理需求的表象，其他人、亲友和专家群体导致的羊群行为依次递增，这种盲从行为显然不利于市场稳定。并且，在此基础上进一步研究参考群体诱发个体投资者羊群行为的边界条件。以内部特质和外部情境相整合为切入点，提出并实证检验了在不同外部决策情境（买入和卖出决策、股价预测一致与否、参考群体评价效应）时个体投资者异质性（自信、特质焦虑）

在参考群体驱动羊群行为过程中的跨层次调节中介效应模型。研究发现在一般情境下他评效应导致跨层次调节中介效应模型不再成立，且该模型在买入决策和卖出决策中是一致的，当参考群体与个体投资者股价预测一致时，他评效应导致跨层次的调节中介效应不再显著；当股价预测不一致时，跨层次调节中介效应不显著。但个体投资者卖出股票时更倾向于依赖参考群体，不同参考群体类型引致卖出羊群行为程度间的差异更明显。

上述研究结果显示，我国个体投资者倾向于追随参考群体，且在不同外部决策情境下自信、特质焦虑等心理行为特征的直接影响和间接效应都不容忽视。这意味着，我国个体投资者羊群行为是由行为因素驱动（追随参考群体）而非基于信息（源于基本面），该行为偏差会破坏股价稳定。

现有相关研究指出，个体投资者交易取决于他人的交易和谣言，他们错误地认为其他人的交易和谣言包含私人信息（Barber and Odean，2008）。Hsieh（2013）针对台湾个体投资者的研究得出了类似的结论：台湾个体投资者的羊群行为是由行为因素驱动的，个体投资者自信等情绪特征可能是其发生羊群行为不容忽视的因素。

部分研究者分析了我国个体投资者羊群行为的影响因素。谢晔和周军（2010）发现个性心理特征是个体投资者羊群行为的重要影响因素；他们于2013年的研究进一步指出愉悦、恐惧等特定情绪与个体投资者羊群行为关系密切。谢晔等（2008）发现近半数个体投资者承认自己在进行投资决策时会受股评专家和其他人的影响而采取羊群行为策略，且个体投资者的羊群行为的产生在很大程度上受到心理因素的影响。

可见，问卷调查部分的结论与上述观点一致并对其进行深化与拓展，但我国个体投资者羊群行为是由行为因素驱动而表现为追随参考群体的这一结论仍需要交易数据来验证。

目前，基于证券市场真实交易记录的文献主要通过验证市场压力和不确定性对羊群行为的影响来推测羊群行为的驱动源。李新路和韩志萍（2007）指出中国股市投资者羊群行为显著，而心理因素是导致投资者羊群行为的主要原因。陈国进和陶可（2010）亦指出我国个体投资者羊群行为的非理性因素不容忽视。在市场压力性事件覆盖期间观察到的更为强烈羊群行为程度是确定羊群行为驱动源的常用且重要指标（如 Lao and Singh，2011）。结合上述章节中关于由行为驱动羊群行为的介绍和总结，之所以认为在市场压力期间观察到的更强羊群行为是由行为因素驱动而表现为追随参考群体可归纳为以下几个方面。首先，投资环境恶化导致个体投资者意识到其丢失了对环境的控制感，这将会诱发强烈的焦虑等负性情绪体验，进而个体往往会与大众的行为保持一致，以增加自信程度和安全感，从而满足控制自己周围环境的需要（控制幻觉）。其次，羊群行为能够帮助个体投资者在熊市中减轻担心和恐惧的情绪，恐惧情绪促使个体倾向于逃离和摆脱不确定情境，这种倾向导致他们在尚不明确他人决策动机时便急于追随他人的行动。此外，出于模仿本能，面临下行的市场态势，不确定性和风险性的增加促使个体投资者采取跟风策略来降低或消除这种不确定性和高风险性对自己产生的威胁感，从而满足对群体归属感和安全感的需要。最后，一致性判断群体压力会进一步促进和强化个体投资者的上述羊群行为倾向，在未知晓群体判断是否正确的情况下，个体投资者倾向于做出与大众一致的判断。

为了排除在如市场不确定时期投资者羊群行为更为激烈可能是由于他们收到类似信息而一起交易这些股票，需要进一步调查羊群行为与收益之间的动态关系。当投资者集中买入或卖出股票时，这种羊群行为可能会破坏股价稳定或者稳定股价。如果羊群行为是基于信息（只关注基本面）的，那么应该观察到价格连续性，即价格上涨（下降）后没有减少（增加）（Wermers，1999；Sias，2004）。换句话说，在基于信息的羊群行为发生之后，股票价格继续与羊群行为一致。然而，如果羊群行为是由行为因素（追随参考群体）引起的，那么人们应该观察到股票价格逆转，即股价先是上涨（下跌），然后是下跌（上涨）（如 Scharfstein and Stein，1990；Bikhchandani，Hirshleifer，and Welch，1992）。

综上所述，本章借鉴 Wermers（1999）、Sias（2004）、Hsieh（2013）等人的观点，通过观察和检验市场压力期间羊群行为程度，以及羊群行为后股票价格延续还是逆转来确定我国个体投资者羊群行为是基于信息还是基于行为进而表现为追随参考群体，以检验问卷调查得出的结论。

如果问卷调查的结论得到验证和支持，即我国个体投资者倾向于追随参考群体发生羊群行为，而不是只关注基本面，那么将观察到在压力性市场事件期间更为显著的个体投资者羊群行为，并观察到在个体投资者羊群行为发生后股价逆转。具体地，个体投资者在市场压力期间买卖羊群行为更显著，且个体投资者在买入和卖出羊群行为后观察到股票收益发生逆转。

（二）样本和数据

本章所采用的数据源于某证券营业部自 2017 年 12 月 26 日至 2019 年 3 月 20 日的约 10000 个账户日交易的每笔成交数据集以及深沪 A 股个股的行情数据库。成交数据集的信息主要包括成交日期、交易类别、成交股数、股票代号、成交价格。行情数据库的信息主要包括股票日收益、流通规模、交易量和市净率，本文使用的是国泰安数据库（CSMAR）。

CSMAR 在获取个股收益时使用的是国际标准数据库调整技术，提供了日收盘价的可比价格，使得送股、配股、拆细等导致的股票价格不具有可比性的问题得到解决。本研究对原始数据的处理还包括删除了无资金、无股票的睡眠账户以及发生撤销指定和转托管的数据。

2018 年的股市可谓遭受重创，期间的贸易摩擦是不容忽视的影响因素。2017 年底，在特朗普政府发布的首份《国家安全战略报告》中，我国被认为是美国战略上的竞争对手。自 2018 年 1 月，特朗普便着手对加拿大、中国等多个国家与地区实施禁令出口、加征关税政策。3 月 22 日，特朗普对中国加征惩罚性关税，经历数轮谈判和持续加征，中美于同年 12 月 1 日达成了停止互征新关税并于 90 天内回归谈判的协议。之后，A 股于 2018 年最后的交易日迎来了全年一跌再跌之后的反转。2019 年 1 月始，央行宣布降准，加大流动性。对中美两国贸易谈判取得成果的寄望以及该利好政策消除了市场悲观情绪。为了进一步探讨个体投资者羊群行为的驱动源，本章研究个体投资者羊群行为与市场压力之间的关系，以及在此期间羊群行为与股票价格的关联。本研究选择中美贸易摩擦市场事件作为波动期，即从 2017 年 12 月 26 日至 2018 年 12 月 27 日，2018 年 12 月 28 日至 2019 年 3 月 20 日则对应股市回暖期，这与交易记录中上涨与下跌行情整体相符。

（三）变量和模型

1. 变量介绍

羊群行为。本章借鉴 Christie 和 Huang（1995）的思想，通过不同股票交易量的标准差测度羊群行为（Li，Rhee，and Wang，2017）。t 日所有样本股横截面交易量的标准差 $\sigma(Vol)_t$ 被用来衡量个体投资者的羊群行为程度。

$$\sigma(Vol)_t = \sqrt{\dfrac{\sum_{i=1}^{N}\left[Vol_{it} - \mu(Vol)_t\right]^2}{N-1}} \qquad (8-1)$$

这里，Vol_{it} 表示个体投资者 t 日投资股票 i 的交易量对数与股票价格的乘积。$\sigma(Vol)_t$ 越小意味着个体投资者的交易量分散程度越低，交易行为越集中，即羊群行为越明显。反之，$\sigma(Vol)_t$ 越大意味着个体投资者的交易量偏离均值的程度越高，交易行为越分散，即羊群行为越不明显。该种羊群行为测度方法与 Christie 和 Huang（1995）的 CSSD 方法相似，但该方法在一定程度上弥补了 CSSD 和 LSV 方法中不涉及交易量的不足，将交易者的交易行为纳入考虑范围。

累积异常收益（Cumulative Abnormal Return，CAR）。t 日异常收益和累积异常收益公式如下：

$$CAR_t = R_t - R_{ta} \qquad (8-2)$$

$$CAR_{t+k} = \sum_{j=t+1}^{t+k}(R_j - R_{ja}) \qquad (8-3)$$

这里，日收益是指当日的对数收盘价相对于前一天的对数收盘价的增量 $\ln(p_t/p_{t-1})$，CAR_t 是通过 t 日交易样本股票的平均收益 R_t 减去样本期间所有股票 t 日的平均收益 R_{ta} 得到，累积异常收益 CAR_{t+k} 为 $t+1$ 日到 $t+k$ 日异常收益的和，本书用同样的方法可以获得滞后 5 日内的累积异常收益 CAR_{t-5}，即滞后第 5 日到第 1 日股票的累积收益减去所有样本股期间累积收益的均值。

目前，我国个体投资者羊群行为对股市波动的影响仍待探讨，鉴于羊群行为后观察到的股价动态是确定羊群行为驱动源的更为实质和充分的证据（Wermers，1999；Sias，2004；Hsieh，2013），本研究通过观察个体投资者羊群行为决定因素及其与股票累积异常收益的关联，验证个体投资者羊群行为背后的驱动源。由于股票流通规模、交易量、市场态势、过去收益和市净率等是影响羊群行为的重要因素，本研究将它们纳入考虑。

本节涉及的相关变量和其定义如表 8-1 所示。

表 8-1　变量定义

变量代码	计算方法
$\sigma(Vol)_t$	交易量标准差：在个体投资者交易记录中所有股票于 t 日的交易量标准差
Vol_{it}	交易量：个体投资者 t 日投资股票 i 的交易量对数与股票价格的乘积
$\mu(Vol)_t$	日均交易量：个体投资者 t 日投资的全部股票的交易量均值
CAR_{t-5}	过去第 5 日到第 1 日的累积异常收益
CAR_t	交易当日的累积异常收益
CAR_{t+k}	交易形成后 t 日到 k 日的累积异常收益
$Size_t$	流通规模：股票于 t 日的总流通市值的对数
To_t	股票于 t 日的总交易量
Pe_t	市场态势：虚拟变量，下行时期取值为 1（2017 年 12 月 26 日至 2018 年 12 月 27 日），上行时期取值为 0（2018 年 12 月 28 日至 2019 年 3 月 20 日）
Pb_t	市净率：股票于 t 日的价格除以净资产

2. 实证模型

本章在具体分析过程中，考察股票流通规模、交易量、市场态势和市净率等与个体投资者羊群行为的关联，特别是市场态势与个体投资者羊群行为的关系。实证模型如下。

$$\sigma(Vol)_{bt} = \alpha_1 + \alpha_4 CAR_{t-5} + \alpha_2 Size_t + \alpha_3 To_t + \alpha_5 Pe_t + \alpha_6 Pb_t + \varepsilon_t \tag{8-4}$$

$$\sigma(Vol)_{st} = \alpha_1 + \alpha_4 CAR_{t-5} + \alpha_2 Size_t + \alpha_3 To_t + \alpha_5 Pe_t + \alpha_6 Pb_t + \varepsilon_t \tag{8-5}$$

其中，$\sigma(Vol)_{bt}$ 和 $\sigma(Vol)_{st}$ 分别代表在个体投资者交易记录中所有股票于 t 日的买入交易量标准差以及卖出交易量标准差。

本章接下来考察在加入控制变量后个体投资者羊群行为与股价的关联。实证分析模型如下。

$$\sigma(Vol)_{bt} = \alpha_1 + \alpha_4 CAR + \alpha_2 Size_t + \alpha_3 To_t + \alpha_5 Pe_t + \alpha_6 Pb_t + \varepsilon_t \tag{8-6}$$

$$\sigma(Vol)_{st} = \alpha_1 + \alpha_4 CAR + \alpha_2 Size_t + \alpha_3 To_t + \alpha_5 Pe_t + \alpha_6 Pb_t + \varepsilon_t \tag{8-7}$$

其中，$\sigma(Vol)_{bt}$ 和 $\sigma(Vol)_{st}$ 含义不变，CAR 则描述不同时间区间内的累积异常收益。

进一步地，在验证了不同市场行情中个体投资者买入和卖出羊群行为特征后，本章研究在市场压力期间个体投资者羊群行为与股价的关联，并观察在市场压力期间，个体投资者产生强买入羊群行为和强卖出羊群行为后的累积异常收益情况。

（四）个体投资者羊群行为驱动源和影响的实证检验与分析

1. 个体投资者羊群行为及其决定因素

鉴于有关研究已经验证了个体投资者存在羊群行为（如李新路和韩志萍，2007；Schmeling，2009），本部分内容在此基础上分析市场态势、股票流通规模、交易量、过去收益、市净率等与个体投资者羊群行为的关联。

表 8-2 中结果显示，个体投资者买入过去累积异常收益为正的股票，但卖出过去累积异常收益为负的股票。个体投资者买卖股票时在股票流通规模、交易量和市净率上没有明显的偏好差异。并且，个体投资者在卖出股票决策过程中交易量标准差均值比其买入股票时的交易量标准差均值要小，交易量标准差越小意味着羊群行为程度越严重，因此个体投资者在卖出股票决策过程中的羊群行为程度可能较买入股票时更明显。

表 8-2　变量的基本统计

变量	买入决策		卖出决策	
	均值	标准差	均值	标准差
$\sigma(Vol)_t$	5.94	4.66	4.70	4.65
CAR_{t-5}	9.72E-3	5.05E-4	-6.00E-3	5.19E-3
$Size$	2.05E+7	3.92E+7	1.57E+7	3.78E+7
To	3.90E+7	4.12E+7	3.89E+7	4.30E+7
Pe	0.83	0.38	0.84	0.37
Pb	2.84	8.19	2.98	8.81

注：$\sigma(Vol)_t$ 衡量羊群行为程度。

$^*p<0.05$，$^{**}p<0.01$，$^{***}p<0.001$。

本章进一步对个体投资者买入和卖出羊群行为进行 t 检验，结果显示，个体投资者在买入股票决策过程中的交易量标准差均值与其卖出股票时的交易量标准差均值之间的差异为 1.22（$t=3.06$，$p<0.01$），这表明个体投资者卖出羊群行为比买入羊群行为更为显著。

表 8-3 显示了在买入决策中累积异常收益、市场态势、股票流通规模、交易量、市净率等变量间相关系数。结果显示，滞后 5 日内累积异常收益与交易量标准差呈负相关（$\gamma = -0.62$，$p < 0.01$），即滞后 5 日内累积异常收益和买入羊群行为呈正相关；股票流通规模和交易量标准差相关系数不显著（$\gamma = -0.01$，n.s.）；总的交易量与交易量标准差呈负相关（$\gamma = -0.38$，$p < 0.01$），表明总的交易量和买入羊群行为之间存在正相关关系；市场态势与交易量标准差相关系数不显著（$\gamma = -0.11$，n.s.），但系数为负值。

表 8-3 变量间相关系数（买入决策）

变量	1	2	3	4	5
1 $\sigma(Vol)_b$					
2 CAR_{t-5}	-0.62^{**}				
3 $Size$	-0.01	0.01			
4 To	-0.38^{**}	0.46^{**}	-0.02		
5 Pe	-0.11	-0.10	0.05	0	
6 Pb	0.04	-0.02	-0.05	-0.02	0.02

注：$\sigma(Vol)_b$ 衡量买入羊群行为程度。

$^*p < 0.05$，$^{**}p < 0.01$，$^{***}p < 0.001$。

表 8-4 中的结果描述的是在卖出决策中累积异常收益、市场态势、股票流通规模、交易量、市净率等变量间相关系数。结果显示，滞后 5 日内累积异常收益与交易量标准差呈正相关（$\gamma = 0.44$，$p < 0.01$），即滞后 5 日内累积异常收益和卖出羊群行为呈负相关；股票流通规模和交易量标准差之间相关系数不显著（$\gamma = 0$，n.s.）；总的交易量与交易量标准差呈负相关（$\gamma = -0.37$，$p < 0.01$），表明总的交易量和卖出羊群行为呈正相关；市场态势与交易量标准差呈负相关（$\gamma = -0.15$，$p < 0.05$），表明市场下行时期卖出羊群行为较上行时期更为显著。

表 8-4 变量间相关系数（卖出决策）

变量	1	2	3	4	5
1 $\sigma(Vol)_s$					
2 CAR_{t-5}	0.44^{**}				

变量	1	2	3	4	5
3 *Size*	0	0.01			
4 *To*	-0.37^{**}	-0.52^{**}	0.01		
5 *Pe*	-0.15^{*}	0.30^{**}	0	-0.07	
6 *Pb*	0.03	-0.03	-0.03	-0.01	0.01

注：$\sigma(Vol)_s$ 衡量卖出羊群行为程度。

$^{*}p<0.05$，$^{**}p<0.01$，$^{***}p<0.001$。

显然，由表8-3结果可知，市场态势与交易量标准差相关系数不显著（$\gamma=-0.11$，n.s.），但系数为负值。表8-4中的结果显示，市场态势与交易量标准差呈负相关（$\gamma=-0.15$，$p<0.05$），市场下行时期卖出羊群行为较上行时期更为显著。

接着，本章通过公式（8-4）和公式（8-5）得到相关变量的回归分析结果，具体参见表8-5。买入前5日到前1日的累积异常收益与买入交易量标准差 $\sigma(Vol)_b$ 呈负相关（$\gamma=-0.58$，$p<0.001$）。因为 $\sigma(Vol)_t$ 越大，羊群行为程度越低，故滞后5日内的累积异常收益越大，个体投资者的集中买入行为越强烈。卖出前5日到前1日的累积异常收益与卖出交易量标准差 $\sigma(Vol)_s$ 呈正相关（$\gamma=0.45$，$p<0.001$）。鉴于 $\sigma(Vol)_t$ 越大，羊群行为程度越低，故滞后5日内的累积异常收益越小，个体投资者集中卖出行为越强烈。

表8-5中结果表明，市场态势这一虚拟变量对股票买入过程中交易量标准差的回归系数为负（$\gamma=-0.17$，$p<0.001$），这表明市场态势与个体投资者买入羊群行为程度呈正相关，即个体投资者倾向于在市场压力期间发生更明显的买入羊群行为。市场态势与股票卖出过程中交易量标准差的回归系数为负（$\gamma=-0.30$，$p<0.001$），这表明市场态势与个体投资者卖出羊群行为程度呈负相关，即个体投资者倾向于在市场压力期间发生更明显的卖出羊群行为。

表8-5　相关变量的回归结果

变量	$\sigma(Vol)_b$	$\sigma(Vol)_s$
CAR_{t-5}	-0.58^{***} (-11.30)	0.45^{***} (6.68)

续表

变量	$\sigma(Vol)_b$	$\sigma(Vol)_s$
$Size$	0 (−0.03)	0 (0.01)
To	−0.11* (−2.19)	−0.15* (−2.39)
Pe	−0.17*** (−3.60)	−0.30*** (−5.24)
Pb	0.02 (0.53)	0.05 (0.88)
$Adj. R^2$	0.41	0.28

注：括号内为回归系数的 t 值。

* $p<0.05$，** $p<0.01$，*** $p<0.001$。

表 8-5 中结果显示，总的交易量与股票交易量标准差呈负相关，表明交易量与个体投资者羊群行为呈正相关。股票规模与股票交易量标准差间系数不显著。这些结论与陈国进和陶可（2010）以及 Hsieh（2013）的观点一致。

上述研究结果还显示，个体投资者倾向于在市场压力下跟随他人买入和卖出股票，卖出时这种跟随行为更加普遍。个体投资者的羊群行为可能是由行为因素所驱动，他们倾向于追随参考群体。下文进一步分析羊群行为与股价的关联，以排除市场压力期间个体投资者羊群行为更为激烈是因为收到类似信息的可能性。

2. 参考群体驱动的个体投资者羊群行为与股票异常收益

（1）个体投资者羊群行为与累积异常收益

本部分内容考察个体投资者羊群行为与股价的动态关联。个体投资者买入和卖出股票的累积异常收益如表 8-6 所示。

表 8-6　个体投资者买入和卖出股票的累积异常收益

变量	$t-5$	t	$t+1$	$t+5$	$t+10$	$t+15$	$t+20$	$t+25$	$t+30$
$CAR_b(\%)$	0.97	0.46	0.27	0.47	0.52	0.57	0.49	−0.29	−0.86
$CAR_s(\%)$	−0.60	−0.38	−0.22	−0.15	−0.17	−0.22	0.11	0.36	0.54

注：表中统计量都是简单算术平均值；CAR_b 是买入股票时的累积异常收益，CAR_s 是卖出股票时的累积异常收益。列 $t-5$ 为 $t-5$ 到 $t-1$ 日的累积异常收益，列 $t+k(k \in \{1, 5, 10, 15, 20, 25, 30\})$ 为 $t+1$ 到 $t+30$ 日的累积异常收益（下同）。

表 8-6 中结果显示个体投资者大量买入和卖出股票的累积异常收益在延续 20 天后出现逆转。并且，个体投资者买入股票时的累积异常收益比卖出时要大，但交易 25 日和 30 日后买入股票的累积异常收益比卖出的要小。可见我国个体投资者羊群行为包含的信息较少，可能是由行为驱动的，这不利于证券市场的稳定。

当投资者集中买入或卖出股票时，这种羊群行为可能会破坏股价稳定或者稳定股价。如果羊群行为是基于信息的，那么人们应该观察到价格连续性，即价格在上涨（下降）后没有减少（增加）（Wermers，1999；Sias，2004）。然而，如果羊群行为是基于行为因素，那么人们应该观察到股票价格逆转，即股价先是上涨（下跌），然后是下跌（上涨）（如 Scharfstein and Stein，1990；Bikhchandani，Hirshleifer，and Welch，1992）。借鉴上述思想，本章分析了个体投资者羊群行为与累积异常收益相关性。

个体投资者买入（卖出）羊群行为与累积异常收益间关联如表 8-7 所示。

表 8-7　个体投资者羊群行为与累积异常收益相关性分析

变量	CAR（%）								
	$t-5$	t	$t+1$	$t+5$	$t+10$	$t+15$	$t+20$	$t+25$	$t+30$
$\sigma(Vol)_b$	-0.62**	-0.61**	-0.55**	-0.36**	-0.28**	-0.22**	0.04	0.19**	0.27**
$\sigma(Vol)_s$	0.44**	0.48**	0.40**	0.35**	0.39**	0.42**	-0.03	-0.22**	-0.32**

注：$\sigma(Vol)_b$ 衡量买入羊群行为程度，$\sigma(Vol)_s$ 衡量卖出羊群行为程度（下同）。
* $p<0.05$，** $p<0.01$，*** $p<0.001$。

表 8-7 的结果表明，买入前 5 日到前 1 日和买入当日的累积异常收益与买入交易量标准差 $\sigma(Vol)_b$ 呈负相关（$\gamma=-0.62$，$p<0.01$；$\gamma=-0.61$，$p<0.01$）。因为 $\sigma(Vol)_b$ 越大，羊群行为程度越低，故滞后 5 日内和买入当日的累积异常收益越大，个体投资者的集中买入行为越强烈。买入后 1 日的累积异常收益与买入交易量标准差 $\sigma(Vol)_b$ 呈负相关（$\gamma=-0.55$，$p<0.01$），这表明个体投资者越集中买入，股票购入后 1 日的累积异常收益越大。该情形将持续到买入羊群行为产生后的第二周到第三周，之后出现逆转，个体投资者越集中买入，则买入羊群发生后 25 日的累积异常收益越小（$\gamma=0.19$，$p<0.01$）。在个体投资者集中买入股票后，股票价格出现逆转，个体投资者买入羊群行为会破坏市场稳定。

表 8-7 的结果还显示，卖出前 5 日到前 1 日和卖出当日的累积异常收益与卖出交易量标准差 $\sigma(Vol)_s$ 呈正相关（$\gamma = 0.44$，$p < 0.01$；$\gamma = 0.48$，$p < 0.01$）。同样鉴于 $\sigma(Vol)_s$ 越大，羊群行为程度越低，可以得到滞后 5 日内和卖出当日的累积异常收益越小，个体投资者的集中卖出行为越强烈。卖出后 1 日的累积异常收益与卖出交易量标准差 $\sigma(Vol)_s$ 呈正相关（$\gamma = 0.40$，$p < 0.01$），这表明个体投资者越集中卖出，股票卖出后 1 日的累积异常收益越小。该情形将持续到卖出羊群行为形成后的第二周到第三周，之后出现逆转，个体投资者越集中卖出，则卖出羊群发生后 25 日的累积异常收益越大（$\gamma = -0.22$，$p < 0.01$）。个体投资者集中卖出股票后，股票价格发生逆转，个体投资者卖出羊群行为会破坏市场稳定。

为确保研究结果的稳健性，我们增加了控制变量，在回归中新增股票流通规模、交易量、市场态势和市净率，通过公式（8-6）和公式（8-7）研究羊群行为发生后股票累积异常收益如何发生变化。

表 8-8 中统计了在加入股票流通规模、交易量、市场态势和市净率等控制变量之后，随时间推移累积异常收益与羊群行为关系的变化情况。表 8-8 中结果显示，买入后 1 日的累积异常收益与买入交易量标准差 $\sigma(Vol)_b$ 呈负相关（$\gamma = -0.48$，$p < 0.001$），这表明个体投资者越集中买入，股票购入后 1 日的累积异常收益越大。该情形将持续到买入羊群行为产生后的第二周到第三周，之后出现逆转，个体投资者越集中买入，则买入羊群行为发生后 25 日的累积异常收益越小（$\gamma = 0.15$，$p < 0.01$）。个体投资者倾向于追随参考群体集中买入股票，这不利于市场稳定。也就是说，该买入羊群行为可能是由行为因素驱动，个体投资者倾向于追随参考群体买入股票。

表 8-8　个体投资者羊群行为与累积异常收益回归分析结果

变量	CAR（%）								
	$t-5$	t	$t+1$	$t+5$	$t+10$	$t+15$	$t+20$	$t+25$	$t+30$
$\sigma(Vol)_b$	-0.58*** (-11.30)	-0.56*** (-10.83)	-0.48*** (-9.17)	-0.29*** (-5.31)	-0.22*** (-4.00)	-0.17** (-3.04)	0.03 (0.50)	0.15** (2.62)	0.21*** (3.83)
$\sigma(Vol)_s$	0.45*** (6.68)	0.44*** (6.77)	0.30*** (5.22)	0.26*** (4.43)	0.15* (2.45)	0.21*** (3.60)	-0.04 (-0.69)	-0.29*** (-4.94)	-0.32*** (-5.52)

注：括号内为回归系数的 t 值。

* $p < 0.05$，** $p < 0.01$，*** $p < 0.001$。

表 8-8 中结果还显示，卖出后 1 日的累积异常收益与卖出交易量标准差 $\sigma(Vol)_s$ 呈正相关（$\gamma = 0.30$，$p < 0.001$），这表明个体投资者越集中卖出，股票卖出后 1 日的累积异常收益越小。该情形将持续到卖出羊群行为形成后的第二周到第三周，之后出现逆转，个体投资者越集中卖出，则 25 日后的累积异常收益越大（$\gamma = -0.29$，$p < 0.001$）。个体投资者倾向于追随参考群体集中卖出股票，这会破坏市场稳定。也就是说，该卖出羊群行为可能是由行为因素驱动，个体投资者倾向于追随参考群体卖出股票。

在加入控制变量以后，研究结果不发生改变，具有稳健性。上述实证结果显示，在个体投资者集中交易股票后，累积异常收益出现逆转。这意味着，在个体投资者集中买入和卖出股票后，股票价格出现逆转，个体投资者的羊群行为会破坏市场稳定，该行为可能是由行为因素驱动，个体投资者倾向于追随参考群体买入和卖出股票。

（2）压力期间个体投资者羊群行为与累积异常收益

上文关于市场态势与个体投资者羊群行为间关联的研究结果显示，个体投资者倾向于在市场压力下跟随他人买入和卖出股票，在卖出时这种跟随行为更加普遍。个体投资者羊群行为可能是由行为因素驱动，是追随参考群体的结果。

为进一步排除在市场压力期间个体投资者的羊群行为更为激烈可能由于他们收到类似信息而一起交易这些股票的可能性，在继上文验证了在个体投资者集中交易股票后累积异常收益出现逆转这一结论后，本章接下来将研究市场压力期间羊群行为与股价的关联。

表 8-9 的结果显示，在市场压力期间，股票买入前 5 日到前 1 日和买入当日的累积异常收益与买入交易量标准差 $\sigma(Vol)_b$ 呈负相关（$\gamma = -0.78$，$p < 0.01$；$\gamma = -0.78$，$p < 0.01$）。因为 $\sigma(Vol)_t$ 越大，羊群行为程度越低，故滞后 5 日内和买入当日的累积异常收益越大，个体投资者的集中买入行为越强烈。股票买入后 1 日的累积异常收益与买入交易量标准差 $\sigma(Vol)_b$ 负相关（$\gamma = -0.69$，$p < 0.01$），这表明个体投资者越集中买入，股票购入后 1 日的累积异常收益越大。该情形将持续到买入羊群行为产生后的第二周到第三周，之后出现逆转，个体投资者越集中买入，则买入羊群发生后 25 日的累积异常收益越小（$\gamma = 0.30$，$p < 0.01$）。在市场压力期间个体投资者集

中买入股票后股价逆转，这意味着此时个体投资者们并非由于收到类似信息而一起买入这些股票，而是源于行为因素而盲目追随参考群体，这会造成股市异常波动，不利于市场稳定。

表 8-9　市场压力期间个体投资者羊群行为与累积异常收益相关性分析

变量	CAR（%）								
	$t-5$	t	$t+1$	$t+5$	$t+10$	$t+15$	$t+20$	$t+25$	$t+30$
$\sigma(Vol)_b$	-0.78^{**}	-0.78^{**}	-0.69^{**}	-0.46^{**}	-0.37^{**}	-0.29^{**}	0.03	0.30^{**}	0.40^{**}
$\sigma(Vol)_s$	0.73^{**}	0.65^{**}	0.53^{**}	0.48^{**}	0.51^{**}	0.55^{**}	-0.08	-0.30^{**}	-0.42^{**}

注：$\sigma(Vol)_b$ 衡量买入羊群行为程度，$\sigma(Vol)_s$ 衡量卖出羊群行为程度（下同）。
* $p<0.05$，** $p<0.01$，*** $p<0.001$。

表 8-9 的结果还显示，在市场压力期间，股票卖出前 5 日到前 1 日和卖出当日的累积异常收益与卖出交易量标准差 $\sigma(Vol)_s$ 呈正相关（$\gamma=0.73$，$p<0.01$；$\gamma=0.65$，$p<0.01$）。同样鉴于 $\sigma(Vol)_s$ 越大，羊群行为程度越低，可以得到滞后 5 日内和卖出当日的累积异常收益越小，个体投资者的集中卖出行为越强烈。股票卖出后 1 日的累积异常收益与卖出交易量标准差 $\sigma(Vol)_s$ 呈正相关（$\gamma=0.53$，$p<0.01$），这表明个体投资者越集中卖出，股票卖出后 1 日的累积异常收益越小。该情形将持续到卖出羊群行为发生后的第二周到第三周，之后出现逆转，个体投资者越集中卖出则卖出羊群发生后 25 日的累积异常收益越大（$\gamma=-0.30$，$p<0.01$）。

在市场压力期间个体投资者在发生卖出羊群行为后股价逆转，排除该行为是个体投资者们基于收到的类似信息而一起卖出这些股票的可能性。

因此，个体投资者卖出羊群行为是源于行为因素，他们倾向于盲目追随参考群体卖出股票，这会破坏市场稳定。

图 8-1 展示了市场压力期间个体投资者发生强买入羊群行为（样本期间买入羊群行为程度排序靠前的一半数据）和强卖出羊群行为（样本期间卖出羊群行为程度排序靠前的一半数据）后的累积异常收益情况[1]；对应日期为形成日 t 后 1 日、5 日、10 日、15 日、20 日、25 日和 30 日。

---

[1]　在将强羊群行为组设定改为样本期间买入和卖出羊群行为程度排序前 30% 的数据时，研究结果基本一致，该结果是稳健的。

　　由图 8-1 可直观得到，市场压力期间个体投资者发生强买入和强卖出羊群行为后的第二周到第三周，股票收益出现逆转。

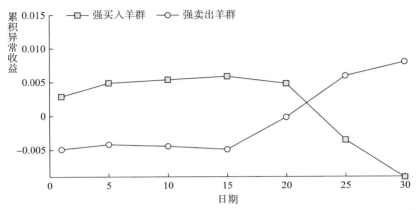

图 8-1　市场压力期间个体投资者发生强买入和强卖出羊群行为后的累积异常收益

　　市场压力期间个体投资者强买入和强卖出羊群行为后的累积异常收益情况与市场压力期间个体投资者羊群行为与累积异常收益关联的分析结果一致，即在个体投资者买入和卖出羊群行为形成后，股票收益都出现了逆转，该行为造成股价异常波动。

　　本研究前一部分（第五章到第七章）通过问卷调查方式具体测量不同个体投资者的羊群行为，屏蔽众多其他市场因素的影响，聚焦于参考群体如何与何时驱动个体投资者羊群行为。而本章通过 t 日所有样本股横截面交易量的标准差 $\sigma(Vol)_t$ 这一市场指标来衡量个体投资者的羊群行为程度以验证问卷调查研究部分的结论，即我国个体投资者确实倾向于追随参考群体而非只关注基本面。

　　为研究这两个指标间的关联，本章对二者测量结果进行了相关分析。具体地，本章按照问卷回收对应的交易日将其分为 30 组，得到参考群体影响下的羊群行为程度；该测度值与对应期间市场指标测度的羊群行为程度的值间具有很高的相关性（$\gamma=-0.67$，$p<0.01$）。$\sigma(Vol)_t$ 越小意味着个体投资者的交易量分散程度越低，即羊群行为越明显，故市场指标测度的个体投资者羊群行为程度与问卷调查方式测量的个体投资者羊群行为程度具有高度正相关。

　　并且，本章中个体投资者的羊群行为是基于行为因素而表现为追随参考群体的结论，支持了上文中得出的个体投资者倾向于追随参考群体的结论。此外，本章通过问卷调查方式得出了个体投资者卖出羊群行为比买入羊群行为更为显著的结论。本章亦发现，个体投资者在卖出股票决策过程中的交易量标准差均值与其在买入股票时的交易量标准差均值差值为负且极其显著，这表明个体投资者卖出羊群行为比买入羊群行为更为明显。

可见问卷指标和市场指标对羊群行为的测度具有一致性，本研究采用问卷调查方式衡量个体投资者羊群行为的做法具有一定的合理性。

本章的实证结果显示，个体投资者在市场压力期间的买入和卖出羊群行为更强烈，个体投资者倾向于在市场压力下跟随他人买入和卖出股票。并且在市场下行期间，个体投资者集中买入过去收益为正的股票，这些股票的累积异常收益在买入羊群行为产生后的第二周到第三周产生逆转，表现变差。同时，个体投资者于市场下行期间集中卖出过去收益为负的股票，但这些股票的累积异常收益在卖出羊群行为产生后的第二周到第三周产生逆转，表现变好。也就是说，市场压力期间个体投资者买入和卖出羊群行为更为强烈，且在羊群行为形成后，股票收益都出现了逆转，个体投资者都经历了损失。由此，个体投资者的羊群行为是由行为因素所驱动，是其追随参考群体的结果。

这些研究结果表明，在证券市场压力期间，不确定性投资情境会诱发个体强烈的焦虑、恐惧等情绪。为减轻和克服上述负面情绪，个体往往会与大众的行为保持一致，以增加自信程度和安全感，进而满足控制自己周围环境的需要。同时，在市场压力期间不确定性和风险性的增加促使个体投资者采取跟风策略来降低或消除这种不确定性和高风险性对自己产生的威胁感，个体投资者对群体归属感和安全感的需要得到满足。进一步地，一致性判断群体压力会进一步促进和强化个体投资者的上述羊群行为倾向，在不知晓群体判断是否正确的情况下，个体投资者倾向于做出与大众一致的判断。也就是说，我国个体投资者在压力期间更多采取羊群行为策略并不是由他们拥有类似信息造成的，个体投资者是出于克服焦虑、恐惧、威胁感等负性情绪体验，满足归属感、安全感、环境控制感等的需要才盲目追随参考群体。这种盲从行为造成股票价格剧烈波动、暴涨暴跌，导致市场泡沫和崩溃的发生。

综上所述，本章的结论验证和支持了问卷调查部分得出的结果。我国个体投资者的羊群行为并非基于信息而是基于行为因素，他们倾向于盲目追随参考群体而并非只关注基本面，这会破坏证券市场稳定，证券监管部门应对此引起重视。

（五）本章小结

为了检验问卷调查得出的结论，本章采用某证券营业部约 10000 个账户日交易的每笔交易的成交数据集和深沪 A 股个股的行情数据库进行实证分析，来验证我国个体投资者是否并非只关注基本面，而是倾向于追随参考群体发生羊群行为。由市场指标测度的个体投资者羊群行为程度与由问卷调查方式测量的个体投资者羊群行为程度呈高度正相关。本章中个体投资者的羊群行为是基于行为因素而表现为其追随参考群体的结论，亦验证和支持了问卷调查得出的参考群体诱发个体投资者羊群行为的结论。并且，个体投资者羊群行为导致市场波动和无效率。

本章研究贡献体现为：通过压力期间羊群行为特征，以及羊群行为后观察到的股价动态这一确定羊群行为驱动源的更为实质和充分证据（Wermers，1999；Sias，2004；Hsieh，2013），我们发现我国个体投资者的羊群行为是由行为驱动而表现为其追随参考群体，会造成股价异常。主要研究结论如下。

（1）个体投资者倾向于在市场压力下跟随他人买入和卖出股票，且卖出时这种跟随行为更加普遍。交易量越大，个体投资者羊群行为越强烈。这些结论与陈国进和陶可（2010）以及 Hsieh（2013）的观点一致。此外，本研究发现，不同于中国台湾个体投资者倾向于买入过去收益为负的股票而卖出过去收益为正的股票（Hsieh，2013），沪深市场个体投资者偏好买入过去收益为正而卖出过去收益为负的股票。

（2）在我国个体投资者集中买入股票后，股票收益延续二到三周后出现逆转，且在个体投资者集中卖出股票后，股票收益延续二到三周后也出现逆转。个体投资者羊群行为会造成股票价格剧烈波动、暴涨暴跌，导致市场泡沫和崩溃。这一结论在考虑股票流通规模、交易量、市场态势、市净率等因素后仍然成立。

（3）个体投资者倾向于在市场压力下跟随他人交易股票，市场压力期间当个体投资者集中买入股票后，股票收益延续二到三周后出现逆转，且当市场压力期间个体投资者集中卖出股票后，股票收益延续二到三周后也出现逆转。

由此我们认为，我国个体投资者羊群行为会破坏证券市场稳定，该行为并非基于信息，而是基于行为因素而表现为个体投资者追随参考群体。

本章研究结果表明，我国个体投资者会盲目追随参考群体发生羊群行为，这会破坏市场稳定。这支持了陈国进和陶可（2010）以及谢晔和周军（2013）的观点。与这些研究不同，本章通过股市真实交易记录实证分析了压力期间我国个体投资者羊群行为及其与股价的关联，这为确定羊群行为驱动源提供了更为实质和充分的证据。这意味着我国证券市场中个体投资者羊群行为对市场的破坏作用不容忽视。

证券市场中的不确定性投资情境会诱发个体强烈的焦虑、恐惧等情绪。为减轻和克服上述负面情绪，个体往往会与大众的行为保持一致以提高自信程度和安全感，进而满足控制自己周围环境的需要。同时，在市场压力期间不确定性和风险性的增加促使个体投资者采取跟风策略来降低或消除这种不确定性和高风险性对自己产生的威胁感，个体投资者对群体归属感和安全感的需要得到满足。进一步地，一致性判断群体压力会进一步促进和强化个体投资者的上述羊群行为，在不知晓群体判断是否正确的情况下，个体投资者倾向于做出与大众一致的判断。个体投资者的这种盲目追随参考群体的行为进一步导致市场价格受到冲击。盲目追随参考群体的由行为驱动羊群行为导致股票价格逆转，即股价先是上涨（下跌），然后是下跌（上涨）。

实证结果表明，我国个体投资者在交易股票时并非只关注基本面，而是倾向于盲目追随参考群体发生羊群行为，这对股票价格造成冲击。根本原因在于个体投资者自身的信息获取和处理能力不足，个体投资者错误地认为其他人的交易和谣言包含私人信息。因此证券监管部门在进行投资者教育时，还须加大管控各新兴媒体传播平台等的金融信息传播质量的力度，促进市场信息传播，进而减少个体投资者对参考群体的依赖，从而保护中小投资者权益和维护市场稳定。

第四篇

个体投资者如何走出"羊群"

个体投资者正确应对参考群体的关键在于正确提取有效信息，避免盲从等相关非理性行为。个体投资者正确应对参考群体不仅能够使广大个体投资者获取相应收益和降低信息搜寻成本，还有利于减少股价异常波动，维护市场有效性。

这对个体投资者和相关部门都提出了挑战。一方面，个体投资者在面临参考群体信息时应意识到自身可能的行为偏差，并利用相应策略进行理性决策。另一方面，证券监管部门、投教机构等仍须不断探索"千人千面"的投教措施，以满足不同类型投教对象的需求，提高投资者教育的针对性和有效性，吸引个体投资者长期参与投教活动，提升我国居民的金融素养和市场效率。

鉴于关于个体投资者羊群行为、独立决策行为和反羊群行为的综合研究较少，本篇之始以个体投资者为研究对象，进一步研究独立决策行为和反羊群行为与羊群行为间的关联，以及特质焦虑和决策风格对独立决策和反羊群行为的影响。第九章的研究结果表明，个体投资者采取羊群行为策略的频率显著高于独立决策频率，采取独立决策策略的频率显著高于反羊群行为频率。同时，特质焦虑与独立决策行为具有显著负相关关系，决策风格对二者关系起到部分中介作用。此外，特质焦虑和决策风格与反羊群行为间关系不显著。

第十章探讨了个体投资者如何利用参考群体信息获取有价值的投资线索来规避各种非理性行为。本章运用合作博弈理论思想，综合考虑个体投资者业绩、经验、可信度等特征，通过一个两阶段的博弈模型分析精明的个体投资者如何建立合作联盟来共享信息，并如何基于该信息进行投资决策来获取收益。

最后，第十一章结合研究发现，从提升投教动因与需求的适配性、增加投教活动针对性、加大管控新兴媒体传播平台的力度、增加证券市场中信息的透明度四个方面提出了深化投资者教育的对策。

第九章　参考群体与个体投资者独立
决策、反羊群行为

　　羊群行为作为证券市场中普遍而又典型的非理性行为，一直被学术界热烈讨论。少量文献对独立决策和反羊群行为的研究发现：个体对自己独立决策信心越强，与他人行为保持一致的动机越弱；当个体的独立自我被激活时，个体将保持独立，即倾向于独立决策；职业经理在面对别人提供的线索时，有反羊群行为的动机以维护声誉和凸显自我能力（Levy，2004；Torelli，2006；Chaouali et al.，2016）。这表明独立决策和反羊群行为亦是投资者面对外部线索时可能采取的行为，过分地强调羊群行为可能会忽视甚至掩盖独立决策和反羊群行为的现实（Hornsey et al.，2003）。因此，对于独立决策和反羊群行为的研究应给予重视。个体投资者羊群行为、独立决策和反羊群行为发生频率是否相同，它们间的关系如何？这些问题尚待继续探讨。

　　人格特质是影响投资决策行为的重要因素。研究表明：焦虑这一负性情绪能够显著影响个体的采纳建议程度。这是由于高特质焦虑水平者具有更强烈的减少不确定性和降低风险的动机，该动机诱使他们寻求和采纳他人的建议，以通过遵从和跟随行为减轻焦虑（Gino，Brooks，and Schweitzer，2012）。并且，个体投资者的决策风格（分析型和启发型）决定了其信息处理的方式。在个体投资者加工外部线索时，启发型的个体采用心理捷径或规则简单的方法进行处理和加工，分析型的个体相对启发型的个体更不容易放弃自己的私有信息和思维（周蕾等，2014）。因此，决策风格和特质焦虑影响个体投资者对他人态度和行为信息的响应。那么，决策风格和特质焦虑是否以及如何共同作用于个体投资者的独立决策和反羊群行为呢？这些问题构成本章的研究重点。

（一）理论分析和研究假设

1. 羊群行为、独立决策和反羊群行为

按照现有研究对羊群行为、独立决策和反羊群行为的定义，羊群行为指个体在股票交易过程中学习或模仿其他投资者从而改变原有的判断和决策；独立决策行为是指个体在面对他人态度或行为信息时维持自己原有的判断和决策；反羊群行为指个体改变原有的态度或行为，改变方向与他人的态度或行为相反（Bikhchandani and Sharma，2001；Hornsey et al.，2003）。在进行股票投资决策过程中，羊群行为、独立决策和反羊群行为都有其发生的心理动机：由于追随和模仿他人决策能够增强他们的决策信心和降低认知成本，羊群行为作为帮助个体投资者面对充满不确定性和高风险的证券投资情境的有效方式和策略频繁发生。个体对自己独立决策信心的程度决定了其与他人行为保持一致的意愿的强弱（Soll and Mannes，2011），若投资者对所做决策信心水平较高，他们就可能执行独立决策行为。当个体投资者对自己私有信息的信心非常高而怀疑其他人的信息或将反羊群行为视作一种能力的信号时，会考虑采取反羊群策略（Levy，2004）。

虽然在做投资决策时个体的羊群行为、独立决策和反羊群行为都有其发生动机，但这些行为背后的认知和情感过程乃至神经基础是存在差异的，这些行为发生的频率也随之不同。具体地，Berns 等（2005）、Yu 和 Sun（2013）等对羊群行为、独立决策行为和反羊群行为的神经机制进行了对比研究。结果表明，在群体中保持独立，即做出独立决策时伴随明显的认知和情感冲突，在产生反羊群行为时个体体验到的认知和情感冲突更大。而羊群行为可以作为情感的缓冲器，避免个体在决策结果不好时经历强烈的负性情绪。因此，我们推测在进行股票投资决策时，羊群行为最为普遍。并且，反羊群行为由于其产生的冲突感较独立决策更强烈，所出现的频率会低于独立决策行为。有鉴于此，提出如下假设。

假设 H9-1：羊群行为频率高于独立决策频率，独立决策频率高于反羊群行为频率。

2. 特质焦虑、决策风格与独立决策行为

关于个体是否独立决策的现有文献主要探讨了信息冲突情境（私有信

息与他人建议相违背）时群体对个体决策的影响，相关研究结论并不一致甚至相反。具体地，Berns 等（2005）的研究结果表明，独立决策行为，即坚持自己的判断而与他人决策不一致的行为，伴随明显的认知和情感冲突。Yu 和 Sun（2013）发现，为避免因异于他人而产生的负性情绪体验，个体倾向于改变自己先前的选择而跟随群体的决策和行为。这表明，羊群行为可以作为情感的缓冲器减少与他人行动不一致带来的认知和情感冲突。与这一观点不同的是，Brehm 和 Cohen（1962）认为坚持初始立场与认知失调有关：当个体做出一个决策时，就意味着他认为自己的选择项较未选择项要正确或更好。个人在比较自己独立决策和他人决策的不同后产生两种情况。一是，自己与他人对决策的感知不一致，导致了负面的情感。二是，坚持自己初始的立场有利于减少决策后失调。这表明坚持最初的独立决策是个体缓解因与群体不一致而产生的认知失调的一个有效举措。

上述两种完全相反的观点并不是二选一的，它们可能都是合理的，我们引入特质焦虑这一具有个体差异的人格特质对其进行分析。具体而言，个体投资者的股价预测和股票交易建立在对相关信息加工处理的基础上，基于私有信息和外部信息量巨大且不确定性高的现实，他们对这些信息的信心水平显著影响随后的判断和决策。同时，研究表明特质焦虑作为一种稳定的人格特质，是决定投资者决策信心的重要因素，特质焦虑倾向越严重的个体投资者在元认知水平上的信心阈限越高，对自己独立决策的信心水平越低（Hudlicka，2006；张笑和冯廷勇，2014）。这意味着，高特质焦虑者对自己基于私有信息做出的投资决策拥有较低的信心水平，在与群体行为不一致时，难以坚持自己的判断，更倾向于通过羊群行为来缓解焦虑、紧张等负面情绪，较少保持独立决策。而低特质焦虑者采用完全不同的途径来缓解该认知失调，他们由于对自己独立决策更具有信心，较少采纳他人建议，偏好通过坚持初始立场来减少决策后失调。这一结论不仅适用于冲突情境，在非冲突情境中仍然成立。当个体决策方向与他人建议一致时，高特质焦虑者由于对自我决策的信心较低，更多依赖和采纳他人建议，难以维持自己的初始交易意愿。而低特质焦虑者由于对自己独立决策的能力更为信任，较少受到他人建议的影响和干扰，倾向于维持初始决策。由此，我们提出如下假设。

假设 H9-2：个体投资者特质焦虑水平负向预测其独立决策行为。

不同类型决策风格的个体对自己和他人拥有信息的加工过程存在差异，对独立决策行为的偏好亦不同。根据 Yaniv 和 Kleinberger（2000）的观点，在对自己和他人拥有的信息进行加工的过程中，由于内源信息和外源信息不平衡和不对称，决策者对其独立决策的思考逻辑和理由更为了解，有更充分的证据证明自己判断和决策的合理性和可行性，而并不清楚他人建议的思路和依据。因而，决策者在面对他人建议时更倾向于坚持自身的初始决策。结合不同决策风格个体的决策特征和倾向，我们知道偏好思维型决策风格的个体做决策时注重事实逻辑和客观理性分析，他们对基于私有信息所做判断的思考逻辑和理由更为了解，而不太清楚他人建议的思路和依据。因此，偏好思维型决策风格的个体对自己的决策比他人的决策更有信心，较少受到他人建议的影响，倾向于坚持自己的独立决策。而对于偏好情感型决策风格的个体，他们则期望自己的情感与他人保持一致，对于决策背后的思维逻辑和因果关系并不十分在意，常常采用启发式的信息加工策略，采纳他人建议而难以持守独立决策。基于以上分析，提出如下假设。

假设 H9-3：个体投资者理性思维偏好程度与其独立决策行为正相关。

由上文中对特质焦虑与决策风格关系的探讨，我们知道在充满不确定性的证券市场中，特质焦虑水平较高的个体投资者必须分配更多认知资源来应对焦虑水平提高所带来的一系列身心方面的负性体验。他们的认知能力就会相应地被削弱，进而偏好启发式的信息处理过程。此时，个体投资者很难将注意力集中在基于各种信息所做决策背后的思考逻辑和依据，在面对他人建议时无法证明独立决策相较于他人决策更具合理性和可行性，较难维持独立决策。故提出如下假设。

假设 H9-4：个体投资者决策风格在特质焦虑与独立决策行为之间起中介作用。

3. 特质焦虑、决策风格与反羊群行为

由反羊群行为的动机可知，个体投资者当采取反羊群策略时，意味着他非常认可和相信自己掌握的信息，认为私有信息比他人信息更为可靠。并且，个体投资者对自己的能力非常确信和肯定，以至于对于信息的不确定性感知较弱，对与他人行为不一致亦不敏感，不易产生焦虑情绪，因此特质焦虑与反羊群行为关系不显著。同时，在通过反羊群行为显示自己的能力强于其他人的过程中，个体投资者坚信自己信息的有效性以及基于该信息所做决策的正确性。此时，偏好情感型决策风格的个体投资者在处理信息时，对私有信息的高度信任和认可弱化其与他人情感保持一致的期望，倾向于依据私有信息进行选择和判断，进而其决策态度和行为与偏好思维型决策风格的个体投资者趋于一致。这表明偏好情感型与偏好思维型决策风格的个体投资者采取反羊群策略的信息处理过程是一致的，由此决策风格与反羊群行为不相关。鉴于上述分析，提出如下假设。

假设 H9-5：个体投资者特质焦虑、决策风格与反羊群行为关系不显著。

（二）研究设计与方法

1. 数据

通过 MBA 课堂发放、委托发放和问卷星在线填写等方式累计发放问卷 337 份，回收问卷 337 份，其中有效问卷 306 份，有效率为 91%。被试来自成都、深圳、长沙、武汉、合肥等地，平均年龄 37 岁，男性参与者占有效反馈的 64%，有经验参与者占 46%。参与者以 ABBA 互相抵消的方式（在完成投资问卷之前或之后）完成特质焦虑量表和决策风格量表，以消除次序效应。该问卷调查鼓励被试尽可能诚实地回答，告诉他们没有正确或错误的答案，并保证他们的答案被保密。

2. 变量与测量

特质焦虑的测量。本研究采用 Spielberger（1983）的状态—特质焦虑量表（STAI-Y）中的一个分量表——特质焦虑量表（Trait-Anxiety Inventory，T-AI）进行测量。该量表具有良好的内部一致性以及收敛和区分效度（Ansari and Derakshan，2011），且其中译版本适用于中国（李文利和钱铭怡，1995）。特质焦虑量表评估人们通常的感受，可以用来反映个体的特质焦虑水平，由 20 道题目组成，按照 1~4 分制，1 代表"几乎没有"，4 代表"几乎总是"，总分数越高表示特质焦虑水平越高。样题如"我感到神经过敏和不安"。

决策风格的测量。本研究借用 MBTI 的理性维度作为决策风格测量工具，反映了个体基于信息加工方式的决策特征。MBTI 量表自从被研制开发以来，经过多年使用和完善，被心理学研究者们证明信效度良好（Macdonald et al.，1995）。本研究采用我国学者与美国东卡罗来纳大学于 1994年合作翻译和修订的 MBTI 量表，该量表具有较好的内容效度、效标关联效度以及结构效度，适用于本土研究（苗丹民和皇甫恩，2000）。MBTI 量表中思考（T）—情感（F）维度，又被称为理性维度或判断维度，通过两极化人格表现来界定人格类型，由 24 条项目构成。此维度体现了个体内在的、特有的、稳定的决策风格，T 得分越高的个体越倾向于思维型决策风格，反之则越偏好情感型决策风格。

羊群行为、独立决策和反羊群行为频率。个体投资者是否采取羊群行为取决于私有信息和他人建议的交互作用，本研究主要考察个体投资者在专家、亲友、其他人群体（最容易和频繁接触的外部信息源）的影响下的投资决策与其独立决策之间的关系。具体地，投资决策问卷由独立决策和他人影响下的决策两部分构成，题项采用 7 级评分，1 代表"非常不同意"，7 代表"非常同意"，分数越高则个体投资者买入或卖出股票的投资意愿越强烈。独立决策描述了看涨/看跌两种情形下个体投资者的股票交易决策（样题如"A 当我评估后认为某只股票价格将要上涨时，我选择买进该股票"）。他人影响下的投资决策情境共有 2（看涨/看跌）×2（有冲突/无冲突）×3（信息源：专家/亲友/其他人）12 种组合（无冲突情境的样题如"B1 当我评估后认为某只股票价格将会上涨时，我发现专家也预测该只股票价位将上升，我选择买进该股票"；有冲突情境的样题如"B2当我评估后认为某只股票价格将要上涨时，我发现持有该只股票的亲友却选择清仓，我选择买进该股票"）。由羊群行为、独立决策、反羊群行为的定义可知，个体投资者最终决策态度和行为发生变化的方向与他人建议方向一致是羊群行为，最终决策改变的方向与他人建议方向相反则是反羊群行为，坚持独立决策为独立决策行为（例如：B1 减去 A 得到的差值为正则是羊群行为，差值为 0 是独立决策行为，差值为负是反羊群行为；B2减去 A 若大于 0 是反羊群行为，若为 0 是独立决策行为，若小于 0 则是羊群行为）。被试采取羊群行为策略的次数在组合数中的占比为羊群行为频率，被试维持初始决策的次数占比为独立决策频率，反羊群行为次数占比则为反羊群行为频率。

控制变量。现有研究表明性别因素对个体是否遵循羊群行为有影响，本研究将其作为控制变量（Skitka and Maslach，1996）。

（三）实证检验与分析

1. 信度检验与同源偏差检验

采用 SPSS 19.0 对本研究中所使用的量表信度进行了检验。结果表明，决策风格量表在本研究中的 α 系数为 0.85，特质焦虑量表在本研究的 α 系数为 0.83。

本研究中的特质焦虑和决策风格由个体投资者自评得到，因此需要考虑共同方法偏差对研究结果所带来的影响。遵照 Podsakoff 等（2003）的建议，本研究使用 Lisrel 8.70 构造两个结构方程模型，进行模型比较检验。其中，模型 1 为基准模型，即将题项指定给其所测量的特质焦虑和决策风格变量。模型 2 为备选模型，即将所有题项指定给一个潜变量。验证性因子分析（CFA）结果显示基准模型拟合度良好（$\chi^2 = 3276.66$，$df = 901$，$rmsea = 0.09$，$nfi = 0.66$，$nnfi = 0.72$，$cfi = 0.74$，$gfi = 0.67$，$rmr = 0.035$），并且显著优于备选模型（$\chi^2 = 3775.8$，$df = 903$，$rmsea = 0.13$，$nfi = 0.56$，$nnfi = 0.6$，$cfi = 0.62$，$gfi = 0.56$，$rmr = 0.054$）。该结果排除了共同方法偏差对研究结论的影响。

2. 描述性统计

各研究变量的描述性统计分析结果（见表 9-1）显示，特质焦虑与羊群行为频率呈正相关（$\gamma = 0.13$，$p < 0.05$），与独立决策频率呈负相关（$\gamma = -0.14$，$p < 0.05$），与反羊群行为频率不相关（$\gamma = 0.05$，n.s.）。理性思维偏好程度与羊群行为频率呈负相关（$\gamma = -0.22$，$p < 0.01$），与独立决策频率呈正相关（$\gamma = 0.15$，$p < 0.01$），与反羊群行为频率相关系数不显著（$\gamma = 0.04$，n.s.）。特质焦虑和理性思维偏好程度呈负相关（$\gamma = -0.15$，$p < 0.05$）。这些结果与本章提出的研究假设基本相符，为后续的实证检验提供了初步支持。

表 9-1 变量的均值、标准差、α 系数与相关系数

变量	M	SD	1	2	3	4	5
1 性别	0.36	0.48					
2 特质焦虑	43.75	6.75	-0.02	**0.83**			
3 决策风格	13.75	5.38	0	-0.15*	**0.85**		
4 羊群行为频率	0.40	0.18	0.07	0.13*	-0.22**		
5 独立决策频率	0.35	0.22	0.08	-0.14*	0.15**	-0.63**	
6 反羊群行为频率	0.25	0.18	-0.17**	0.05	0.04	-0.25**	-0.59**

注：M 为平均数，SD 为标准差；性别编号：男 = 0，女 = 1；对角线的加粗数字表示量表的 α 系数。

* $p < 0.05$，** $p < 0.01$，*** $p < 0.001$。

3. 假设检验结果

（1）t 检验结果

根据文中对羊群行为频率、独立决策频率和反羊群行为频率的界定，对假设 H9-1 的检验实际上是比较同一被试在面临各种决策情境时采取的不同行为策略间是否有显著差异。羊群行为频率、独立决策频率和反羊群行为频率的检验结果见表 9-2。

表 9-2 羊群行为频率、独立决策频率和反羊群行为频率的配对比较结果

	成对样本检验							
	成对差分					t	df	p
	均值	标准差	均值的标准误	差分 95% 的置信区间				
				下限	上限			
羊群行为频率—独立决策频率	0.05	0.36	0.02	0.01	0.09	2.36	305	0.019
独立决策频率—反羊群行为频率	0.10	0.35	0.02	0.06	0.14	4.74	305	0.000

表 9-2 显示，在进行股票交易时，个体投资者羊群行为频率与独立决策频率差异显著（$p < 0.05$），并且他们采取羊群行为策略的频率显著高于其维持独立决策的频率；同时独立决策频率与反羊群行为频率差异显著（$p < 0.001$），他们采取反羊群行为策略的频率显著低于其坚持独立决策的频率，故假设 H9-1 得到验证。

（2）层级回归分析结果

本研究通过 Baron 和 Kenny（1986）的层级回归法，验证决策风格在特质焦虑与独立决策行为间的中介效应，以及决策风格和特质焦虑对反羊群行为的影响，检验结果见表 9-3。

关于独立决策行为，表 9-3 中的结果显示，个体投资者特质焦虑负向预测其独立决策行为（M4）（$\gamma = -0.14$，$p < 0.05$），数据结果验证了假设 H9-2。个体投资者理性思维偏好程度正向预测其独立决策行为（M5）（$\gamma = 0.15$，$p < 0.01$），假设 H9-3 得到支持。特质焦虑与决策风格负相关，当中介变量决策风格放入了回归方程后（M6），特质焦虑和决策风格分别与独立决策行为呈负相关和正相关（$\gamma = -0.12$，$p < 0.05$；$\gamma = 0.13$，$p < 0.05$）。上述结果表明，个体投资者决策风格在特质焦虑与独立决策行为之间起到部分中介作用，假设 H9-4 得到数据支持。

关于反羊群行为，由表 9-3 中结果可知，特质焦虑和决策风格与反羊群行为关系不显著（$\gamma = 0.05$，n.s.；$\gamma = 0.05$，n.s.），假设 H9-5 得到验证。

表 9-3　层级回归分析结果

解释变量		羊群行为频率		独立决策频率				反羊群行为频率	
		M1	M2	M3	M4	M5	M6	M7	M8
控制变量	性别	0	0	0.08	0.08	0.08	0.08	-0.17**	-0.17**
自变量	特质焦虑		-0.15*		-0.14*		-0.12*		0.05
中介变量	决策风格					0.15**	0.13*		0.05
R^2		0	0.02	0.01	0.03	0.03	0.04	0.03	0.03
ΔR^2		0	0.02**	0.01	0.02*	0.02**	0.02*	0.03**	0
ΔF		0	6.68*	2.01	6.31*	7.16**	5.50*	9.34**	0.72

注：性别编号：男 = 0，女 = 1。

*$p < 0.05$，**$p < 0.01$，***$p < 0.001$。

（四）本章小结

本研究发现在进行股票交易时，相较于独立决策与反羊群行为，个体投资者更倾向于和更频繁地采用羊群行为策略；并且，他们采取反羊群行为策略的频率较其独立决策的频率要低。这一结果扩展了马庆国及其团队的研究结论：人们为了将反从众决策所带来的认知和情感冲突最小化，倾向于做出满意决策即从众决策（马庆国，2012）。

研究发现个体投资者特质焦虑水平负向预测独立决策行为，越高特质焦虑水平的个体投资者越难维持独立决策，这是因为高特质焦虑者对自己独立决策的信心较低。个体投资者的理性思维偏好程度越高越容易发生独立决策行为，因为他们更清楚自己决策背后的逻辑和思维，也更确信自己决策的正确性和有效性。进一步地，个体投资者的决策风格在特质焦虑与独立决策行为之间起到部分中介作用。

研究发现个体投资者特质焦虑和决策风格与其反羊群行为关系不显著。当个体投资者选择反羊群行为策略时，便意味着他们认为私有信息比他人信息更为可靠，他人的信息和建议促进了其反方向交易。此时，个体投资者对于信息的不确定性感知较弱，不易引发焦虑情绪。并且，对私有信息的高度信任和认可导致偏好情感型决策风格的个体投资者注重自己的判断，其决策过程和行为与偏好思维型决策风格的个体投资者趋于一致。

上述发现有两点重要启示。一方面，虽然独立决策和反羊群行为发生频率较羊群行为频率要小，但它们仍是证券市场中个体投资者非理性行为的重要特征，这些行为偏差源于个体内部的认知和心理偏差。证券监管部门和各投资者教育平台在携手开展投资者教育活动过程中，若只是针对个体投资者表现出的具体行为特征（如羊群行为）进行指导和教育，那么教育效果是有限的。只有关注和考虑这些行为偏差背后的认知和心理特征来对投资者进行相关培训和教育，方可从源头上避免非理性投资决策的产生和扩散。另一方面，个体投资者的认知和心理偏差受到其人格特质的影响，这意味着人格特质是影响投资者教育方式针对性、有效性和实用性的重要因素。所以，在开展一系列宣传、培训等教育活动的过程中，证券监管部门和各投资者教育平台不仅要考虑个体的风险特征，还需要结合他们的特质焦虑、决策风格等人格特质，才能探索和开发出适合和针对不同类型投资者教育对象的教育方式，从而壮大理性投资者队伍、维护中小投资者利益、促进证券市场稳定和健康发展。

第十章　个体投资者应对参考群体信息的策略

投资者羊群行为从是否理性的角度可分为理性羊群行为和非理性羊群行为。非理性羊群行为源于行为因素，受到投资者的人格特质和情绪影响，往往是出于宣泄动机的盲目行为，故非理性羊群行为无法判断预期收益，不具有合理性。理性羊群行为源于基本面，投资者在决策过程中追求自我利益，以实现自我利益的最大化为目的，故理性羊群行为能使决策者获取正的预期收益，有其合理性。

（一）盲目追随参考群体的非理性羊群行为

有关我国个体投资者羊群行为内在机理的研究显示，非理性羊群行为偏差是个体追求自身认知和心理需求的一种表象，受到个体决策习惯和行为模式以及投资环境的共同影响，能够通过后天学习和训练在一定程度上被克服和避免。这表明，针对我国股市中大量追风和盲从的个体投资者，加强投资者教育不失为一个抑制个体投资者非理性行为、减弱市场羊群效应的良策。相关的研究结论对证券监管机构管制我国资本市场、促进个体投资者价值投资具有重要的实践指导意义。

引入参考群体视角分析个体投资者羊群行为的形成机制和边际条件，是探索行之有效的投资者教育方式的一种有效途径，有助于个体投资者克服非理性行为、实现长期和价值投资，对于保护中小投资者权益和维护市场稳定具有重要的理论价值和现实意义。

此外，研究者们发现机构投资者通过分享私有信息来观察他人的反应，并换取他人的私有信息来获取投资收益（Crawford，Gray，and Kern，2017）。该信息共享行为对股价产生重要影响（Li，Rhee，and Wang，2017；刘新争和高闯，2022）。进一步地，有研究表明，信息共享策略可能是机构投资者的理性选择，该策略为机构投资者带来一定的收益（刘京军和苏楚林，2016；陈新春、刘阳、罗荣华，2017）。

部分精明的个体投资者在采取投资策略过程中，能否以及如何通过私有信息共享来规避市场信息不对称的风险、减少信息获取成本并获得收益呢？这些问题构成下文的研究内容。

（二）与参考群体建立合作联盟的理性羊群行为

个体投资者需要为获取理财信息和知识花费一定的费用。2022年我国个体投资者信息获取渠道主要是财经媒体、理财产品购买平台以及付费理财培训课程（见图10-1）。

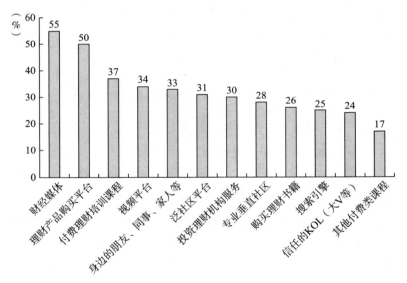

图10-1　2022年我国个体投资者信息获取渠道

资料来源：作者根据《2022中国个人投资者投资行为分析报告》基础数据统计整理。

2022年，个体投资者获取理财信息和知识投入的费用情况见图10-2。由此可见，个体投资者为获取信息支付的经济成本是不容忽视的。具体而言，28%的个体投资者在理财信息和知识获取中投入的费用达到了5000元甚至更多。25%的个体投资者在理财信息和知识获取中投入的费用为500~

2000 元，18%的个体投资者在理财信息和知识获取中投入的费用为 2000 ~ 5000 元。

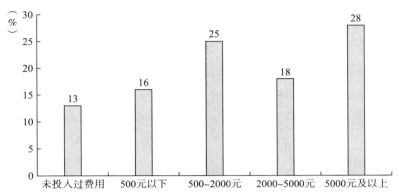

图 10-2　2022 年个体投资者在理财信息和知识获取中投入的费用
资料来源：作者根据《2022 中国个人投资者投资行为分析报告》基础数据统计整理。

　　虽然有 13%的个体投资者未投入过费用，但进一步的分析显示，其中有近一半的个体投资者认为购课是有必要的，并预计会进行购课。在这类个体投资者中，不花钱买课者占比仅为 19%。

　　在打算购课的个体投资者中，超过 1/3 者购课预算为 1000 ~ 3000 元（见图 10-3）。图 10-3 还显示，25%的个体投资者的购课预算在 1000 元以内，22%的个体投资者的购课预算位于 3000 ~ 6000 元区间，5%的个体投资者的购课预算在 6000 元及以上。同时，有 2%的个体投资者不确定应为理财课程花费多少钱。此外，有一部分个体投资者认为只要课程好就不在意价格，该比例达到了 8%。

　　在进行投资决策过程中，个体投资者之间可以通过信息共享来减少信息成本，并通过基于共享信息最终采取相同的行为策略来获取收益。

　　文中关于羊群行为形成机理的文献综述表明，现有文献主要基于证券市场上信息、投资者认知和心理偏差、委托代理关系以及演化博弈理论的视角探讨羊群行为的发生机制。这些研究主要从信息不对称以及投资者应对新信息的角度分析产生羊群行为的原因。Banerjee（1992）等认为信息不对称是理性羊群行为发生的主要原因。由于羊群行为描述的是投资者在不完全信息情况下忽略私有信息而跟随大众选择的行为策略（Scharfstein

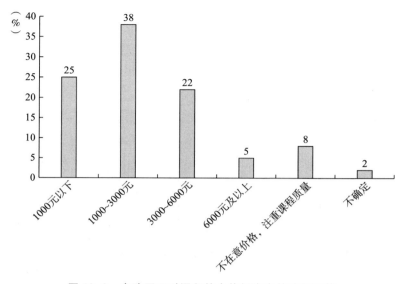

图 10-3　未购买理财课程的个体投资者的购课预算

资料来源：作者根据《2022 中国个人投资者投资行为分析报告》基础数据统计整理。

and Stein，1990)，理性羊群行为可以被视为信息博弈的结果。在已有基于博弈理论研究羊群行为的文献中，学者们主要在演化博弈理论的框架下探讨了羊群行为的发生机理（如韩少春等，2011；Li et al.，2015)，理性羊群行为的合理性有待进一步分析。

个体投资者之间通过信息共享来降低信息成本和获取收益的过程，可以视为个体投资者通过合作博弈进行理性羊群行为以实现自身利益最大化的过程。与参考群体建立合作联盟的理性羊群策略由合作对象选择和节约成本分配两阶段博弈组成。

1. 基于 ANP 法的合作对象选择

（1）理性羊群行为合作对象选择博弈描述

个体投资者通过建立合作联盟共享信息来降低信息成本，并最终根据此信息做出一致的投资决策。合作对象的选择是该阶段博弈过程的关键所在，由于想要加入联盟以实现信息共享的个体投资者们并不清楚其他人掌握的信息及其精准性，是否能够成为联盟成员由个体投资者绩效、经验、可信度等特质所决定。显然，个体投资者的绩效、经验、可信度等元素之

间构成互相依赖关系和反馈的关系，本研究运用 ANP 方法来选择合作对象
能够从纵向与横行两方面综合考虑上述各个元素。

（2）ANP 法简介

网络分析法（Analytic Network Process，ANP）是 Saaty（1996）在层次
分析法的基础上提出来的。该方法是一种新的决策科学方法，是层次分析法
的扩展，主要适用于元素之间存在相互依赖关系和反馈关系的决策问题。

ANP 模型的使用步骤如下。

确定目标和准则。该步骤将决策问题进行系统的分析，给出该决策问
题的目标、准则和子目标，以及它的参与者及其目标。

依据目标和准则构造 ANP 的典型网络结构。此结构由控制层（准则
层）和网络层两部分构成（见图 10-4），各个准则相对决策目标的权重用
层次分析法便可得到。

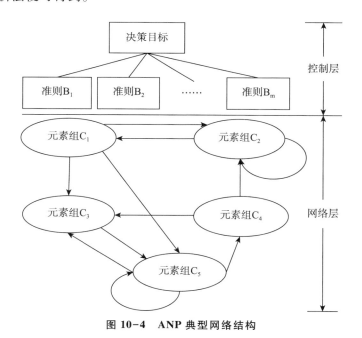

图 10-4　ANP 典型网络结构

构建权重超矩阵并求得极限超矩阵以得到权重。

不妨设 ANP 结构中控制层元素为 $B_k(k=1,2,\cdots,m)$，网络层元素为 C_i
（$i=1,2,\cdots,N$），C_i 中元素为 $e_{il}(l=1,2,\cdots,n_i)$。若选择 B_k 为准则，元素

集 C_j 中元素 e_{jl} 的影响通过 C_i 中各元素两两比较获得。令得到的归一化特征向量为 $(W_{i1}^{jl}, W_{i2}^{jl}, \cdots, W_{in_i}^{jl})^\tau$，则元素组 C_i 和 C_j 中元素间影响关系的矩阵为 W_{ij}。其中，W_{ij} 中的列向量是 C_i 中元素对 C_j 中元素的影响程度排列向量，若为 C_i 中的元素，则 $W_{ij} = 0$。最终得到准则 B_k 下的超矩阵：

$$W = \begin{array}{c} \\ C_1 \\ C_2 \\ \vdots \\ C_N \end{array} \begin{array}{cccc} C_1 & C_2 & \cdots & C_N \\ \left[\begin{array}{cccc} W_{11} & W_{12} & \cdots & W_{1N} \\ W_{21} & W_{22} & \cdots & W_{2N} \\ \vdots & \vdots & \vdots & \vdots \\ W_{N1} & W_{N2} & \cdots & W_{NN} \end{array}\right] \end{array} \qquad (10-1)$$

此类矩阵是非负的，却不是归一化的，可通过元素组的比较得到加权矩阵。以 B_k 为准则，比较 B_k 中各元素集对准则 $C_j(j=1,2,\cdots,N)$ 的重要性，得到归一化的特征向量 $(a_{1j}, a_{2j}, \cdots, a_{Nj})^\tau$，和 C_j 无关的元素集的特征向量分量是零，则权重矩阵是 $A = (a_{ij})$，$i = 1, 2, \cdots, N; j = 1, 2, \cdots, N$，进而得到加权超矩阵为：

$$\overline{W} = (\overline{W}_{ij}) \qquad (10-2)$$

其中，$\overline{W}_{ij} = a_{ij}W_{ij}$，$i = 1, 2, \cdots, N; j = 1, 2, \cdots, N$，$\overline{W}$ 的每一列之和为 1。

ANP 中存在元素间的横向影响，因此类似递阶层次结构的方案综合排序失去效用，应根据网络的影响进行排序。超矩阵 W 中元素 W_{ij} 表示元素 i 对元素 j 的第一步比较关系，W^2 中的元素 $\sum_{s=1}^{N} W_{is}W_{sj}$ 被称为元素 i 对元素 j 的第二步比较关系。极限状态下得到极限超矩阵为：

$$W^\infty = \lim_{t \to \infty} W^t \qquad (10-3)$$

由于在实际应用时计算量过大，一般用系统软件 Super-Decision（SD）进行模型求解。

（3）ANP 法在合作对象选择中的应用

合作对象选择的评价体系构建。解决合作对象确立问题所依据的准则为参与者的绩效、经验以及可信度。具体分类如下。

第一类，绩效。个体投资者的绩效由收益率和选股成功率两个元素构成。其中，考虑到短期收益率与市场态势相关联，且短期收益率会受到个体投资者采取的投机策略的影响，因此以账面价值长期增长率来衡量收益率。鉴于中国股市周期一般为 3~5 年，可以此时间段作为基准。

第二类，经验。个体投资者经验包括投资股市的时间，以及参与相关培训和学习、研究过金融主题或者在经济学领域工作过的经历（Gambetti and Giusberti，2012）。

第三类，可信度。参与者是否值得信赖由其声誉、信息准确率和诚信（个人信用征信）三个元素组成。其中，个体投资者声誉与其在以往信息共享合作联盟中是否隐瞒私有信息的行为密切相关，可以此作为衡量标准。

显然，个体投资者的绩效、经验以及可信度各自所包含的子元素之间相互关联、彼此影响。例如选股成功率高的个体投资者的收益率亦更高；研究过金融主题或者在经济学领域工作过的参与者往往投资股市的时间较久。不仅如此，从属于不同准则（绩效、经验以及可信度）的子元素之间也相互影响和作用，如研究过金融主题或者在经济学领域有过工作经历的个体投资者具有更高的信息准确率，这类个体投资者的收益率和选股成功率也更高。上述分析表明，影响参与者成为联盟成员的各因素之间无论是在纵向还是在横向上都存在密切的关联性，以 ANP 法进行资格评价是十分合适的。

合作对象选择的 ANP 模型构建。假设 A、B、C、D 四位个体投资者希望通过构建信息共享联盟节约信息成本，本章运用 ANP 把单位 1 的信息共享合作机会分配给这四位意向者，这里不妨设各个投资者的现有合作意向由大到小依次为 A、B、C、D。根据上文对问题因素的分析，本章建立了 Alternatives（备选方案）、Performance（绩效）、Experience（经验）和 Trustworthiness（可信度）四个组。利用 SD 软件得到合作对象选择的 ANP 网络如图 10-5 所示。

合作对象选择的结果分析。在合作对象的 ANP 网络构建完成后，在 SD 软件中通过判断矩阵的两两比较，可以得到各个元素的优先等级和包含合作伙伴优先级排序结果的完整报告，结果值超过平均值的个体投资者可进入合作联盟。报告中得到的结果是基于各个个体投资者的收益率、选股成功率、投资股市的时间、参与相关培训和学习的经历、研究过金融主题

或者在经济学领域工作过的经历、声誉、信息准确率和诚信等因素的投资
者评分，兼顾影响联盟稳定的绩效、经验和可信度三个因素，考虑到各个
个体投资者的微观特征。可见，它是一种有效、合理的评分方法，有利于
个体投资者信息共享联盟的建立和顺利运行。然而，在专家打分构造判断
矩阵的过程中，专家的知识储备不足和个人情感因素会在一定程度上影响最
终结果。因此，相关结果主要用于展现方案的可行性而非局限于具体数据。

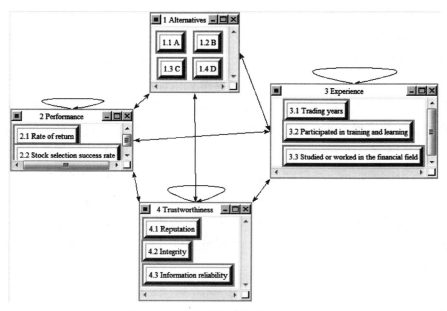

图 10-5 合作对象选择的 ANP 网络

2. 基于 Shapley 值法的理性羊群行为合理性分析

（1）理性羊群行为信息共享博弈分析

在现实经济生活中，个体投资者往往需要为获取的信息支付一定的经
济成本，例如通过证券分析师、投资银行、资讯公司等渠道购买信息。在
进行投资决策过程中，个体投资者之间可以通过信息共享来降低信息成
本，并通过基于共享信息而最终采取相同的行为策略来获取收益。这一过
程可以视为个体投资者通过合作博弈发生理性羊群行为以实现自身利益最
大化的过程。当个体投资者通过 ANP 法确定合作对象并组成合作联盟之
后，联盟成员之间便可以互通信息，从而降低信息获取成本。所降低的成

本可以视为合作带来的收益，这部分收益的合理分配是联盟稳定的关键所在。在这一阶段博弈过程中，鉴于 Shapley 值法能够公平合理地解决合作过程中收益分配问题，可用其分配因为信息共享所节约的信息成本，以保障联盟顺利、稳定运行。

（2）Shapley 值方法简介

Shapley 值方法是由 Shapley 于 1953 年提出的一种用来解决 n 人合作过程中收益分配问题的数学方法。该收益分配方法既不是平均分配，又异于基于投资成本比例的分配，它是基于各联盟成员在联合合作经济效益产出过程中的重要程度来进行分配的一种方式。因此，Shapley 值方法的收益分配是一种公正和公平的分配方法。

对于一个联盟 $I = \{1, 2, 3, \cdots, n\}$，若 $\forall M \in I$，存在一个实集函数 V，满足：

$$V(\phi) = 0; \tag{10-4}$$

$$当 M_1 \cap M_2 = \phi 时, V(M_1 \cup M_2) \geq V(M_1) + V(M_2)。 \tag{10-5}$$

其中，M_1、$M_2 \in M$，V 被称为 I 上的特征函数，公式（10-4）意味着 n 个参与者无论是各自单独经营还是若干个单位联合经营都会获得一定的经济收益。若参与者之间的收益不会彼此抵消，即合作不能减少个体的收益，则参与合作的单位越多，联合经营的总收益就越会超过它们各自独立经营收益的总值，因此各参与者便会放弃单独行动，选择合作以实现收益的最大化。

在一个联盟建立之后，合作比单独行动增加的收益额（成本减少额）的分配由局中人在联合经营中的贡献所决定，如何在联合经营中构造出合理的收益分配方案问题属于合作对策问题，Shapley 值法是用来解决该问题的有效工具。

记 P 为 n 人合作博弈 V 的全体，则对于 P 中任一博弈 V，各参与人经过协商确定一个各方都愿意接受的支付向量 $Y \in R^n$ 作为分配方案。由 V 到 Y 的过程可视为由 P 到 R^n 的一个映射 φ：

$$\varphi(V) = \{\varphi_1(V), \varphi_2(V), \cdots, \varphi_n(V)\} \tag{10-6}$$

$$\varphi_1(V) + \varphi_2(V) + \cdots + \varphi_n(V) = V(I) \tag{10-7}$$

$$\varphi_i(V) = Y_i, i = 1, 2, \cdots, n \tag{10-8}$$

其中，Y_i 表示 I 之中的各参与者对收益 V 的分配。$\varphi(V)$ 即为 Shapley 值，它由特征函数 V 确定，Shapley 值法是一种经由协商满足所有参与者的分配方案。

鉴于此，Shapley 提出以下三条公理：

有效性公理：若 p 是博弈 V 的任意一个载体，则 $\sum\limits_{i \in p} \varphi_i(V) = V(I)$；

无序性公理：对于 $\forall M$ 的置换 τ 以及 $\forall i \in M$，有 $\varphi_{\tau(i)}(\tau V) = \varphi_i(V)$；

可加性公理：若 U 和 V 为任意两个博弈，则 $\varphi_i(U+V) = \varphi_i(U) + \varphi_i(V)$。

其中，载体描述的是博弈 V 中由边际贡献大于 0 的局中人组成的集合，或是该集合的子集，即 $\forall M \in I$，则 $V(M) = V(M \cap p)$。

有效性公理意味着只有创造了收益的单位才能获得收益。无序性公理中 τV 表示更改博弈 V 中成员的顺序得到的博弈，所以该公理保证了联合经营中各单位应得的收益和该单位的编号无关。可加性公理表明在联合经营中各单位应得的收益仅仅和该单位在各形式的联合中的贡献相关联，贡献越大获得的收益越高。

在满足上述三条公理的基础上，Shapley 构造了以下唯一的分配函数：

$$\varphi_i(V) = \sum_{M \in L(i)} \frac{(m-1)!(n-m)!}{n!} [V(M) - V(M - \{i\})] \qquad (10\text{-}9)$$

其中，m 是 M 中参与者的数目，$L(i)$ 是 I 中所有包含参与者 i 的子集的集合；$V(M)$ 是包含参与者 i 时的收益，$V(M-\{i\})$ 表示无参与者 i 时的收益，故 $V(M) - V(M-\{i\})$ 代表的是 i 加入联盟 M 所带来的收益增加值。

（3）Shapley 值法解决理性羊群行为信息共享收益分配问题

不妨设在通过 ANP 法综合考虑个体投资者绩效、经验、可信度等特征后，A、B、C 三位个体投资者进入信息共享联盟。A、B、C 三位成员在证券市场中独立获取投资信息的成本分别为 c_1、c_2、c_3，显然 $c_i \neq 0$，$\forall i \in \{1, 2, 3\}$。

成员们为了促成共享股票信息，应该合理分担总的获取信息的成本。成员合作会节约总成本，相当于产生收益，所以可以把分配费用转化为分配收益，因此本研究采用 Shapley 值法进行分配。本研究将信息共享联盟节约的总投资成本定为特征函数，则有

$$V(\phi) = V(A) = V(B) = V(C) = 0$$

$$V(AB) = c_1 + c_2 - \min\{c_1, c_2\} = \max\{c_1, c_2\}$$

$$V(AC) = \max\{c_1, c_3\}$$

$$V(BC) = \max\{c_2, c_3\}$$

$$V(ABC) = c_1 + c_2 + c_3 - \min\{c_1, c_2, c_3\}$$

用 Shapley 值方法计算合作产生的收益 c_3 的分配过程如下，为方便分析和计算，不妨设 $c_1 \leqslant c_2 \leqslant c_3$，此时 $V(AB) = c_2$，$V(AC) = c_3$，$V(BC) = c_3$。进一步地，由公式（10-9）得到 $\varphi_A(V) = (3c_2 + c_3)/6$，$A$ 应分配的收益结果见 A 的收益分配计算表（见表 10-1）。

表 10-1 A 的收益分配计算表

i	A			
S	A	$A \cup B$	$A \cup C$	I
$V(S) - V(S-\{i\})$	0	c_2	c_3	c_2
系数	1/3	1/6	1/6	1/3
$\varphi_i(V)$	$0 + c_2 \times 1/6 + c_3 \times 1/6 + (c_2 + c_3 - c_3) \times 1/3 = (3c_2 + c_3)/6$			

注：表中各字母的代表意义与上文所述相同。

用同样的方法可以计算出联盟成员 B 以及成员 C 的收益分配分别为 $\varphi_B(V) = (3c_2 + c_3)/6$，$\varphi_C(V) = 4c_3/6$。这里显然有，$\varphi_A(V) + \varphi_B(V) + \varphi_C(V) = c_3$。

因此，在信息联盟方案总成本 c_3 中三个个体投资者各自分担的费用应为：

$$A : c_1' = c_A - \varphi_A(V) = c_1 - (3c_2 + c_3)/6$$

$$B : c_2' = c_B - \varphi_B(V) = c_2 - (3c_2 + c_3)/6$$

$$C : c_3' = c_C - \varphi_C(V) = c_3 - 4c_3/6$$

由于 $c_i > 0$，$\forall i \in \{1, 2, 3\}$，我们显然可以得到：$c_1' < c_1, c_2' < c_2, c_3' < c_3$。也就是说个体投资者采取理性羊群行为策略是可以降低信息成本的，是有其合理性的，合作产生的收益（减少的成本）可通过 Shapley 值方法来计算。

（三）本章小结

本章针对羊群行为偏差的内在机理，以个体投资者认知和心理过程为出发点，提出了避免和克服非理性羊群行为的相关措施。同时，本章运用合作博弈理论思想，综合考虑个体投资者绩效、经验、可信度等特征，通过一个两阶段的博弈模型分析基于信息共享的个体投资者羊群行为合理性。结果发现，理性个体投资者通过建立合作联盟的方式共享信息，可以节约信息成本，并基于该信息进行投资决策获取收益。

研究结果表明，非理性羊群行为偏差的减少和克服需要并且能够通过改善市场投资环境以及投资者教育来实现。此外，部分精明的个体投资者可通过产生理性羊群行为来获得收益。

监管部门和投资者教育基地在进行投资者教育过程中只有对不同类型的个体投资者进行区分对待，才能发掘适合不同个体类型投资者的应对策略，进而保护中小投资者利益和提升我国资本市场的效率。

第十一章　深化投资者服务的对策

（一）提升投教动因与需求的适配性

目前，投教机构开展投资者教育活动的主要方式与投资者希望获得的投教服务存在一定的偏离。

由中国社会科学院金融研究所和贝塔数据研究院于 2023 年 3 月发布的客户投教接受度调研结果可知，施教者在开展投资者教育活动过程中倾向于围绕在售产品配合销售策略来施教，进而助力销售转化，具有该倾向的施教者比例超过了 40%。仅约 1/4 的施教者将其目标设为将基础的投资理念及知识讲清楚。但恰恰与施教者的目标追求相反，个体投资者最愿意接受简单、清晰的投教知识。

投教动因与需求的适配性低造成了个体投资者难以保持长期接受投教的意识，长期接受投资者教育者占比自 2018 年以来持续下降。2022 年的调查结果表明，2021 年长期接受投教的个体投资者比例已不足 2018 年的一半。

这对我国居民金融素养的提高带来了极大的阻力。在我国证券市场中个体投资者整体金融素养偏低，2022 年的调查显示该项平均得分为 53.74 分，约五成个体投资者尚未达到及格标准。进一步地，有 62.66% 受访者认为"投资者对投教活动不感兴趣，配合度不高"造成了投资者教育活动不能对症下药。

提升投教动因与需求的适配性是当前我国投教服务的一项重要任务，只有施教者在投教活动开展过程中以服务和提升居民金融素养为主要目的，提供个体投资者需要的投教资源，才能吸引个体投资者长期接受投教活动和掌握系统的投资理论，引导个体投资者长期投资和理性投资。

（二）增加投教活动针对性

2022 年底，接近七成受访者认为开展投教工作最主要难点在于"投资者水平参差不齐，人员分散，难以进行有针对性的教育工作"。

可见，各投教机构在开展投资者教育活动过程中，尚不能满足个体投资者个性化教育需求。

个体投资者在买卖股票过程中因受到股评专家与身边亲友等的影响而采取羊群行为策略者占多数，参考群体类型与个体投资者羊群行为间存在关联。在证券市场中最易获取也最频繁接触的他人投资态度和行为信息来源——专家（不包括亲友）、亲友（不包括专家）和其他人（非专家、非亲友的同龄人）会诱发个体投资者羊群行为。专家、亲友和其他人作为不同的参考群体引发个体投资者羊群行为偏差的内在机制不同，影响程度也不相同。其他人、亲友和专家群体导致的羊群行为依次递增，这种盲从行为不利于市场稳定。这表明，在证券市场中专家、亲友、其他人等参考群体的态度和行为是诱发羊群行为的有效外部线索，不同类型参考群体引致羊群行为程度不相同，这就提示个体投资者谨慎地应对和处理专家、亲友和其他人群体的观点和建议。

相关部门和机构在开展投资者教育过程中，应针对个体投资者常常视专家、亲友和其他人的建议为直观的重要线索的特征，有的放矢地开发和进行相关投教活动。

同时，各投教基地不仅要关注人格特质与情绪对个体投资者羊群行为的直接影响，还须注重人格特质与情绪对个体投资者追随参考群体过程的单独及联合间接（干扰）作用。

本研究表明，自信这一在很大程度上决定了个体投资者是否坚持自身决策的人格特质，构成参考群体驱动羊群行为的边界条件；特质焦虑这一证券市场中普遍存在的稳定的情绪特征决定了个体的投资信心和投资态度，构成参考群体驱动羊群行为的边界条件。自信水平亦和特质焦虑水平相关联，个体投资者特质焦虑水平对参考群体类型和羊群行为之间关系的跨层次调节效应在很大程度上会受到个体投资者自信水平的影响。

可见，投资者教育机构和证券监管部门在探索各种行之有效的教育方式来帮助个体投资者加深自我认知和克服投资盲从性的过程中，不仅要考虑自信和特质焦虑的直接影响，还须注重个体投资者自信、特质焦虑等对其追随参考群体过程的单独和联合干扰机制。

基于个体投资者自身的个体异质性来对其进行相关教育、培训和宣传是帮助个体投资者加深自我认知及克服投资盲从性的重要途径。同时，目前在我国主要区域性股权市场的个体投资者资格认定中，风险承受能力已经被多家股权交易中心视作认定标准，但相关资格认定尚未提及影响非理性投资决策的其他人格特质，个体的认知和情感偏差尚未得到足够重视。在针对不同类型投资者开展投资者教育工作过程中，要想满足个体投资者的差异化需求，施教者就需要了解个体投资者。本章的研究表明探索各种行之有效的教育方式不仅要考虑个人的风险承受能力，还要考虑个体的人格特质、情绪等因素。

并且，投资者教育机构和证券监管部门在提升个体投资者应变能力和成熟程度过程中，须综合考虑证券市场中特定投资情境下个体异质性对参考群体诱发羊群行为的间接（干扰）效应。

本研究发现，信息渠道（参考群体类型）、信息呈现方式（他人的反馈性评价）、其他特定决策情境（交易方向及股价预测一致与否）等信息外源因素和个体内部异质性（自信、特质焦虑）共同作用于个体投资者的羊群倾向。特定决策情境和他评效应导致自信和特质焦虑对参考群体类型和羊群行为之间关系的跨层次调节以及跨层次调节中介效应发生改变，特定决策情境和他评效应与个体投资者个体异质性存在抵消或促进效应。

因此，投教机构和证券监管部门在开展投教活动时，片面强调个体异质性因素对羊群行为的影响可能会误导个体投资者，投教机构和证券监管部门应重视和强调个体投资者自信、特质焦虑等自身的主观个性心理特征与参考群体评价效应、交易方向等潜在的影响行为偏差的客观具体投资情境间的相互促进或抵消的直接和间接效应。

独立决策和反羊群行为发生频率虽然较羊群行为频率要小，但它们仍是资本市场中个体投资者非理性行为的重要特征，因此证券监管部门和各投资者教育平台在携手开展投资者教育活动过程中，若只是针对个体投资者表现出的具体行为特征（如羊群行为）进行指导和教育，那么效果将是有限的。证券监管部门和各投资者教育平台应综合看待各种行为偏差，并系统性地开展投资者教育活动。

此外，监管部门和投资者教育基地在进行投资者教育过程中，还应区分和区别对待非理性羊群行为与精明个体投资者的理性羊群行为，才能发掘适合不同投资者类型的应对策略。关注和考虑个体投资者各种行为偏差背后的认知和心理特征来对投资者进行相关培训和教育，才能够从源头上避免非理性投资决策的产生和扩散。

综上所述，施教者在开展投资者教育活动过程中，要系统看待个体投资者的各种行为偏差。市场中的某种或者某些典型非理性行为特征，是在个体投资者个体异质性和具体投资情境的共同作用甚至是动态联动下形成的。而且，部分典型非理性行为特征之间亦会相互影响。与此同时，部分精明的个体投资者能够通过理性行为策略降低信息搜索成本并获取收益。施教者只有全面探索各种行为偏差背后的内部机理，才能打开非理性行为背后的"黑箱"，进而设计和采取行之有效的投教措施，减少各种非理性投资行为，保护投资者权益，促进我国资本市场高质量发展。

（三）加大管控新兴媒体传播平台的力度

证券监管部门还应加大管控新兴媒体传播平台的力度以提高市场信息传播质量。目前，我国个体投资者羊群行为是基于行为因素而非源于基本面，从我国个体投资者的投资实践来看，相当一部分个体投资者，特别是年轻的个体投资者倾向于盲目追随参考群体尤其是专家群体，这会破坏证券市场稳定。

部分证券公司、证券咨询机构、专业中介机构及其工作人员利用个体投资者容易追随专家的这一特征，通过"抢帽子"等行为操纵证券，从而非法牟取利益。

故此，在金融信息传播和监管过程中，证券监管部门应加大管控财经频道电视节目、微博专栏等新兴媒体传播平台的力度，从而提高市场信息传播质量。

（四）增加证券市场信息透明度

增加证券市场中信息的透明度，是避免个体投资者因过于寻求和采纳外部线索而导致羊群行为偏差的重要举措。

由于证券市场中充斥着众多不确定性线索，个体投资者往往试图从各种渠道获取信息，而个体认知能力和理性的有限性以及个体间的相互作用促使个体投资者不可避免地受到参考群体这一信息外源因素的影响，从而发生羊群行为偏差。

这表明，通过宣传片、公开课、座谈会等普及证券期货知识、揭示风险、保护中小投资者知情权是十分有必要的，这些能够帮助个体投资者认识投资风险、选择适合的投资产品、掌握风险防范措施，从而克服投资盲从性。

（五）本章小结

我国证券市场中类似"抢帽子"的现象和案例时有发生、屡禁不止，此类违法行为一再得逞的根本原因在于广大投资者尤其是个体投资者的信息甄别能力十分有限，他们容易盲目跟风，被人当作了"韭菜"。个体投资者羊群行为会造成股票价格异常波动、暴涨暴跌，导致市场泡沫和崩溃的发生。

提升居民金融素养直接关系到个体投资者的投资收益和资本市场的稳定，深化投教服务有助于建设中国特色现代资本市场、推动我国经济高质量发展。

从截至 2022 年底公布的近四次个体投资者教育情况调查结果来看，从 2018 年到 2021 年长期接受投资者教育者占比逐年下降。虽然过半数金融机构在此期间皆持续开展投教活动，但我国证券市场中的个体投资者不具备长期接受金融教育的意识。

在未来较长一段时间内，相关政府部门和各投教机构需致力于提升个体投资者进行金融学习的渐进性与持续性，这必然要求投教活动开展与个体投资者需求相匹配，投教活动应更具有吸引力和针对性。因此，投教活动应注重羊群行为偏差等背后的内部机理，相关政府部门和各投教机构应在打开非理性行为背后"黑箱"的基础上设计和采取行之有效的投教措施。

并且，对于减少盲从行为而言，加大管控新兴媒体传播平台的力度以提高市场信息传播质量，以及增加证券市场中信息的透明度都是十分必要和有效的措施。

此外，优化投顾服务、提升投顾服务工作者的素质、增加投资者信任亦能在一定程度上保护中小投资者权益，从而促进资本市场稳定健康发展。

参考文献

贡立欣、金秀、冯英洁：《我国上海股票市场羊群行为的实证研究》，《管理评论》2006年第2期。

陈国进、陶可：《机构、个人投资者羊群行为差异研究》，《山西财经大学学报》2010年第10期。

陈新春、刘阳、罗荣华：《机构投资者信息共享会引来黑天鹅吗？——基金信息网络与极端市场风险》，《金融研究》2017年第7期。

陈学志、李威震、周泰安等：《以内隐联结测验（IAT）测量国人自尊的可行性研究》，《中国测验学会测验年刊（台湾）》2002年第2期。

陈雪玲、徐富明、刘腾飞等：《控制幻觉的研究方法、形成机制和影响因素》，《心理科学进展》2010年第5期。

程天笑、刘莉亚、关益众：《QFII与境内机构投资者羊群行为的实证研究》，《管理科学》2014年第4期。

崔巍：《投资者的羊群行为分析——风险回避下的BHW模型》，《金融研究》2009年第4期。

〔美〕德尔·I. 霍金斯、戴维·L. 马瑟斯博：《消费者行为学》（第12版），符国群译，机械工业出版社，2014。

董大勇、肖作平：《交易市场与网络论坛间存在信息传递吗？》，《管理评论》2011年第11期。

董志勇、韩旭：《模糊厌恶和羊群行为》，《经济科学》2008年第2期。

顾荣宝、刘海飞、李心丹等：《股票市场的羊群行为与波动：关联及其演化——来自深圳股票市场的证据》，《管理科学学报》2015年第11期。

郭白滢、李瑾：《机构投资者信息共享与股价崩盘风险——基于社会关系网络的分析》，《经济管理》2019 年第 7 期。

韩少春、刘云、张彦超等：《基于动态演化博弈论的舆论传播羊群效应》，《系统工程学报》2011 年第 2 期。

胡赫男、吴世农：《我国基金羊群行为：测度与影响因素》，《经济学家》2006 年第 6 期。

贾丽娜、扈文秀：《投资者情绪对基金羊群效应的影响研究》，《运筹与管理》2013 年第 6 期。

蒋多、徐富明、陈雪玲等：《资本市场中投资者羊群行为的心理机制及其影响因素》，《心理科学进展》2010 年第 5 期。

蒋学雷、陈敏、吴国富：《中国股市的羊群效应的 ARCH 检验模型与实证分析》，《数学的实践与认识》2003 年第 3 期。

景乃权、叶庆祥、陈新秀：《证券市场羊群行为的机理及其在我国的应用》，《国际金融研究》2002 年第 8 期。

李涛：《社会互动与投资选择》，《经济研究》2006 年第 8 期。

李婉悦、刘燊、韩尚锋等：《特质焦虑在面部表情前注意加工阶段的影响：来自 ERP 的证据》，《心理学报》2022 年第 1 期。

李文利、钱铭怡：《状态特质焦虑量表中国大学生常模修订》，《北京大学学报》（自然科学版）1995 年第 1 期。

李新路、韩志萍：《中国股市个体投资者羊群行为影响因素分析》，《中央财经大学学报》2007 年第 6 期。

李志文、余佩琨、杨靖：《机构投资者与个人投资者羊群行为的差异》，《金融研究》2010 年第 11 期。

梁良：《从众》，东方出版中心，2007。

刘京军、苏楚林：《传染的资金：基于网络结构的基金资金流量及业绩影响研究》，《管理世界》2016 年第 1 期。

刘祥东、刘澄、刘善存等：《羊群行为加剧股票价格波动吗?》，《系统工程理论与实践》2014 年第 6 期。

刘欣：《个人投资者行为是 A 股主要定价力量》，中国证券网，2016 年 1 月 13 日，https://www.cs.com.cn/tzjj/tjdh/201601/t20160113_4883891.html。

刘新争、高闯:《基于复杂网络的私有信息共享对机构投资者羊群行为的影响》,《管理学报》2022 年第 4 期。

楼迎军:《基于 EGARCH 模型的我国股市杠杆效应研究》,《中国软科学》2003 年第 10 期。

陆剑清:《关于我国投资者从众行为的实证研究》,《心理科学》2007 年第 2 期。

陆剑清:《行为金融学》,立信会计出版社,2009。

罗胜强、姜嬿:《管理学问卷调查研究方法》,重庆大学出版社,2014。

马庆国:《中国神经科学与社会科学交叉学科研究进展》,科学出版社,2012。

苗丹民、皇甫恩:《MBTI 人格量表的效度分析》,《心理学报》2000 年第 3 期。

彭家欣、杨奇伟、罗跃嘉:《不同特质焦虑水平的选择性注意偏向》,《心理学报》2013 年第 10 期。

彭茜、庄贵军、郭艳霞:《灰色营销的道德评价和行为倾向——参考群体的影响》,《管理科学》2009 年第 3 期。

祁斌、袁克、胡倩等:《我国证券投资基金羊群行为的实证研究》,《证券市场导报》2006 年第 12 期。

饶育蕾、刘达锋:《行为金融学》,上海财经大学出版社,2003。

饶育蕾、彭叠峰、王建新:《金融危机下行为金融学研究的历史使命:一个综述》,《管理评论》2012 年第 1 期。

施东辉:《证券投资基金的交易行为及其市场影响》,《世界经济》2001 年第 10 期。

宋军、吴冲锋:《基于分散度的金融市场的羊群行为研究》,《经济研究》2001 年第 11 期。

孙培源、施东晖:《基于 CAPM 的中国股市羊群行为研究——兼与宋军、吴冲锋先生商榷》,《经济研究》2002 年第 2 期。

汤长安、彭耿:《中国基金羊群行为水平的上下界估计及其影响因素研究》,《中国软科学》2014 年第 9 期。

陶瑜、刘寅、彭龙:《中国证券投资基金羊群行为及其影响因素研究》,《北京邮电大学学报》(社会科学版) 2015 年第 5 期。

田存志、赵萌:《羊群行为:隐性交易还是盲目跟风?》,《管理世界》2011年第3期。

王翠翠:《基于决策神经科学的从众与反从众行为研究:对比财产类决策和健康类决策情景》,博士学位论文,浙江大学,2014。

王俊秀、杨宜音:《中国社会心态研究报告(2011)》,社会科学文献出版社,2011。

王宇熹、洪剑峭、肖峻:《顶级券商的明星分析师荐股评级更有价值么?——基于券商声誉、分析师声誉的实证研究》,《管理工程学报》2012年第3期。

翁学东:《美国投资心理学理论的进展》,《心理科学进展》2003年第3期。

伍旭川、何鹏:《中国开放式基金羊群行为分析》,《金融研究》2005年第5期。

肖欣荣、刘健:《基于网络理论的金融传染与投资者行为研究进展》,《经济学动态》2015年第5期。

谢晖、文凤华、杨晓光:《基于调查与实验的个体投资者羊群行为研究》,《中国管理科学》2008年第5期。

谢晖、周军:《情绪和控制幻觉对投资者羊群行为的影响》,《心理科学》2013年第4期。

谢晖、周军:《信息和独立性对投资者羊群行为影响的实验研究》,《心理科学》2010年第2期。

新华社:《全国金融工作会议在京召开》,中国政府网,2017年7月15日,https://www.gov.cn/xinwen/2017-07/15/content_5210774.htm。

新华社:《习近平主持中共中央政治局第十三次集体学习并讲话》,中国政府网,2019年2月23日,https://www.gov.cn/xinwen/2019-02/23/content_5367953.htm。

许年行、于上尧、伊志宏:《机构投资者羊群行为与股价崩盘风险》,《管理世界》2013年第7期。

杨晓兰、高媚、朱淋:《社会互动对股票市场的影响——基于新浪财经博客的实证分析》,《证券市场导报》2016年第7期。

杨宜音、张志学：《性格与社会心理测量总览》，远流出版社，1988。

尹海员、朱旭：《机构投资者信息挖掘、羊群行为与股价崩盘风险》，《管理科学学报》2022 年第 2 期。

张继勋、刘文欢：《投资倾向、内部控制重大缺陷与投资者的投资判断——基于个体投资者的实验研究》，《管理评论》2014 年第 3 期。

张继勋、张丽霞：《会计估计的准确性、行业共识信息与个体投资者的决策》，《南开管理评论》2012 年第 3 期。

张剑渝、杜青龙：《参考群体、认知风格与消费者购买决策——一个行为经济学视角的综述》，《经济学动态》2009 年第 11 期。

张向葵、田录梅：《自尊对失败后抑郁、焦虑反应的缓冲效应》，《心理学报》2005 年第 2 期。

张笑、冯廷勇：《决策信心在信息化从众中的作用》，《心理科学》2014 年第 3 期。

张羽、李黎：《证券投资基金交易行为及其对股价的影响》，《管理科学》2005 年第 4 期。

郑培培、任春艳、郭兰：《社会责任信息披露、媒体报道与个体投资者的投资决策——一项实验证据》，《经济管理》2017 年第 4 期。

郑瑶、董大勇、朱宏泉：《网络证券信息交流减弱股市羊群效应吗：基于中国证券市场的分析》，《管理评论》2015 年第 6 期。

郑瑶、董大勇、朱宏泉：《异质性情绪影响股市羊群效应吗？——来自互联网股票社区的证据》，《系统工程》2016 年第 9 期。

中国证监会：《保护投资者合法权益是资本市场建设的永恒主题》，新浪财经，2017 年 3 月 15 日，http://finance. sina. com. cn/stock/t/2017−03−15/doc−ifychhus1394368. shtml？ cre = financepagepc&mod = f&loc = 2&r = 9&doct = 0&rfunc = 87 期。

中国证监会：《第二批全国证券期货投资者教育基地名单》，中国证监会网站，2017 年 12 月 6 日，http://www. csrc. gov. cn/csrc/c101799/c1003751/content. shtml。

中国证监会：《首批全国证券期货投资者教育基地正式授牌》，人民网−股票频道，2016 年 5 月 9 日，http://money. people. com. cn/stock/n1/

2016/0509/c67815-28336507. html。

中国证监会：《证监会公示第三批拟命名国家级证券期货投资者教育基地》，中国证监会网站，2019 年 12 月 4 日，http://www. csrc. gov. cn/csrc/c100028/c1000867/content. shtml。

中国证监会：《证监会公示第四批拟命名国家级证券期货投资者教育基地》，中国证监会网站，2021 年 7 月 16 日，http://www. csrc. gov. cn/csrc/c100028/c7c75e5d48fdc45a8879721bf44d5cb8d/content. shtml。

中国证券登记结算有限责任公司：《主要指标概览》，中国结算网站，2023 年 8 月 31 日，http://www. chinaclear. cn/zdjs/tjyb1/center_scsj_tjyb. shtml。

周蕾、李纾、许燕等：《决策风格的理论发展及建构：基于信息加工视角》，《心理科学进展》2014 年第 1 期。

最高人民检察院：《最高人民检察院公布第十批指导性案例》，最高人民检察院网站，2018 年 7 月 12 日，https://www. spp. gov. cn/spp/jczdal/201807/t20180712_384673. shtml。

Admati A R, Pfleiderer P, "Does It All Add Up? Benchmarks and the Compensation of Active Portfolio Managers", *Journal of Business*, Vol. 70, No. 3, 1997.

Alós-Ferrer C, Ania A B, "The Asset Market Game", *Journal of Mathematical Economics*, Vol. 41, No. 1, 2005.

Andersson M, Hedesström T M, and Gärling T, "Social Influence on Predictions of Simulated Stock Prices", *Journal of Behavior Decision Making*, Vol. 22, No. 3, 2009.

Ansari T L, Derakshan N, "The Neural Correlates of Impaired Inhibitory Control in Anxiety", *Neuropsychologia*, Vol. 49, No. 5, 2011.

Anseel F, Lievens F, "Certainty as A Moderator of Feedback Reactions? A Test of the Strength of the Self-Verification Motive", *Journal of Occupational and Organizational Psychology*, Vol. 79, No. 4, 2006.

Arjoon V, Bhatnagar C S, "Dynamic Herding Analysis in a Frontier Market", *Research in International Business and Finance*, Vol. 42, 2017.

Arndt J, Schimel J, Greenberg J, et al., "The Intrinsic Self and Defensiveness: Evidence that Activating the Intrinsic Self Reduces Self-Handicapping and Conformity", *Personality and Social Psychology Bulletin*, Vol. 28, No. 5, 2002.

Avery C, Zemsky P, "Multidimensional Uncertainty and Herd Behavior in Financial Markets", *American Economic Review*, Vol. 88, No. 4, 1998.

Banerjee A V, "A Simple Model of Herd Behavior", *The Quarterly Journal of Economics*, Vol. 107, No. 3, 1992.

Banerjee A, Fudenberg D, "Word-of-Mouth Learning", *Games and Economic Behavior*, Vol. 46, No. 1, 2004.

Barber B M, Odean T, Zhu N, "Systematic Noise", *Journal of Financial Markets*, Vol. 12, No. 4, 2009.

Barber B M, Odean T, "All That Glitters: The Effect of Attention and News on the Buying Behavior of Individual and Institutional Investors", *Review of Financial Studies*, Vol. 21, No. 2, 2008.

Baron R M, Kenny D A, "The Moderator-Mediator Variable Distinction in Social Psychological Research: Conceptual, Strategic, and Statistical Considerations", *Journal of Personality and Social Psychology*, Vol. 51, No. 6, 1986.

Bearden W O, Etzel M J, "Reference Group Influence on Product and Brand Purchase Decisions", *Journal of Consumer Research*, Vol. 9, No. 2, 1982.

Bekiros S, Jlassi M, Lucey B, et al., "Herding Behavior, Market Sentiment and Volatility: Will the Bubble Resume", *North American Journal of Economics and Finance*, Vol. 42, 2017.

Bekiros S, Jlassib M, Naoui K, et al., "Risk Perception in Financial Markets: On the Flip Side", *International Review of Financial Analysis*, Vol. 57, 2018.

Bernardo A E, Welch I, "On the Evolution of Overconfidence and Entrepreneurs", *Journal of Economics and Management Strategy*, Vol. 10, No. 3, 2001.

Bernheim B D, "A Theory of Conformity", *Journal of Political Economy*,

Vol. 102, No. 5, 1994.

Berns G S, Capra C M, Moore S, et al., "Neural Mechanisms of the Influence of Popularity on Adolescent Ratings of Music", *Neuroimage*, Vol. 49, No. 3, 2010.

Berns G S, Chappelow J, Zink C F, et al., "Neurobiological Correlates of Social Conformity and Independence During Mental Rotation ", *Biological Psychiatry*, Vol. 58, No. 3, 2005.

Bikhchandani S, Hirshleifer D, and Welch I., "A Theory of Fads, Fashion, Custom, and Cultural Change as Informational Cascades", *Journal of Political Economy*, Vol. 100, No. 5, 1992.

Bikhchandani S, Sharma S, "Herd Behavior in Financial Markets: A Review", *IMF Staff Paper*, Vol. 47, No. 3, 2001.

Black F, "Noise", *Journal of Finance*, Vol. 41, No. 3, 1986.

Blasco N, Corredor P, Ferreruela S, "Does Herding Affect Volatility? Implications for the Spanish Stock Market ", *Quantitative Finance*, Vol. 12, No. 2, 2012.

Bond R, Smith P B, "Culture and Conformity: A Meta-Analysis of Studies Using Asch's (1952, 1956) Line Judgment Task", *Psychological Bulletin*, Vol. 119, No. 1, 1996.

Boyson N M, "Implicit Incentives and Reputational Herding by Hedge Fund Managers", *Journal of Empirical Finance*, Vol. 17, No. 3, 2010.

Brehm J W, Cohen A R, *Explorations in Cognitive Dissonance* (New York: John Wiley & Sons, 1962).

Brooks A W, Schweitzer M E, "Can Nervous Nelly Negotiate? How Anxiety Causes Negotiators to Make Low First Offers, Exit Early, and Earn Less Profit", *Organizational Behavior and Human Decision Processes*, Vol. 115, No. 1, 2011.

Brown J D, Dutton K A, "The Thrill of Victory, the Complexity of Defeat: Self-Esteem and People's Emotional Reactions to Success and Failure", *Journal of Personality and Social Psychology*, Vol. 68, No. 4, 1995.

Bui D G, Hasan I, Lin Chih-Yung, et al., "Income, Trading, and Performance: Evidence from Retail Investors", *Journal of Empirical Finance*, Vol. 66, 2022.

Burger J M, Lynn A L, "Superstitious Behavior among American and Japanese Professional Baseball Players", *Basic and Applied Social Psychology*, Vol. 27, No. 1, 2005.

Cai F, Han S, Li D, et al., "Institutional Herding and Its Price Impact: Evidence from the Corporate Bond Market", *Social Science Electronic Publishing*, Vol. 131, No. 1, 2019.

Camara O, "Industry Herd Behaviour in Financing Decision Making", *Journal of Economics and Business*, Vol. 94, 2017.

Cattell R B, Scheier I H, *The Meaning and Measurement of Neuroticism and Anxiety* (New York: Ronald Press, 1961).

Celen B, Kariv S, "Distinguishing Informational Cascades from Herd Behavior in the Laboratory", *American Economic Review*, Vol. 94, No. 3, 2004.

Chang E C, Cheng J W, and Khorana A, "An Examination of Herd Behavior in Equity Markets: An International Perspective", *Journal of Banking and Finance*, Vol. 24, No. 10, 2000.

Chang S K, Mizrach B, "Herd Behavior, Bubbles and Social Interactions in Financial Markets", *Studies in Nonlinear Dynamics and Econometrics*, Vol. 18, No. 1, 2014.

Chaouali W, Yahia I B, Souiden N, "The Interplay of Counter-Conformity Motivation, Social Influence, and Trust in Customers' Intention to Adopt Internet Banking Services: The Case of an Emerging Country", *Journal of Retailing & Consumer Services*, Vol. 28, 2016.

Chiang T C, Zheng D, "An Empirical Analysis of Herd Behavior in Global Stock Markets", *Journal of Banking and Finance*, Vol. 34, No. 8, 2010.

Childers T L, Rao A R, "The Influence of Familial and Peer-Based Reference Groups on Consumer Decisions", *Journal of Consumer Research*, Vol. 19, No. 2, 1992.

Choi N, Skiba H, "Institutional Herding in International Markets", *Journal of Banking and Finance*, Vol. 55, 2015.

Christie W G, Huang R D, "Following the Pied Piper: Do Individual Returns Herd Around the Market?", *Financial Analysts Journal*, Vol. 51, No. 4, 1995.

Cipriani M, Guarino A, "Herd Behavior in a Laboratory Financial Market", *American Economic Review*, Vol. 95, No. 5, 2005.

Clement M B, Tse S Y, "Financial Analyst Characteristics and Herding Behavior in Forecasting", *Journal of Finance*, Vol. 60, No. 1, 2005.

Cohen M J, Brezis M, Block C, et al., "Vaccination, Herd Behavior, and Herd Immunity", *Medical Decision Making*, Vol. 33, No. 8, 2013.

Cooley C H, *Human Nature and The Social Order* (New York: Scribner, 1902).

Coopersmith S, *The Antecedents of Self-Esteem* (San Francisco: W. H. Freeman and Company, 1967).

Crawford S S, Gray W R, Kern A E, "Why Do Fund Managers Identify and Share Profitable Ideas?", *Journal of Financial and Quantitative Analysis*, Vol. 52, No. 5, 2017.

Dellavigna S, Pollet J, "Investor Inattention, Firm Reaction, and Friday Earnings Announcements", *Journal of Finance*, Vol. 64, No. 2, 2009.

Demirer R, Kutan A M, "Does Herding Behavior Exist in Chinese Stock Markets?", *Journal of International Financial Markets Institutions and Money*, Vol. 16, No. 2, 2006.

Deng X, Hung S, and Qiao Z, "Mutual Fund Herding and Stock Price Crashes", *Journal of Banking and Finance*, Vol. 94, 2018.

Duffie D, "Presidential Address: Asset Price Dynamics with Slow-Moving Capital", *The Journal of Finance*, Vol. 65, No. 4, 2010.

Durlauf S N, Ioannides Y M, "Social Interactions", *Social Science Electronic Publishing*, Vol. 4, No. 2, 2010.

Elliott W B, Hodge F D, Kennedy J J, et al., "Are M. B. A. Students a Good

Proxy for Nonprofessional Investors?", *Accounting Review*, Vol. 82, No. 1, 2007.

Ellison G, Fudenberg D, "Rules of Thumb for Social Learning", *Journal of Political Economy*, Vol. 101, No. 4, 1993.

Escalas J E, Bettman J R, "You are What They Eat: The Influence of Reference Groups on Consumer's Connections to Brands", *Journal of Consumer Psychology*, Vol. 13, No. 3, 2003.

Falkenstein E G, "Preferences for Stock Characteristics as Revealed by Mutual Fund Portfolio Holdings", *The Journal of Finance*, Vol. 51, No. 1, 1996.

Fang H, Shen C H, and Lee Y H, "The Dynamic and Asymmetric Herding Behavior of US Equity Fund Managers in the Stock Market", *International Review of Economics and Finance*, Vol. 49, 2017.

Fernández B, Garcia-Merino T, Mayoral R, et al., "Herding, Information Uncertainty and Investors' Cognitive Profile", *Qualitative Research in Financial Markets*, Vol. 3, No. 1, 2011.

Ferretti R, Cipollini A, and Pattarin F, "Can an Unglamorous Non-Event Affect Prices? The Role of Newspapers", *Cogent Economics and Finance*, Vol. 4, No. 1, 2016.

Fleming J S, Watts W A, "The Dimensionality of Self-Esteem: Some Results of a College Sample", *Journal of Personality and Social Psychology*, Vol. 39, No. 5, 1980.

Freckleton E, Sharpe L, and Mullan B, "Reasons for the Overly Optimistic Beliefs of Parents of Children with Diabetes", *Journal of Paediatrics and Child Health*, Vol. 50, No. 4, 2014.

Frijns B, Huynh T D, "Herding in Analysts' Recommendations: The Role of Media", *Journal of Banking and Finance*, Vol. 91, 2018.

Froot K A, Scharfstein D S, and Stein J C, "Herd on the Street: Informational Inefficiencies in a Market with Short-Term Speculation", *Journal of Finance*, Vol. 47, No. 4, 1992.

Galy N, Germain L, *Media Coverage of Analysts' Recommendations and Firm*

Share Prices, Paper Represented at the International Conference of the French Finance Association, France, May 2011.

Gambetti E, Giusberti F, "The Effect of Anger and Anxiety Traits on Investment Decisions", *Journal of Economic Psychology*, Vol. 33, No. 6, 2012.

Gervais S, Odean T, "Learning to Be Overconfident", *Review of Financial Studies*, Vol. 14, No. 1, 2001.

Gino F, Brooks A D, Schweitzer M, "Anxiety, Advice, and the Ability to Discern: Feeling Anxious Motivates Individuals to Seek and Use Advice", *Journal of Personality and Social Psychology*, Vol. 102, No. 3, 2012.

Gino F, Shang J, and Croson R, "The Impact of Information from Similar or Different Advisors on Judgment", *Organizational Behavior and Human Decision Processes*, Vol. 108, No. 2, 2009.

Gino F, "Do We Listen to Advice Just Because We Paid for It? The Impact of Advice Cost on Its Use", *Organizational Behavior and Human Decision Processes*, Vol. 107, No. 2, 2008.

Graham J R, "Herding Among Investment Newsletters: Theory and Evidence", *Social Science Electronic Publishing*, Vol. 51, No. 4, 1999.

Grant A M, Sumanth J J, "Mission possible? The Performance of Prosocially Motivated Employees Depends on Manager Trustworthiness", *Journal of Applied Psychology*, Vol. 94, No. 4, 2009.

Greenberg J, Pyszczynski T, Solomon S, *Public Self and Private Life* (New York: Springer-Verlag, 1986).

Greenberg J, Solomon S, Pyszczynski T, et al., "Assessing the Terror Management Analysis of Self-Esteem: Converging Evidence of An Anxiety-Buffering Function", *Journal of Personality and Social Psychology*, Vol. 63, No. 6, 1992.

Grossman S J, Stiglitz J E, "On the Impossibility of Informationally Efficient Markets", *American Economic Review*, Vol. 70, No. 3, 1980.

Grundy B D, McNichols M, "Trade and the Revelation of Information Through Prices and Direct Disclosure", *Review of Financial Studies*, Vol. 2, No. 4,

1989.

Guney Y, Kallinterakis V, Komba G, "Herding in Frontier Markets: Evidence from African Stock Exchanges", *Journal of International Financial Markets Institutions and Money*, Vol. 47, 2017.

Hagborg W J, "Scores of Middle School-Age Students on the Rosenberg Self-Esteem Scale", *Psychological Reports*, Vol. 78, 1996.

Hart J G, "LAWSEQ: Its Relation to Other Measures of Self-Esteem and Academic Ability", *British Journal of Educational Psychology*, Vol. 55, No. 2, 1985.

Hartley C A, Phelps E A, "Anxiety and Decision-making", *Biological Psychiatry*, Vol. 72, No. 2, 2012.

Hirshleifer D, Subrahmanyam A, and Titman S, "Security Analysis and Trading Patterns when Some Investors Receive Information Before Others", *The Journal of Finance*, Vol. 49, No. 5, 1994.

Hirshleifer D, Teoh S H, "Decisions Without Blinders", *Social Science Electronic Publishing*, Vol. 84, No. 4, 2006.

Hirshleifer D, Teoh S H, "Herd Behaviour and Cascading in Capital Markets: A Review and Synthesis", *European Financial Management*, Vol. 9, No. 1, 2003.

Hofmann D A, "An Overview of the Logic and Rationale of Hierarchical Linear Models", *Journal of Management*, Vol. 23, No. 6, 1997.

Holmstrom B, Milgrom P, "Multitask Principal-agent Analyses: Incentive Contracts, Asset Ownership, and Job Design", *Journal of Law Economics and Organization*, No. 7, 1991.

Hong H, Kubik D J, and Stein J C, "Social Interaction and Stock-Market Panicipation", *Journal of Finance*, Vol. 59, No. 1, 2004.

Hong H, Kubik D J, and Stein J C, "The Neighbor's Portfolio Word-of-Mouth Effects in the Holdings and Trades of Money Managers", *The Journal of Finance*, Vol. 60, No. 6, 2005.

Hornsey M J, Majkut L, Terry D J, et al., "On Being Loud and Proud: Non-

Conformity and Counter-Conformity to Group Norms", *British Journal of Social Psychology*, Vol. 42, No. 3, 2003.

Hsieh S F, "Individual and Institutional Herding and the Impact on Stock Returns: Evidence from Taiwan Stock Market", *International Review of Financial Analysis*, Vol. 29, No. 3, 2013.

Hudlicka E, *Text, Speech and Dialogue* (Berlin Heidelberg: Springer-Verlag, 2006).

Humayun Kabir M, Shakur S, "Regime-Dependent Herding Behavior in Asian and Latin American Stock Markets", *Pacific-Basin Finance Journal*, Vol. 47, 2018.

Hunter J A, Cox S L, O'Brien K, et al., "Threats to Group Value, Domain-Specific Self-Esteem and Intergroup Discrimination Amongst Minimal and National Groups", *British Journal of Social Psychology*, Vol. 44, No. 3, 2005.

Hvide H K, Östberg P, "Social Interaction at Work", *Journal of Financial Economics*, Vol. 117, No. 3, 2015.

Hwang S, Salmon M, "Market Stress and Herding", *Journal of Empirical Finance*, Vol. 11, No. 4, 2004.

Hyman H H, "The Psychology of Status", *Archives of Psychology*, Vol. 269, 1942.

Ito T A, Larsen J T, Smith N K, et al., "Negative Information Weighs More Heavily on the Brain: The Negativity Bias in Evaluative Categorizations", *Journal of Personality and Social Psychology*, Vol. 75, No. 4, 1998.

Jackson M O, *Social and Economic Networks* (Princeton, NJ: Princeton University Press, 2008).

Jegadeesh N, Kim W, "Do Analysts Herd? An Analysis of Recommendations and Market Reactions", *Review of Financial Studies*, Vol. 23, No. 2, 2010.

Josephs R A, Larrick R P, Steele C M, et al., "Protecting the Self from the Negative Consequences of Risky Decisions", *Journal of Personality and Social Psychology*, Vol. 62, No. 1, 1992.

Jussim L, Yen H, and Aiello J R, "Self-Consistency, Self-Enhancement, and Accuracy in Reactions to Feedback", *Journal of Experimental Social Psychology*, Vol. 31, No. 4, 1995.

Kameda T, Nakanishi D, "Does Social/Cultural Learning Increase Human Adaptability? Rogers's Question Revisited", *Evolution and Human Behavior*, Vol. 24, No. 4, 2003.

Kameda T, Tamura R, "'To Eat or Not to Be Eaten?' Collective Risk-Monitoring in Groups", *Journal of Experimental Social Psychology*, Vol. 43, No. 2, 2007.

Keswani A, Stolin D, "Which Money Is Smart? Mutual Fund Buys and Sells of Individual and Institutional Investors", *The Journal of Finance*, Vol. 63, No. 1, 2008.

Khan H, Hassairi S A, and Viviani J L, "Herd Behavior and Market Stress: The Case of Four European Countries", *International Bushess Research*, Vol. 4, No. 3, 2011.

Krain A L, Gotimer K, Hefton S, et al., "A Functional Magnetic Resonance Imaging Investigation of Uncertainty in Adolescents with Anxiety Disorders", *Biological Psychiatry*, Vol. 63, No. 6, 2008.

Kraus A, Stoll H R, "Parallel Trading by Institutional Investors", *Journal of Financial and Quantitative Analysis*, Vol. 7, No. 5, 1972.

Kubik J D, Solomon A, and Hong H G, "Security Analysts' Career Concerns and Herding of Earnings Forecasts", *Rand Journal of Economics*, Vol. 31, No. 1, 2000.

Kyle A, "Continuous Auctions and Insider Trading", Econometrica, Vol. 53, No. 6, 1985.

Ladouceur R, Sylvain C, Boutin C, et al., "Cognitive Treatment of Pathological Gambling", *Journal of Nervous and Mental Disease*, Vol. 189, No. 11, 2001.

Lakonishok J, Shleifer A, and Vishny R W, "The Impact of Institutional Trading on Stock Prices", *Journal of Financial Economics*, Vol. 32, No. 1, 1992.

Lao P, Singh H, "Herding Behaviour in the Chinese and Indian Stock Markets", *Journal of Asian Economics*, Vol. 22, No. 6, 2011.

Lee C M C, Thaler S R H, "Investor Sentiment and the Closed-End Fund Puzzle", *The Journal of Finance*, Vol. 46, No. 1, 1991.

Leece R D, White T P, "The Effects of Firms' Information Environment on Analysts' Herding Behavior", *Review of Quantitative Finance and Accounting*, Vol. 48, No. 2, 2017.

Levy G, "Anti-herding and Strategic Consultation", *European Economic Review*, Vol. 48, No. 3, 2004.

Li D, Ma J, Tian Z, et al., "An Evolutionary Game for the Diffusion of Rumor in Complex Networks", *Physica A: Statistical Mechanics and Its Applications*, Vol. 433, 2015.

Li S, "Empirical Research on the Herding in Chinese Securities Investment Fund", *Mass Spectrometry Reviews*, Vol. 17, No. 2, 2015.

Li W, Rhee G, Wang S S, "Differences in Herding: Individual Vs. Institutional Investors", *Pacific-Basin Finance Journal*, Vol. 45, 2017.

Li Z L, Diao X D, and Wu C F, "The Influence of Mobile Trading on Return Dispersion and Herding Behavior", *Pacific-Basin Finance Journal*, Vol. 73, 2022.

Liberman N, Trope Y, and Stephan E, *Psychological Distance* (New York: Guilford, 2007).

Lin H W, Lu H F, "Elucidating the Association of Sports Lottery Bettors' Socio-Demographics, Personality Traits, Risk Tolerance and Behavioural Biases", *Personality and Individual Differences*, Vol. 73, 2015.

Lin M C, "The Impact of Aggregate Uncertainty on Herding in Analysts' Stock Recommendations", *International Review of Financial Analysis*, Vol. 57, 2018.

Lin T, Jang W, and Tsang S, "Do Security Analysts Herd on Stock Recommendations and Does It Affect Returns?", *International Journal of Economics and Finance*, Vol. 5, No. 6, 2013.

Liu Z, Zhang T, and Yang X, "Social Interaction and Stock Market Participation: Evidence from China", *Mathematical Problems in Engineering*, No. 3, 2014.

Lobao J, Serra A P, *Herding Behavior Evidence from Portuguese Mutual Funds* (New York: Palgrave MacMillan, 2002).

Lord K R, Lee M S, and Choong R, "Differences in Normative and Informational Social Influenced", *Advances in Consumer Research*, Vol. 28, 2001.

Macdonald D A, Anderson P E, Tsagarakis C I, et al., "Correlations Between the Myers-Briggs Type Indicator and the Neo Personality Inventory Facets", *Psychological Report*, Vol. 76, No. 2, 1995.

Martin R, Hewstone M, "Conformity and Independence in Groups: Majorities and Minorities," in Hogg M A, Tindale R S, eds., *Blackwell handbooks of Social Psychology: Group Processes* (Oxford, UK: Blackwell, 2001).

Maug E, Naik N Y, "Herding and Delegated Portfolio Management: The Impact of Relative Performance Evaluation on Asset Allocation", *Social Science Electronic Publishing*, Vol. 1, No. 2, 2011.

Mcfarlin D B, Baumeister R F, and Blascovich J, "On Knowing When to Quit: Task Failure, Self-Esteem, Advice, and Nonproductive Persistence", *Journal of Personality*, Vol. 52, No. 2, 1984.

Moutinho L, "Consumer Behavior in Tourism", *European Journal of Marketing*, Vol. 21, No. 10, 1987.

Newell B R, Shanks D R, "Unconscious Influences on Decision Making: A Critical Review", *Behavioral and Brain Sciences*, Vol. 37, No. 1, 2014.

Nickerson R S, "Confirmation bias: A Ubiquitous Phenomenon in Many Guises", *Review of General Psychology*, Vol. 2, No. 2, 1998.

Odean T, "Do Investors Trade Too Much?", *Social Science Electronic Publishing*, Vol. 89, No. 5, 1999.

Park C W, Lessig V P, "Students and Housewives: Differences in Susceptibility to Reference Group Influence", *Journal of Consumer Research*, Vol. 4, No. 2, 1977.

Peng L, Xiong W, "Investor Attention, Overconfidence and Category Learning", *Journal of Financial Economics*, Vol. 80, No. 3, 2006.

Pentina I, Prybutok V R, and Zhang X, "The Role of Virtual Communities as Shopping Reference Groups", *Journal of Electronic Commerce Research*, Vol. 9, No. 2, 2008.

Perc M, "Double Resonance in Cooperation Induced by Noise and Network Variation for an Evolutionary Prisoner's Dilemma", *New Journal of Physics*, Vol. 8, No. 9, 2006.

Pleskac T J, Busemeyer J R, "Two-Stage Dynamic Signal Detection: A Theory of Choice, Decision Time, and Confidence", *Psychological Review*, Vol. 117, No. 3, 2010.

Podsakoff P M, MacKenzie S B, Lee J Y, et al., "Common Method Biases in Behavioral Research: A Critical Review of the Literature and Recommended Remedies", *Journal of Applied Psychology*, Vol. 88, No. 5, 2003.

Pool V K, Stoffman N, Yonker S E, "The People in Your Neighborhood: Social Interactions and Mutual Fund Portfolios", *Journal of Finance*, Vol. 70, No. 6, 2015.

Prendergast C, Stole L, "Impetuous Youngsters and Jaded Old-Timers: Acquiring A Reputation for Learning", *Journal of Political Economy*, Vol. 104, No. 6, 1996.

Pyszczynski T, Greenberg J, Solomon S, et al., "Why do People Need Self-Esteem? A Theoretical and Empirical Review", *Psychological Bulletin*, Vol. 130, No. 3, 2004.

Pérez-Asenjo E, "If Happiness Is Relative, Against Whom Do We Compare Ourselves? Implications for Labour Supply", *Journal of Population Economics*, Vol. 24, No. 4, 2011.

Qiao Z, Chiang T C, and Tan L, "Empirical Investigation of the Causal Relationships Among Herding, Stock Market Returns, and Illiquidity: Evidence from Major Asian Markets", *Review of Pacific Basin Financial Markets and Policies*, Vol. 17, No. 3, 2014.

Quiamzade A, L'huillier J, "Herding by Attribution of Privileged Information", *Journal of Behavioral Decision Making*, Vol. 22, No. 1, 2009.

Roll R, "A Mean Variance Analysis of Tracking Error", *Journal of Portfolio Management*, Vol. 18, No. 4, 1992.

Rosenberg M, *Society and the Adolescent Self-Image* (Princeton, NJ: Princeton University Press, 1965).

Saaty T L, *Decision Making with Dependence and Feedback* (Pittsburgh, PA: RWS Publication, 1996).

Sabherwal S, Sarkar S K, and Zhang Y, "Do Internet Stock Message Boards Influence Trading? Evidence from Heavily Discussed Stocks with No Fundamental News", *Journal of Business Finance and Accounting*, Vol. 38, No. 9-10, 2011.

Scharfstein D S, Stein J C, "Herd Behavior and Investment", *American Economic Review*, Vol. 80, No. 3, 1990.

Schmeling M, "Investor Sentiment and Stock Returns: Some International Evidence", *Journal of Empirical Finance*, Vol. 16, No. 3, 2009.

Seru A, Shumwav T, and Stoffman N, "Learning by Trading", *Review of Financial Studies*, Vol. 23, No. 2, 2010.

Shiller R J, "Conversation, Information and Herd Behavior", *American Economic Review*, No. 85, 1995.

Shiller R J, "Do Stock Prices Move Too Much to Be Justified by Subsequent Changes in Dividends?", *American Economic Review*, Vol. 71, No. 3, 1981.

Shiller R J, "Tools for Financial Innovation: Neoclassical Versus Behavioral Finance", *Financial Review*, Vol. 41, No. 1, 2006.

Shiller R J. *Irrational Exuberance* (Princeton, NJ: Princeton University Press, 2000).

Shrauger J S, Sorman P B, "Self-Evaluations, Initial Success and Failure, and Improvement as Determinants Of Persistence", *Journal of Consulting and Clinical Psychology*, Vol. 45, No. 5, 1977.

Shrauger J S, "Responses to Evaluation as A Function of Initial Self-vperceptions", *Psychological bulletin*, Vol. 82, No. 4, 1975.

Sias R W, "Institutional Herding", *Review of Financial Studies*, Vol. 17, No. 1, 2004.

Skitka L J, Maslach C, "Gender as Schematic Category: A Role Construct Approach", *Social Behavior and Personality: An International Journal*, Vol. 24, No. 1, 1996.

Smith J M, Price G R, "The Logic of Animal Conflict", *Nature*, Vol. 246, No. 5427, 1973.

Sniezek J A, Schrah G E, and Dalal R S, "Improving Judgment with Prepaid Expert Advice", *Journal of Behavioral Decision Making*, Vol. 17, No. 3, 2004.

Soll J B, Mannes A E, "Judgmental Aggregation Strategies Depend on Whether the Self Is Involved", *International Journal of Forecasting*, Vol. 27, No. 1, 2011.

Spielberger C D, *STAI: Manual for the State-Trait Anxiety Inventory* (Palo Alto: Consulting Psychologists Press, 1983).

Stankowich T, Blumstein D T, "Fear in Animals: A Meta-Analysis and Review of Risk Assessment", *Proceedings of the Royal Society B: Biological Sciences*, Vol. 272, No. 1581, 2005.

Stone E R, Dodrill C L, and Johnson N, "Depressive Cognition: A Test of Depressive Realism Versus Negativity Using General Knowledge Questions", *The Journal of Psychology*, Vol. 135, No. 6, 2001.

Suominen M, "Trading Volume and Information Revelation in Stock Markets", *Journal of Financial and Quantitative Analysis*, Vol. 36, No. 4, 2001.

Szolnoki A, Szabo G, "Cooperation Enhanced by Inhomogeneous Activity of Teaching for Evolutionary Prisoner'S Dilemma Games", *Europhysics Letters*, Vol. 77, No. 3, 2007.

Tajfel H, "Social Categorization, Social Identity and Social Comparison", *American Journal of Agricultural Economics*, Vol. 24, No. 1, 1978.

Taylor C T, Aupperle R L, Flagan T, et al., "Neural Correlates of a Computerized Attention Modification Program in Anxious Subjects", *Social Cognitive and Affective Neuroscience*, Vol. 9, No. 9, 2014.

Thompson S C, Ting S A, "Avoidance Denial Versus Optimistic Denial in Reaction to the Threat of Future Cardiovascular Disease", *Health Education and Behavior*, Vol. 39, No. 5, 2012.

Tian X, Do B, Duong H N, et al., "Liquidity Provision and Informed Trading by Individual Investors", *Pacific-Basin Finance Journal*, Vol. 35, 2015.

Tom S M, Fox C R, Trepel C, et al., "The Neural Basis of Loss Aversion in Decision-Making Under Risk", *Science*, Vol. 315, No. 5811, 2007.

Tong E M W, Tan C R M, Latheef N A, et al., "Conformity: Moods Matter", *European Journal of Social Psychology*, Vol. 38, No. 4, 2008.

Torelli C J, "Individuality or Conformity? The Effect of Independent and Interdependent Self-Concepts on Public Judgments", *Journal of Consumer Psychology*, Vol. 16, No. 3, 2006.

Trautmann-Lengsfeld S A, Herrmann C S, "EEG Reveals an Early Influence of Social Conformity on Visual Processing in Group Pressure Situations", *Social Neuroscience*, Vol. 8, No. 1, 2013.

Veldkamp L L, "Media Frenzies in Markets for Financial Information", *American Economic Review*, Vol. 96, No. 3, 2006.

Venezia I, Nashikkar A, and Shapira Z, "Firm Specific and Macro Herding by Professional and Amateur Investors and Their Effects on Market Volatility", *Journal of Banking and Finance*, Vol. 35, No. 7, 2011.

Wang C C, Jin J, Paulo V J, et al., "Antiherding in Financial Decision Increases Valuation of Return on Investment: An Event-Related Potential Study", *Computational Intelligence and Neuroscience*, No. 3, 2017.

Webster D M, Kruglanski A W, "Individual Differences in Need for Cognitive Closure", *Journal of Personality and Social Psychology*, Vol. 67, No. 6, 1994.

Wermers R, "Herding, Trade Reversals, and Cascading by Institutional Investors", *Social Science Electronic Publishing*, Vol. 50, No. 3, 1994.

Wermers R, "Mutual Fund Herding and the Impact on Stock Prices", *Journal of Finance*, Vol. 54, No. 2, 1999.

White K, Dahl D W, "Are All Out-Groups Created Equal? Consumer Identity and Dissociative Influence", *Journal of Consumer Research*, Vol. 34, No. 4, 2007.

White K, Dahl D W, "To Be or Not Be? The Influence of Dissociative Reference Groups on Consumer Preferences", *Journal of Consumer Psychology*, Vol. 16, No. 4, 2006.

Wong T J, Yu G, Zhang S B, et al., "Calling for Transparency: Evidence from a Field Experiment", *Journal of Accounting and Economics*, Vol. 77, No. 1, 2024.

Wray L D, Stone E R, "The Role of Self-Esteem and Anxiety in Decision Making for Self-Versus Others in Relationships", *Journal of Behavioral Decision Making*, Vol. 18, No. 2, 2005.

Xu B, Liu L, and You W, "Importance of Tie Strengths in the Prisoner's Dilemma Game on Social Networks", *Physics Letters A*, Vol. 375, No. 24, 2011.

Yang X L, Gao M, Wu Y, et al., "Performance Evaluation and Herd Behavior in a Laboratory Financial Market", *Journal of Behavioral and Experimental Economics*, Vol. 75, No. C, 2018.

Yaniv I, Kleinberger E, "Advice Taking in Decision Making: Egocentric Discounting and Reputation Formation", *Organizational Behavior and Human Decision Processes*, Vol. 83, No. 2, 2000.

Yao J, Ma C, and He W P, "Investor Herding Behaviour of Chinese Stock Market", *International Review of Economics and Finance*, Vol. 29, No. 1, 2014.

Youssef M, Mokni K, "On the Effect of Herding Behavior on Dependence Structure Between Stock Markets: Evidence from GCC Countries", *Journal of Behavioral and Experimental Finance*, Vol. 20, 2018.

Youssef M. "Do Oil Prices and Financial Indicators Drive the Herding Behavior in Commodity Markets?", *Journal of Behavioral Finance*, Vol. 23, No. 1, 2022.

Yu R, Sun S, "To Conform or Not to Conform: Spontaneous Conformity Diminishes the Sensitivity to Monetary Outcomes", *PloS One*, Vol. 8, No. 5, 2013.

Yuan Y, Fan X Q, and Li Y, "Do Local and Non-Local Retail Investor Attention Impact Stock Returns Differently?", *Pacific-Basin Finance Journal*, Vol. 74, 2022.

Zhang W, Wang B, Fu F, et al., "Rational Behavior Is a 'Double-Edged Sword' when Considering Voluntary Vaccination", *Physica a Statistical Mechanics and Its Applications*, Vol. 391, No. 20, 2012.

Zheng D Z, Li H M, and Chiang T C, "Herding within Industries: Evidence from Asian Stock Markets", *International Review of Economics and Finance*, Vol. 51, 2017.

附录　问卷

问卷 1：羊群行为问卷

指导语：你好！本调查的目的，是想了解你如何处理专家（不包括亲友）、亲友（不包括专家）和其他人（非专家、非亲友的同龄人）群体的股价预测信息，以及如何进行投资决策。

十分感谢你花费宝贵的时间来填写问卷，你认真负责的态度对于本次研究非常重要。我们承诺对你的个人信息和答案进行保密，请根据你的实际情况作答。

性别：　　　　　　　年龄：

最符合我投资实践情况的表述是：①属于金融学或经济学等相关专业且学习了相关知识，但无投资实践经验；②从实践经验中学到东西，或对相关主题感兴趣并同时进行投资；③研究过金融主题或者在经济学领域工作过。

决策过程中专家、亲友和其他人群体规模及一致性程度无显著差异，卖出股票时已持有该股票 2 到 6 个月且该股票处于盈利状态，买入或卖出股票时操作金额为 10000 元。请仔细阅读每一个陈述，然后在适当选项的圈上打"√"，答案无对错之分。	非常不同意	不同意	比较不同意	不确定	比较同意	同意	非常同意
1. 当我评估后认为某只股票价格将会下跌时，我发现其他人也预测该只股票价格将下跌，我选择卖出该股票	①	②	③	④	⑤	⑥	⑦
2. 当我评估后认为某只股票价格将会下跌时，我发现亲友却预测该只股票价格将上涨，我选择卖出该股票	①	②	③	④	⑤	⑥	⑦
3. 当亲友预测某一只股票价格将要上涨时，我评估后也认为该只股票价格将上涨，我选择买入该股票	①	②	③	④	⑤	⑥	⑦
4. 当我评估后认为某只股票价格将会上涨时，我发现专家预测该只股票价位将下降，我选择买进该股票	①	②	③	④	⑤	⑥	⑦

5. 当其他人预测某一只股票价格将要上涨时，我评估后却认为该只股票价格将下跌，我选择卖出该股票	①	②	③	④	⑤	⑥	⑦
6. 当我评估后认为某只股票价格将会上涨时，我发现专家也预测这只股票价位将上升，我选择买进该股票	①	②	③	④	⑤	⑥	⑦
7. 当其他人预测某一只股票价格将要上涨时，我评估后也认为该只股票价格将上涨，我选择买入该股票	①	②	③	④	⑤	⑥	⑦
8. 当亲友预测某一只股票价格将要下跌时，我评估后也认为该只股票价格将下跌，我选择卖出该股票	①	②	③	④	⑤	⑥	⑦
9. 当我评估后认为某只股票价格将会上涨时，我发现亲友也预测该只股票价位将上升，我选择买进该股票	①	②	③	④	⑤	⑥	⑦
10. 当我评估后认为某只股票价格将会下跌时，我发现专家也预测该只股票价格将下跌，我选择卖出该股票	①	②	③	④	⑤	⑥	⑦
11. 当亲友预测某一只股票价格将要下跌时，我评估后认为该只股票价格将上涨，我选择买入该股票	①	②	③	④	⑤	⑥	⑦
12. 当我评估后认为某只股票价格将会上涨时，我发现亲友预测该只股票价位将下降，我选择买进该股票	①	②	③	④	⑤	⑥	⑦
13. 当我评估后认为某只股票价格将要下跌时，我选择卖出该股票	①	②	③	④	⑤	⑥	⑦
14. 当我评估后认为某只股票价格将会下跌时，我发现其他人却预测该只股票价格将上涨，我选择卖出该股票	①	②	③	④	⑤	⑥	⑦
15. 当专家预测某一只股票价格将要上涨时，我评估后却认为该只股票价格将下跌，我选择卖出该股票	①	②	③	④	⑤	⑥	⑦
16. 当我评估后认为某只股票价格将会下跌时，我发现亲友也预测该只股票价格将下跌，我选择卖出该股票	①	②	③	④	⑤	⑥	⑦
17. 当专家预测某一只股票价格将要上涨时，我评估后也认为该只股票价格将上涨，我选择买入该股票	①	②	③	④	⑤	⑥	⑦
18. 当我评估后认为某只股票价格将会上涨时，我发现其他人也预测该只股票价位将上升，我选择买进该股票	①	②	③	④	⑤	⑥	⑦
19. 当亲友预测某一只股票价格将要上涨时，我评估后却认为该只股票价格将下跌，我选择卖出该股票	①	②	③	④	⑤	⑥	⑦
20. 当其他人预测某一只股票价格将要下跌时，我评估后认为该只股票价格将上涨，我选择买入该股票	①	②	③	④	⑤	⑥	⑦
21. 当专家预测某一只股票价格将要下跌时，我评估后也认为该只股票价格将下跌，我选择卖出该股票	①	②	③	④	⑤	⑥	⑦
22. 当我评估后认为某只股票价格将要上涨时，我选择买进该股票	①	②	③	④	⑤	⑥	⑦
23. 当专家预测某一只股票价格将要下跌时，我评估后认为该只股票价格将上涨，我选择买入该股票	①	②	③	④	⑤	⑥	⑦

24. 当我评估后认为某只股票价格将会上涨时，我发现其他人预测该只股票价位将下降，我选择买进该股票	①	②	③	④	⑤	⑥	⑦
25. 当其他人预测某一只股票价格将要下跌时，我评估后也认为该只股票价格将下跌，我选择卖出该股票	①	②	③	④	⑤	⑥	⑦
26. 当我评估后认为某只股票价格将会下跌时，我发现专家却预测该只股票价格将上涨，我选择卖出该股票	①	②	③	④	⑤	⑥	⑦

问卷2：特质焦虑问卷

请仔细阅读每一个陈述，然后根据你平常的感觉，在适当选项的圈上打"√"。答案无对错之分，请不要对任何一个陈述花太多时间考虑。	几乎没有	有些	经常	几乎总是
1. 我感到愉快	①	②	③	④
2. 我感到紧张和不安	①	②	③	④
3. 我对自己感到满意	①	②	③	④
4. 我希望能像别人那样高兴	①	②	③	④
5. 我感觉自己像是失败者	①	②	③	④
6. 我感觉精力充沛	①	②	③	④
7. 我是平静的、冷静的和泰然自若的	①	②	③	④
8. 我感到困难——堆积起来，无法克服	①	②	③	④
9. 我过分忧虑一些事，实际上这些事并没有那么重要	①	②	③	④
10. 我是高兴的	①	②	③	④
11. 我有一些困扰自己的想法	①	②	③	④
12. 我缺乏自信心	①	②	③	④
13. 我感到安全	①	②	③	④
14. 我容易做出决断	①	②	③	④
15. 我感到不能胜任	①	②	③	④
16. 我是满足的	①	②	③	④
17. 一些不重要的思想总缠绕着我，并烦扰我	①	②	③	④
18. 我感到强烈的沮丧，并且不能从思想中排除它们	①	②	③	④
19. 我是一个镇定的人	①	②	③	④
20. 考虑到我目前的担忧和利益时，我就陷入紧张状态	①	②	③	④

问卷 3：Rosenberg 自尊（自信）问卷

请仔细阅读每个陈述，按照你对自己的看法，凭直觉在适当选项的圈上打"√"。答案无所谓对错，请不要对任何一个陈述花太多时间考虑。	非常不同意	不同意	同意	非常同意
1. 我认为自己是个很有价值的人，至少与别人不相上下	①	②	③	④
2. 我觉得我有许多优点	①	②	③	④
3. 归根结底，我倾向于认为自己是一个失败者	①	②	③	④
4. 我做事可以做得和大多数人一样好	①	②	③	④
5. 我觉得自己没有什么值得自豪的地方	①	②	③	④
6. 我对自己持有一种肯定的态度	①	②	③	④
7. 整体而言，我对自己感到满意	①	②	③	④
8. 我希望我能为自己赢得更多尊重	①	②	③	④
9. 有时我的确感到自己毫无用处	①	②	③	④
10. 我时常认为自己一无是处	①	②	③	④

图书在版编目（CIP）数据

走出"羊群"：个体投资者羊群行为分析 / 谢晶晶
著. -- 北京：社会科学文献出版社，2024.5
ISBN 978-7-5228-3624-9

Ⅰ.①走… Ⅱ.①谢… Ⅲ.①投资者-股票投资-投
资行为-研究-中国 Ⅳ.①F832.51

中国国家版本馆 CIP 数据核字（2024）第 092184 号

走出"羊群"：个体投资者羊群行为分析

著　　者 / 谢晶晶

出 版 人 / 冀祥德
责任编辑 / 朱　月
责任印制 / 王京美

出　　版 / 社会科学文献出版社·马克思主义分社（010）59367126
　　　　　　地址：北京市北三环中路甲 29 号院华龙大厦　邮编：100029
　　　　　　网址：www. ssap. com. cn
发　　行 / 社会科学文献出版社（010）59367028
印　　装 / 三河市龙林印务有限公司

规　　格 / 开　本：787mm×1092mm　1/16
　　　　　　印　张：15.25　字　数：241 千字
版　　次 / 2024 年 5 月第 1 版　2024 年 5 月第 1 次印刷
书　　号 / ISBN 978-7-5228-3624-9
定　　价 / 98.00 元

读者服务电话：4008918866